本书由国家社会科学基金项目

"跨文化宗教学的理论建构与主题研究"

(编号：14BZJ048)资助出版

· 浙江大学哲学文存 ·

CROSS-CULTURAL RELIGIOLOGY:
A THEMATIC STUDY OF
"THE OTHER SHORE"

□ 思 竹 / 著

跨文化宗教学

以"彼岸"为主题

中国社会科学出版社

图书在版编目（CIP）数据

跨文化宗教学：以"彼岸"为主题／思竹著 . —北京：中国社会科学出版社，2024.3

（浙江大学哲学文存）

ISBN 978 – 7 – 5227 – 3136 – 0

Ⅰ. ①跨⋯　Ⅱ. ①思⋯　Ⅲ. ①宗教学—文化研究　Ⅳ. ①B920

中国国家版本馆 CIP 数据核字（2024）第 048826 号

出版人	赵剑英
责任编辑	朱华彬
责任校对	谢　静
责任印制	王　超

出　版	中国社会科学出版社
社　址	北京鼓楼西大街甲 158 号
邮　编	100720
网　址	http://www.csspw.cn
发行部	010 – 84083685
门市部	010 – 84029450
经　销	新华书店及其他书店
印　刷	北京君升印刷有限公司
装　订	廊坊市广阳区广增装订厂
版　次	2024 年 3 月第 1 版
印　次	2024 年 3 月第 1 次印刷
开　本	710×1000　1/16
印　张	15.25
字　数	243 千字
定　价	79.00 元

凡购买中国社会科学出版社图书，如有质量问题请与本社营销中心联系调换
电话：010 – 84083683
版权所有　侵权必究

献给我的父母

目　　录

第一章　导论 ……………………………………………………（1）

第二章　犹人教：面向"应许之地" ……………………………（20）
　　第一节　地上的彼岸：应许之地 ……………………………（20）
　　第二节　抵达彼岸之道：守与耶和华的约 …………………（28）
　　第三节　此岸—彼岸的关联：信心模式 ……………………（39）
　　第四节　挑战与危机：不见应许？ …………………………（43）

第三章　基督教：以天国为盼望 ………………………………（49）
　　第一节　天上的彼岸：天国 …………………………………（49）
　　第二节　通往彼岸之路：信靠耶稣基督 ……………………（60）
　　第三节　此岸—彼岸的关联：中保模式 ……………………（67）
　　第四节　挑战与危机：基督论难题及其他 …………………（72）

第四章　印度教：以"梵我一如"为目标 ………………………（77）
　　第一节　彼岸在"我"：解脱，或曰梵我一如 ……………（77）
　　第二节　达至彼岸的进路：四瑜伽 …………………………（83）
　　第三节　此岸—彼岸的关联：内证模式 ……………………（95）
　　第四节　难题与挑战：唯心及避世 …………………………（101）

第五章　佛教：以涅槃为彼岸 …………………………………（105）
　　第一节　绝对的彼岸：涅槃 …………………………………（105）
　　第二节　通往彼岸之途：八正道 ……………………………（114）

第三节　此岸—彼岸的关联：寂灭模式 …………………………（174）
　　第四节　困难和挑战：寂灭法之难和无我问题的谜团 …………（194）

第六章　还能抵达什么样的彼岸 ……………………………………（209）
　　第一节　还能有什么样的彼岸愿景？ ……………………………（209）
　　第二节　如何抵达可能的彼岸愿景？ ……………………………（218）

参考文献 …………………………………………………………………（226）

后　记 ……………………………………………………………………（236）

第一章

导　论

在此要回答两个问题：为什么是跨文化宗教学？以及，为什么以彼岸为主题？

首先，为什么是跨文化宗教学？

在此书，按照作者的想法，跨文化宗教学的英文译名并不采用常见的"cross-cultural religious studies"，而是特别启用"cross-cultural religiology"。下面将在对"宗教学"和"跨文化"这两个用语分别作出说明后，回答这第一个问题。

作为学科名称，虽然在汉语中大多统一采用"宗教学"这一名字，但在西语中却有不甚一致的用法，以英文为例，主要有：religious studies（宗教研究），study of religions（宗教研究），science of religion（关于宗教的科学），comparative religion（比较宗教学），history of religion（宗教史学）等。这些用词大多暗含对"宗教学"这一学科之特定性质及研究方法的观点和立场："关于宗教的科学"主张将自然科学的客观方法运用到宗教研究上，"比较宗教学"倡导采取宗教间比较的方法，"宗教史学"则坚持运用历史的方法，等等。

本书提出启用"宗教学"（religiology）一词，该词虽然在学界出奇地罕用，但有两个理由可以支持我们启用它：一则，与其在名称中裹挟相持不下的争论，不如简而化之，向其他诸学科如社会学（sociology）、人类学（anthropology）等学习，统一用"宗教学"（religiology）一词；一则，这同时可回应很久以来宗教学要求"自治"的呼声。表示"学科"的词缀-ology含有"言说"的意思，在"自我言说"意义上的"宗教学"可以尝试有自己的独立言说。

宗教学的"自治"意谓宗教学要找到自己独有的研究域和研究方法。从宗教学史来看，自宗教学作为一门学科开创以来，其实有的是"宗教学诸分支学科"，如宗教人类学、宗教社会学、宗教心理学，乃至宗教文化学，等等，却没有真正的"宗教学"。究其原因，在某种意义上可能是由于宗教与研究者之间的关系的难题造成的。似乎有一个广为接受的假定：宗教研究者与宗教的关系，要么宗教研究者对宗教是完全认同的，要么是不认同的。若是前者，宗教研究者就很难对宗教保持客观、中立的立场，似乎会随时回到作神学的路子上；一定是后者，宗教研究者才是标准的研究者，方可把宗教当作一个客观的研究对象。然而，这两种关系对于宗教研究的定位来说都是尴尬的：前者倾向于把宗教学与神学混同，后者则倾向于使宗教学成为真正的"科学"，但可以注意到的是，其宗教研究的"对象"其实无法从其"本身"被研究，因为研究者认为"宗教"只是一堆可被还原为"非宗教"因素的材料，并没有最后剩下真正属于宗教"本身"的东西。

当代宗教学者鲁道夫·奥托（Rudolf Otto，1869—1937）[①]、伊利亚德（Mircea Eliade，1907—1986）[②]、W. C. 史密斯（W. C. Smith，1916—2000）[③]

[①] 鲁道夫·奥托把神圣观念中剔除了道德因素和理性因素所剩余的一种独特的非理性因素，即他所称的"努秘"（numinous），看作一切宗教当中的本质性因素，他强调："任何一种宗教的真正核心处都活跃着这种东西，没有这种东西，宗教就不再称其为宗教。"（[德] 鲁道夫·奥托：《论"神圣"》，成穷、周邦宪译，四川人民出版社1995年版，第168页）

[②] 伊利亚德强烈反对20世纪初宗教研究占主导地位的还原主义路径，他认为："宗教现象只有在它自身的层面上才能被把握，也就是说，只把它当作宗教性事物来研究才能把握。用生理学、心理学、社会学、经济学、语言学、艺术或其他研究方法想要找到宗教现象的本质，那是错误的。它忽略了宗教中最独特也最不能简化的因素——神圣者因素。"（Micea Eliade, *Patterns in Comparative Religion*, trans. by Rosemary Sheed, New York and Cleveland: The World Publishing Company, 1963, xiii.）

[③] "史密斯坚持认为，'各门学科'的分裂是一件糟糕的事情：也许我们发现，我们能够以这样一种方式来分割我们的生活，但我们有什么权利以此为凭来这样对待他人的生活呢？"（[英] 埃里克·J. 夏普：《比较宗教学史》，吕大吉、何光沪、徐大建译，上海人民出版社1988年版，第366页）他指出："在宗教的层次上，所需要的是从内部去理解宗教传统的能力——这意味着，人们借这种能力可以看到，在一个人的生活中，宗教传统不是并列在其他因素一旁的因素，而是贯穿于其他因素之中的因素。"（[加] 史密斯：《非西方的研究——宗教的探讨》，载《印第安那会议报告》，第50页以下，转引自 [英] 埃里克·J. 夏普《比较宗教学史》，吕大吉、何光沪、徐大建译，第366页）

以及日本京都学派学者西谷启治（1900—1990）[①]等人都曾提出，应当肯定宗教有不可最终还原为非宗教因素的、属于宗教本身的东西，研究者须以同情的态度去理解宗教的核心内容。当代宗教学研究从总体来说也开始越来越倡导以开放和对话的态度面向宗教本身，其中在宗教现象学当中可以看到尤其鲜明的主张。[②]

我们无意否认宗教学诸分支学科的研究方式和研究成果的意义与价值，但坚持宗教学"自治"的可能性与必要性，并且认为，要实现宗教学"自治"，跨文化研究的立场和方法至关重要。

"宗教学自治"之路确实不易。因为，显然，若与社会学、人类学等学科的研究对象相对比，宗教学的研究对象"宗教"是非常特别的。社会、人类等都是很容易被承认存在在那里的客观对象，宗教却并非如此，因为，宗教有可能整个被判为"非宗教"：不是宗教，而是社会，是心理，是文化……也有可能在诸宗教之间被相互判定为"非宗教"：只有自己的宗教是真正的宗教，其他"宗教"却不是。对于前者，在承认一定的"可还原度"的同时，我们提出要对"宗教本身"保持尊重，并尝试寻找宗教中难以还原尽的部分；对于后者，我们只需重复宗教学创始人马克斯·缪勒的大声断喝："只知其一者，则一无所知！"[③]

但是，我们到底该到哪里去寻觅"宗教本身"呢？只有到具体的诸宗教那里去发现，而不是在抽象的概念世界里兜兜转转！用什么样的方法寻找呢？曾经，人们相信可以倚靠客观、中立的理性，通过对诸宗教

[①] 参见［日］西谷启治《宗教是什么》，陈一标、吴翠华译注，台北：联经出版公司2011年版。在此书中，西谷启治坚持，"唯有'宗教的需求'才是理解宗教是什么的关键，除此之外，我们无法理解宗教"（第8页）。而对"宗教的需求"的定义是："人实在地——亦即不是像一般知识和哲学的认识，只是在观念的形式中，以理论的方式——来追求真正的实在。"（第14页）

[②] 例如《宗教百科全书》的编者道格拉斯·艾伦特别指出："与其他的现代宗教研究进路相比，宗教现象学更为强调研究者要将宗教材料看作更为基本的与不可化约的宗教的现象。宗教现象学家反对将宗教材料进行化约，以适应非宗教性的立场，例如社会学、心理学或经济学的立场。反化约主义者认为这样做会破坏宗教现象的明晰性、复杂性和不可化约的意向性。为了同情式地理解他者的经验，现象学家必须尊重材料中所表达的'原初的'宗教意向性。"（Lindsay Jones, *Encyclopedia of Religion*: Vol. 10, Michigan: Gale, 2005, p. 7094）

[③] 参见［英］马克斯·缪勒《宗教学导论》，陈观胜、李培荣译，上海人民出版社2010年版，第9—10页。

作比较、分析和归纳来得到诸宗教的"公约数",也即某种被认为"共同"的、"共通"的东西,作为宗教的"本质",但此种曾被冠以"科学"之名的方法,在否认任何客观—中立立场之可能性并高扬"尊重差异"旗帜的后现代精神的激烈质疑和批判下,如今已经悻然退场,难以为继。① 从今往后,还有何种方法能够胜任?我们认为,该是呼唤跨文化方法正式出场的时候了!

跨文化(对应英文词是 cross‐cultural 或 intercultural)方法,如其字面所谓,意谓试图跨越或穿越文化的界限,以达到对异质文化的理解和诸文化之间的沟通。它看似雄心勃勃,实则其精神不过是谦卑与开放。为澄清和表明这一点,我们需要将跨文化方法与以下三个方法区分开来,即全球化或普世化方法、文化间比较的方法和现象学方法。

首先是跨文化方法与全球化或普世化方法的区分。为适应和回应我们这个时代在科技、信息、经济乃至政治、军事、文化等方面越来越显著的"全球化"浪潮,有一些学者提出,我们在宗教、文化的研究上也需要运用全球化方法,主张以一种全球视角去审视和探究宗教文化现象,乃至进一步尝试某种意义上的综合或整合的工作,期待促成某种"全球文化""全球哲学"之类产品的产出。② 全球化方法是乐观的,也是相当诚恳的,并且颇有"以天下为己任"的雄心和抱负,但这种方法可能是过于急切和仓促的,在方法论上不仅远欠成熟,而且甚至可能是盲目的。正如有学者指出,"普世视角"在措辞上就是矛盾的。③

跨文化方法可能同样心系全球,同样不乏面向全球的开放情怀,但它克制住了全球化方法的那股狂飙冒进的冲动,在方法论上有了更冷静、更深刻的反思和自省。可以说,跨文化方法是更谦卑的,也是更具批判性的。对此我们稍后会进一步展开阐述。

---

① 参见[美]金白莉·帕顿等《巫术的踪影:后现代时期的比较宗教研究》,戴远方等译,中国人民大学出版社2005年版。

② 有关"全球化"的学术讨论,可谓汗牛充栋,但近十来年似乎热度下降了。这里仅列以下数部文献供参考:[英]戴维·赫尔德等《全球大变革》,杨雪冬等译,社会科学文献出版社2001年版;[英]约翰·汤姆林森《全球化与文化》,郭英剑译,南京大学出版社2002年版;何光沪《百川归海:走向全球宗教哲学》,中国社会科学出版社2008年版。

③ 参见[印度]雷蒙·潘尼卡《看不见的和谐——默观与责任文集》,王志成、思竹译,宗教文化出版社2005年版,第247页。

跨文化方法还应与单纯的文化间比较的方法区分开来。近年来学者们对此已经渐趋达成共识。① 在宗教、文化研究中，比较一开始似乎是一种自然而然的方法，我们会很自然地倾向于把异文化与自己的文化比较，把一种宗教与另一种宗教比较。然而，经过批判性的省思，我们会察觉到，我们实际上缺乏一个真正中立的、可供进行文化间比较的平台，因为"我们一旦开口说话，就必须使用一种具体的语言，因而我们完全处在一个特定文化之中"②。当然，比较可以作为一种过渡性的方法，用跨文化对话先驱雷蒙·潘尼卡（Raimon Panikkar，1918—2010）的话说，我们可以尝试一种"内比哲学"（Imperative Philosophy）③，也即"愿意经历其他民族、哲学和宗教的不同经验，以此向它们学习"，而"这种学习是反思性的、批判性的和临时性的"。④

可以说，跨文化方法虽然仍难免使用文化间比较的做法，但这种比较不再是为了比较而比较，不再是出于某种纯粹的理论兴趣而单纯进行一种学术整理或辨析的工作，而是出于跨文化学习和研究的实践所需。也正因如此，跨文化方法在涉及文化间比较时，会更具自省精神地采取一些启发式的、临时性的、工作假设性质的工具和方法，而不倾向于夸大这些工具和方法的绝对有效性。

跨文化方法还将自身与现象学方法区分开来。现象学方法强调"面对实事本身"，主张尊重宗教现象本身，并同情式地去理解他者经验。近年来现象学更是积极关注"生活世界"，认为可以在生活世界的包容性、

---

① 比如"跨文化哲学学会"（Gesellschaftfür Interkulturelle Philosophie，1992 年成立）创始人之一、维也纳大学教授弗朗茨·马丁·维默（Franz Martin Wimmer）明确提出要对"比较哲学"予以反思批判，主张一种更为开放的跨文化对话。参见 F. M. Wimmer, *Interkulturelle Philosophie, Eine Einfuhrung*, Wien: Wiener Universittsverlag, 2004。其他还有海因兹·基姆勒（Heinz Kimmerle）、阿达尔·拉姆·摩尔（Adhar Ram Mall）、汉斯·伦克（Hans Lenk）等诸多跨文化哲学研究的推动者。

② ［印度］雷蒙·潘尼卡：《文化间哲学引论》，辛怡摘译，《浙江大学学报》（人文社会科学版）2004 年第 6 期。

③ Raimon Panikkar, "Hermeneutics of Comparative Religion: Paradigms and Models", *Dharma*, Vol. V, No. 1, 1980, pp. 41–46.

④ 思竹：《从比较哲学到对话哲学：寻求跨宗教对话的内在平台》，《浙江学刊》2006 年第 1 期。

开放性和实践性中"容纳他者和陌生传统"①,并"打开通达不同文化差异的道路"②。

这些都是与跨文化方法相协调的。有一些学者正是从现象学走向了跨文化哲学。③ 然而现象学所坚持的理性主义路径④,是跨文化方法所要努力克服和超越的。以现象学方法所倚重的"悬搁"(epocho)原则为例,这一原则强调研究者需要排除先入之见,保持价值中立,而跨文化方法要能够展开,恰恰需要研究者立足于自身的整体经验,并以此为基底向他者的经验开放。⑤

相对照来说,跨文化方法倾向于采取整体主义的路径,主张主体的全心投入,而不限于理性的方面。就此而言,跨文化方法是旗帜鲜明地区别于纯粹的现象学方法的。

在与上述三种方法的区分中,跨文化方法显现出自身的几个特质。一是自我谦卑。这说的不只是一个文化在他者文化面前的态度,而且也是指这种方法本身而言的。跨文化之"跨"不是高高在上的一个姿势,而是小心翼翼的、试探性的、自知"畏怯"的一个动作。二是向他者的开放。开放是基于自我谦卑,是自觉不足而敞开心怀去拥抱存于他者那里的资源,视他者为学习的对象,将他者的生存经验作为自我理解的又一宝贵源泉。而且这种开放是全面的、整体的开放,关涉主体身心各方面因素在内的全部,是一个整体性的、投入于生存论探险的过程。因此,我们说跨文化方法的实质是谦卑与开放。

就这样的精神实质来说,此方法在历史上已有很深远的渊源,且早

---

① 王俊:《从生活世界到跨文化哲学》,《中国社会科学》2017年第10期。
② [德]克劳斯·黑尔德:《生活世界与大自然——一种交互文化现象学的基础》,载孙周兴编《世界现象学》,倪梁康等译,上海三联书店2003年版,第215页。
③ 参见 Heink Kimmerle, *My Way to Intercultural Philosophy*, Recerca: Revista de Pensament i Anàlisi, 2010, pp. 35 – 44。
④ 胡塞尔说:"我要重新强调的是,正确的和真正的哲学,或者说科学,与正确的和真正的理性主义是一回事。"([德]胡塞尔:《欧洲科学的危机与超越论的现象学》,王炳文译,商务印书馆2001年版,第238页)
⑤ 参见[西]雷蒙·潘尼卡《宗教内对话》,王志成、思竹译,宗教文化出版社2001年版,第五章"宗教相遇中的'悬置'"。

有踪迹可寻[1]，但是它正式作为被普遍承认的方法论，却是千呼万唤始出来。这可能既与跨文化意识迟缓的自觉进程有关，也与该方法在方法论上的艰难自证相关。

若缺乏一种跨文化意识，跨文化方法根本无从谈起。跨文化意识是对于跨越文化界限之必要的肯定性意识。往往，这一方面是出于对自身文化之自足性的怀疑，另一方面是由于在意识中对文化他者的发现。在这里，我们不妨借用当代跨文化宗教学家雷蒙·潘尼卡对文化的定义："每一个文化，在某种意义上，都可以说成是一个集体在时间和空间中的特定时刻无所不包的神话；它是使我们所生活、所存在的世界看似有理和可信的东西。"[2] 神话（myth）一词，潘尼卡用以指某种终极视域，人以之为背景得以看见一切，它本身却不为人所见。文化作为无所不包的神话，对于人来说正是这样一种东西：人借助它看见一切，却看不到它本身。但是，显然存在不同的特定文化。每一个特定的人都是特定文化中的人。但由于文化的神话性质，人并不容易发现自身文化之特定性。正因如此，文化上的自足感乃至自大是常见的事。唯有当某种危机来临时，文化的这种自足性才会被打破或被质疑。

在当今，有众多因素正在打破诸文化的自足性：种种全球性困境（环境污染、生态恶化、资源匮乏、核威胁……）的压力（没有一个文化能够独自对抗此种"全球性"压力），后现代哲学对绝对真理之信念的消解（没有一个文化能够声称掌握着唯一的绝对真理），多元文化的相遇和碰撞（每一个文化都很容易发现和遭遇"文化他者"，并从中感受到对自身的挑战），等等。每一个文化都感受到了一种前所未有的危机，都在尝试着艰难的自我拯救。

但对于跨文化意识的实际萌发来说，这还只是其中一个可能性条件，必须在发现了文化他者，并且决心向文化他者开放和学习时，才会有跨文化意识的真正开启。虽然从"客观"上说，他者一开始就"存在"，但在意识中真正发现和承认他者，却有一个微妙的过程。潘尼卡对此曾有

---

[1] 参见思竹《走向跨文化宗教学》，《复旦学报》（社会科学版）2013年第4期。

[2] ［印度］雷蒙·潘尼卡：《文化间哲学引论》，辛怡摘译，《浙江大学学报》（人文社会科学版）2004年第6期。

生动的描绘。他以建造巴别塔为隐喻，把这个过程分为四个阶段①，笔者在此前的一篇论文中进行了梳理：

> 最初是齐一性（Uniformity）阶段，在此阶段人生活于自己的同质共同体中，完全没有意识到他者的问题。外人只有进入该共同体并成为其中一员时，才会为他所意识到，为他所接纳和认识。所以在此意义上，他者作为他者的问题尚未出现。此时多元论是没有意义的。因为人只知道"我们"在造巴别塔。
>
> 其次是多元性（Plurality）阶段。这一阶段的特征是，人意识到世界的多样性，意识到他人生活在一个不同的群体之中，但仅此而已。他只意识到量上的多样性，而没有意识到质的差异。不同个体、不同群体界限分明，互不冒犯，彼此之间没有难以容忍的摩擦，也没有统一的要求。潘尼卡认为罗素所主张的逻辑原子主义或"绝对多元论"就停留在这一阶段。这时"我们"知道他人也在造他们的巴别塔，但各造各的，互不妨碍。
>
> 再次是多形态性（Pluriformity）阶段。在此阶段，人开始意识到多类性，这是对质的差异的意识。不同群体有不同视角，同一群体的不同个体也持有不同意见。这时人意识到不同民族在以不同技能造巴别塔。不过此时多类性的相不相容问题还没有产生，每个群体的统一性是理所当然的，多类性并没有对其构成挑战。每个群体都可以造自己的巴别塔，不管用什么技能。但要是有人把他生活于其中的单一神话（自己群体要造的巴别塔）普遍化并进行外推，就会导致错误。当不同群体、不同个体都试图这样做时，他们就有可能进入第四阶段。
>
> 真正的多元论阶段。看来我们只能共同造一个巴别塔，但对于应该造怎样的塔以及采用什么方法，各方争持不下，谁也说服不了谁。这时人意识到既需要保持差异又需要达成某种统一，但这两种需要看来是不相容的。和谐成了问题。人陷身于真正的多元论困境：

---

① 参见［印度］雷蒙·潘尼卡《看不见的和谐——默观与责任文集》，王志成、思竹译，第90—93页。

孤立不再可能，而统一并不令人信服。①

在潘尼卡看来，正是意识到自己与他者之间既需要保持差异又需要达成某种统一，并且发现这两种需要相互冲突而不可兼容，从而陷身于"真正的多元论困境"，这才算是真正发现了他者。

对他者的真正发现，用当代另一位著名思想家马丁·布伯的话来说，也就是发现与他者的"我—你"关系。在此关系中，他者真正被看作在我们切身的生存体验中可与之展开对话的一个"你"，而不再是一个仅为我们的概念系统所客观化的对象：它。②

与对一般他者的发现一样，对文化他者的发现也经历如此曲折。这一过程往往与对自身文化的质疑同时发生，构成跨文化意识的内外两个方面。

为这样一种跨文化意识所驱动的跨文化方法，实际上不单单是理论性的，更是实践性的、工作性的。跨文化宗教学探索跨文化方法，一定是在具体的实践中展开的。本书尝试提出四个最为基本的和初步的工作方法：一是关联的方法，二是心证的方法，三是对话的方法，四是按主题进行叙事重构的方法。

关联的方法指的是，在面向另一宗教/文化时，并不把它视为一个与自己没有切身关系的他物，而是一个与自己有潜在的极密切关系的他者，因而努力尝试将它与自己关联起来，而且是从内在、从生存论上去关联。跨文化意识的一个信念是，文化他者也是自我理解的一个宝贵源泉，因此，理解文化他者，是通往自我理解之更新和丰富的一个重要途径。由这样一种意识出发，文化他者将显现出切己的一面。不过这一显现可能不会凭空而来，而需要有意地去努力促成。方法可能是更加具体的和情境性的，比如由相似的历史情境的对照而来的关联，由关切特定的重要主题而尝试关联，等等。在此书当中，我们将以"彼岸"为特定主题，把不同宗教与自己关联起来，也就是说，我们由关切对"彼岸"的探究

---

① 思竹：《巴别塔的倒塌：雷蒙·潘尼卡论多元论问题的挑战》，《浙江学刊》2003 年第 4 期。

② 参见 [德] 马丁·布伯《我与你》，陈维钢译，商务印书馆 2015 年版。

而尝试进入他者宗教。

心证的方法是接着而来的更进一步的方法。努力建立起与他者宗教的关联之后,我们需要尝试去真正理解他者宗教。如何可能去理解一个异质的宗教/文化？在诠释学中,伽达默尔提出的"视域融合"可用于描述跨文化理解的一种运作方式。[①] 而本书所要提出的"心证"的方法,则重在发明跨文化理解所发生之地——心——的功用。关于心,我们撇开过于繁复的定义和解释,采用简化的用法,指内心所有得到确认的信念之聚合。我们实际上借用了法律用语中的"心证"（evaluation of evidence through inner conviction）一语：法官针对具体案情,根据经验法则、逻辑规则和自己的良知、理性等对证据的取舍和证明力进行判断,并最终形成确信,此谓心证。在此心证过程中,所遵循的不是机械的证据认定方式,而是诉诸主体（法官）经由理性和良知的考量。

在跨文化理解中运用"心证",首先意味着对"心"的发现和重视。当我们着手去理解他者宗教时,我们可能需要先扪心自问：我们是在以一颗什么样的"心"在面对它？换言之,我们在面对宗教他者时,心里已经存有什么样的一些信念？这样一些信念是否合情合理或公正,是否含有我们之前未曾察觉的偏见或成见？我们对自己信念的自知越是充分,我们之后对宗教他者的理解就越能够避免陷入偏见,摆脱成见。当然,完全透明的自知是不可能的,只能是尽最大可能的自知,我们在后面也还会说到,这个自知和自省不是一次性的,而需要反反复复地不断施行。

在最初的扪心自问之后,我们进入心证的第二步：让我们的心向宗教他者敞开,并且尽最大可能地开放和接纳,尽量丰富、全面地吸收有

[①] 伽达默尔说道："当我们的历史意识置身于各种历史视域中,这并不意味着走进一个与我们自身世界毫无关系的异己世界,而是说这些视域共同地形成了一个自内而运动的大视域,这个大视域超出现在都界限而包容着我们自我意识的历史深度。……我们为了能这样把自身置入一种处境里,我们总是必须已经具有了一种视域。……这样一种自身置入,既不是一个个性移入另一个个性之中,也不是使另一个人受制于我们自己的标准,而总是意味着向更高的普遍性的提升,这种普遍性不仅克服了我们自己的个别性,而且也克服了那个他人的个别性。'视域'这一概念本身就表示了这一点,因为它表达了进行理解的人必须要有的卓越的宽广视界。获得一个视域,这总是意味着,我们学会了超越近在咫尺的东西去观看,但这不是为了避而不见这种东西,而是为了在一个更大的整体中按照一个更正确的尺度去更好地观看这种东西。"（[德] 加达默尔：《真理与方法》,洪汉鼎译,上海译文出版社1999年版,第391—392页）

关它的素材和信息。同样，这也是一个没有止境的过程，因此我们只能全程保持谦卑，随时开放和吸收。我们可以采取一些具体的手段：了解宗教他者的历史过往和现状，阅读其经典及其诠释传统，参访其宗教圣所和圣地，甚至尝试亲身体验其宗教实践，等等。

接着是心证的第三步：在我们的"心"上验证、验知那些素材和信息。这一步可能在前面一步就开始了，但为了明晰和条理，我们把它拆分出来，另外作一步来阐述。前一步的重点在于开放和吸收，是外向性的，这一步的要务则在于内心的运作，是内向性的。如果前一步是四处走走看看，甚至做做，这一步就是停下来、静下来，专注于内心，把我们所吸收的与我们的原有信念充分地搅和，任其发生种种类似物理性的、化学性的反应和作用，先是等待然后接受并观察那些反应和作用的结果。这可能是复杂的一步，智性参与分析、辨别和评判，情感参与同情和体会，其间可能甚至还会充满纠葛和挣扎，需要我们不断提醒自己保持忍耐和清醒。我们要不时自问：我是否能如宗教他者那般思考和行动？如果不能，为什么不能？还能尝试其他什么办法吗？其间我们有时也许会发现，我们无论如何都无法理解和接受，有时则也许会清醒地意识到，我们在同情的理解之余，也有质疑和批判。作了种种努力还是无法理解，我们应先放一放，不勉强。面对我们心中所产生的对他者批判和质疑的声音，我们应谨慎地察知自己的批判所立的根基，并一再地查验和确认其合理性。跨义化理解本来就应是同情性的理解与创造性的批判并举的一个过程，其中唯一需要注意的是，我们的态度须是诚恳而谨慎的。

心证的第四步是查验我们的成果，如有必要，再次从头重复一遍之前的所有步骤，其间也许会因为有新的信息加入或灵感的闪现，这一重复可能会有新的突破或收获。在实际中，心证的过程可能是一再循环的，是永无止境的。

心证在个人内心发生，尽管是开放的，但毕竟主要倚赖个人的一己用功，跨文化理解的深入和可能的创造性突破还需依靠一个重要方法，那就是对话。

我们这里的对话主要指在两个活的主体间发生的那种对话，对话伙伴能够与我们互动，对我们作出实时的回应。真正的跨文化理解需要来自他者一方的帮助：帮我们核验我们是否如他们自身一样地理解了他们，帮我们揭发我们可能的误解，在更好的状况下，可能还与我们一起合作，寻求我们共同的新神话。这样一种方法，更加是活生生的，需要我们在具体的跨宗教相遇中做一个有心人，尝试找到自己的对话伙伴，并满怀诚意（甚至敬意）地邀请他/她进入对话。

需要强调指出的是，这种对话要坚持在生存论层面发生，而不是主要（更不用说唯独）落在知性层面。用潘尼卡的话说，要展开"对话的对话"，即整个人、整个身心、整个存在都卷入的对话，而不是限于"辩证的对话"，即以理性为裁判官并限于知性领域的对话。①"跨文化哲学"的倡导者（F. M. Wimmer）为跨文化哲学规定的"最低原则"之一，也同样体现了这种努力超越辩证层面的对话意识，他主张在对话中"不去充分论证任何一个只由属于单一文化传统的人们参与促成的那些哲学命题"②。

第四个我们可以尝试的工作方法是按主题进行叙事重构。我们在经过以上几种方法的运用，为理解另一宗教或文化作了种种努力之后，我们需要对我们所得到的已经过粗加工的种种"材料"进行一种整理或组织的工作。为此，我们可以采取按主题进行叙事重构的做法，叙述我们对诸宗教所达到的理解。我们按照自己所选择的主题，来对他者宗教进行重叙。主题代表了我们所关切的某个生存论论题。在我们对一个特定生存论论题的关切下，我们对他者宗教的理解和阐释就被带入一个特别的叙事结构。

一个叙事，首先具有某种逻辑一贯性，也就是俗话所说的，它能够自圆其说。叙事的各要素之间能够相互支持、相互说明，共同构成一个贯穿着一条内在逻辑线索的叙事结构。叙事是包含我们所能理解的事理的。我们对他者宗教进行重叙，正是要道出我们相信自己所参悟到的关于他者宗教的内在事理。

这是知性上的要求，是尝试达到可理解性的努力。但这种努力与理性主义路径的"以如实反映客观"为己任的理论工作不同的是，它在

---

① 参见［西］雷蒙·潘尼卡《宗教内对话》，王志成、思竹译，第二章"对话的对话"。
② F. M. Wimmer, *Interkulturelle Philosophie: Eine Einfuhrung*, Wien: Wiener Universittsverla, 2004, S. 51.

自我肯认上明显具有一种张力。一方面，我们真诚地相信这是我们所看到的"真实"，有时甚至到了我们看不到或者不相信有"别的"真实的地步。另一方面，它又勉励自我提醒和警诫不可陷入自我绝对化。它含有一种自省性的自我限制，也即它不把这种达到可理解性的努力结果看作绝对的、最后的，而是过程、路途中的一个阶段性小结，是开放的。用海德格尔临终前对自己的作品所说的谦卑的话说，是"道路，而非作品"①。

然而在保持无限开放的同时，我们可能仍然不得不承认，我们可能道出的有关他者宗教的全部事理，在某种意义上都是我们所赋予它的事理，是我们与这个他者宗教之间的特定相遇的一个特定果实。正如"一千个人眼中就有千个哈姆雷特"，在此种理解和阐释中，我们并不追求"符合原本"（也没有可能）。我们只是表达自己的理解，仿佛是将我们在与他者的相会相遇中所得的印象尽力地重演出来。

这也就关联到重叙本身超出逻辑，甚至超越更广泛意义的逻各斯的方面，或基底：神话，或曰迷索斯（mythos）。也正是在此层面，我们在与他者宗教之间的相遇中会感受到某种"击撞"（不说"冲突"，是因为"冲突"一词可能更多隐含辩证意味）。我们在进行重叙时或许会发现，尽管经过包括逻辑疏通在内的逻各斯上的种种努力，我们领略到了其中的"事理"，但是依然没有产生由衷的认同感。对于这种认同感的阙如，我们不予掩饰，反而选择将之发露出来，或者表述为某种形式的"批判性"反思。但我们提醒自己记得，叙事之逻各斯总是在其基底的迷索斯之上运行的，我们所认同的与所不认同的（或尚未认同的）事理之间不是辩证的非此即彼的关系，我们还有逻各斯有待穿越，也就是说，还要继续投入无止境的"对话的对话"之中。

在本书的设想中，有一种广泛意义上的（不只是学术意义上的）跨文化宗教学，能够为每一个恰好投入跨宗教探险的人所探索和实践；本书所要展示的，虽然是学术形态的，但是它植根于、源出于这种跨文化宗教学。它不是传统意义上的神学，也有异于一般意义上的哲学，它是"宗教学"，正如我们从一开始说到"宗教学的自治"所提出的。我们不

---

① Heidegger: *Perspektiven zur Deutung seines Werkes*, Weinheim: Beltz Athenaeum, 1994, p. 404.

把"宗教"还原为"非宗教",而是寻求"宗教本身",也即为宗教所独有的东西。我们已提出,只能在诸宗教中寻找这个"宗教本身",并且通过跨文化方法去寻找。这一寻找需要按主题展开。我们在本书尝试以"彼岸"为主题。这就要回答我们一开始面对的第二个问题:为什么以彼岸为主题?

在抵制完全还原宗教而尝试寻找宗教核心要素的行动中,可能有人会尝试让神/上帝的观念来充任此种核心要素。诚然,从原始宗教到许多现代宗教,神灵概念无不充斥其中,而且越来越趋于精微,从多神论到唯一神论,乃至"超越上帝的上帝"(保罗·蒂利希语)。但是,明显的是,并非所有宗教都是有神论形式,非有神论宗教(如佛教、道教以及印度教中的非有神论传统)在诸宗教中同样占相当比例。就此而言,神(神性)这一概念显然并不堪任宗教之核心要素的担当。

那么,是终极实在概念吗?终极实在(Ultimate Reality)这一概念由当代宗教哲学家们所杜撰,用来整合有神论宗教和非有神论宗教的终极者概念。但是,很多迹象表明,这一概念大有被终结之势。首先是后现代思潮已拆解本质主义思维和主客二元的认识论模式,令实在论思维从根本上受到严重挑战。其次是当代宗教意识本身也有转变的迹象,不再以某种"终极"概念为核心。例如像雷蒙·潘尼卡捕捉到的正在涌现的宗教意识就已经撇开终极实在与非终极实在的二级模式,而展示为"宇宙—神—人共融的经验",在这种经验中,每一个实在片段都同时呈现神的、宇宙的和人的维度。[①]

我们可能需要松手放开神或终极实在这样的概念,去关注具体宗教当中最根深蒂固、最难以还原尽的一种东西或某种结构。我们认为,那可能是"彼岸",而且不是作为概念、范畴的彼岸,而是作为象征的彼岸。或者从更为动态的内在结构来说,是"此岸—彼岸"的关联。诸宗教关切如何令此岸与彼岸相关联,这是它们最深的动力学结构。

彼岸没有一个严格的定义,它本身充满意象性的和隐喻性的意味,本意是作为河、海等水域的另一边岸,引申为人所企盼的、相对于当下

---

① 参见[印度]雷蒙·潘尼卡《宇宙—神—人共融的经验:正在涌现的宗教意识》,思竹译,宗教文化出版社2005年版。

困境的另一彻底改善了的、更好的所在。诸宗教充满对彼岸的盼望。根据其呈现的不同意象，彼岸可以区分为三种类型。一种是空间性的，标指此世之外的另一地方。比如基督教的天堂、伊斯兰教的乐园、佛教的净土、印度教的灵性星宿，等等。第二种是时间性的，指向另一种"品质"的时间内所发生的。例如基督教的末世审判之后的新天新地，犹太教、伊斯兰教所寄望的来世，等等。第三类是某种超越时间和空间的终极境界，例如佛教的涅槃、印度教的解脱、基督教的永生，等等。

可能有人会立即指出，这些彼岸意象，尤其是第一、二种类型的，很大程度上早已受到相当彻底的批判，被指是素朴实在论的，它们本身是由人的欲望或渴望所投射的愿景，本质上是幻想性的。的确如此。然而，本书不是停留于这些彼岸景象本身，而是注目于更根本的：彼岸的"彼岸性"，也就是它相对于此岸的一种超越。彼岸的真正本质在于它对于此岸的超越。在彼岸这一象征中，包含着它对此岸的一种批判的、疏离的态度以及一种超越的盼望。它相信此岸不是全部，相信存在着超越此岸的一种可能愿景。正是这一"彼岸性"，使得彼岸成为不能完全被还原掉的，或者说难以被还原尽的一个活的象征。

从彼岸性而言，彼岸的象征意义甚至超出了宗教的范围，也为世俗所分享，只不过世俗的彼岸不在另一世界，而在未来，或在某种心境、某种状态/状况。但是其彼岸性却是一样的，同样标志着对此岸的超越，象征着这种超越的信心。

彼岸之难以还原尽，有着深层的生存论根基。换言之，彼岸作为宗教象征之难以还原尽，是根源于人类所面对的以死亡为最根本代表的虚无之困境。只要人类不肯放弃超越死亡/虚无的努力，就一直会有彼岸的位置。从最根本来说，彼岸就象征对虚无的超越，从其象征意义来说，它意味着绝对的真实、存有，因而也是无限和永恒。从一点上来看，彼岸比上帝或神的观念更根本、更重要，也是它，使得"宗教远比上帝深奥"。①

彼岸作为一个最顽强、最难以还原尽的宗教象征，如果不能得到严

---

① [美]罗纳德·M. 德沃金：《没有上帝的宗教》，於兴中译，中国民主法制出版社2015年版，第1页。

肃而公正的对待，必定会（实际上已经）引起诸多严重的累积性后果。这里只要列举两个方面的结果就够了。其一是宗教要么受到严重的误解和不公正的鄙视，要么被人以一种模棱两可、莫衷一是的态度含糊地接受。完全的还原主义最终把宗教视为错误的迷信，在根本上一无是处，毫无价值。而某些后现代宗教学家虽认为宗教仍然值得重视，但他们并不能提出令人信服的充分理由，因为在他们那里，价值和真理分离，宗教具有价值，但被剥离了真理性。其二就是造成了宗教徒和无神论者之间深深的对立和敌意，两者陷入真理之战，并相互诋毁，无神论者认为宗教徒陷入迷惘，宗教徒则把无神论者视为"不能被信任的不道德的异教徒"①。

马克思在这一点上有深刻的直觉，宗教作为人民的"鸦片"，正是宗教彼岸的魅人功能所致，不可小觑。② 恩格斯也肯定地说道："只是由于一切宗教的内容起源于人，它们才在某些地方还可求得人的尊敬；只有意识到，即使是最疯狂的迷信，其实也包含有人类本质的永恒规定性，尽管具有的形式已经是歪曲了的和走了样的；只有意识到这一点，才能使宗教的历史……不致被全盘否定，被永远忘记。"③

宗教信仰自由应从尊重彼岸信念得到重新理解。与其徒劳地试图从人类头脑中清除彼岸观念，不如正视它，认真勘测之、分析之，并尝试探究能否有进一步的创造性作为。④

彼岸问题事关重要，还可以从另一视角来考量。在西方，特别自古希腊巴门尼德、柏拉图以降，彼岸世界的信念曾经根深蒂固：彼岸居于现实世界之上，是给予后者以支撑的基础，也是后者的最终来源，现实世界短暂而虚假，彼岸才是真实而永恒的，人的生存也是以彼岸为根基，并且面向彼岸的，彼岸是人赖以超越此岸暂存而必死的生存、获得救赎

---

① ［美］罗纳德·M. 德沃金：《没有上帝的宗教》，於兴中译，第 7 页。
② "宗教里的苦难既是现实的苦难的表现，又是对这种现实的苦难的抗议。宗教是被压迫生灵的叹息，是无情世界的情感，正像它是无精神活力的制度的精神一样。宗教是人民的鸦片。"（《马克思恩格斯全集》第 1 卷，人民出版社 2002 年版，第 200 页）
③ 《马克思恩格斯全集》第 3 卷，人民出版社 2002 年版，第 520—521 页。
④ 在《哥达纲领批判》中，马克思写道："资产阶级的'信仰自由'不过是容忍各种各样的宗教信仰自由而已，工人党则力求把信仰从宗教的妖术中解放出来。"（《马克思恩格斯选集》第 3 卷，人民出版社 2012 年版，第 376—377 页）

和永生的盼望。然而到了近代，尼采喊出"上帝死了"，宣告彼岸世界已沦陷：海水被吸光，地平线已经抹去，太阳坠落，"就连诸神也腐朽了"。①

但诡异的是，彼岸问题却依然在人心中纠缠不休，是当代一些最为重量级的哲学家、神学家、思想家如海德格尔、保罗·蒂里希、巴特等与之激烈搏斗却仍然悬而未决的问题。彼岸世界的崩塌令人之存在丧失之前所倚赖的基础，人惊恐而绝望地发现自己和世界一同陷入无根基状态，为虚无主义的漫漫长夜所笼罩。无论是尼采的"意志上帝"②，还是蒂里希的"超越上帝的上帝"，无论是海德格尔极力开显的"此在"，还是巴特的作为"绝对他者"的上帝，都是为克服这可怕的虚无主义、寻求一条超越的出路而作的努力。且不对这些伟大哲学家的努力本身及其结果作评说，一个事实是，现今我们这个时代仍深陷在虚无主义深渊，并且越来越趋于浓黑而寂静，连普通人都在深受其苦了：抑郁症的大面积爆发，因绝望而自杀的人数年年攀升……这是整个时代的精神危机，其根源在于一个吊诡：彼岸世界崩塌，但人似乎无论如何还是需要一个彼岸。

说到底，关于彼岸本身的诸多问题仍然没有得到透彻的研究，特别是关于诸宗教中的彼岸。对彼岸，恐怕没有比宗教用力更多、专意更深的了，而且，在诸宗教中，彼岸不只是一个哲学性的理念，而是无数信仰者热忱拥抱直至以自身生命相交付的一个活的象征。在一代又一代的传统存续中，他们曾经怎样寻索与历险，怎样获得，又怎样经历失落与危机，又怎样努力克服和重新赢取，这些故事值得细细回顾与研究。

再者，前面说到的彼岸世界崩塌以及克服虚无主义的努力，主要是西方的情况，其彼岸观念是以上帝观念为核心的。其他宗教和文化，特别是东方传统（比如印度教和佛教，甚至儒家和道家）具体是如何面对和处理彼岸问题的，远远未得到应有的重视和深挖。我们看到，彼岸的愿景在世界各大宗教中各不相同，而且它们的相异性可能不仅仅在于这

---

① ［德］尼采：《快乐的科学》，黄明嘉译，漓江出版社2000年版，第125、151—152页。

② 参见 Michael Sllen Gillespie, "Introduction", *Nihilism before Nietzsche*, Chicago：University of Chicago Press, 1995, p. xiii.

些愿景表面上的不同，而在于它们在此岸—彼岸的关联模式上的深刻差异。

可以说，相对容易被看到的是，每一个宗教都有其独特的彼岸愿景，例如犹太教的弥赛亚时代、基督教的天堂或永生、印度教的解脱、佛教的涅槃，等等；同样能够明显被看到的是，它们各自采取了通往彼岸的不同途径/道路/手段，例如犹太教对信心和律法的强调、基督教对基督救恩的倚靠、印度教所提供的四瑜伽、佛教所主张的八正道；然而很少人注意到，这些宗教是如何将此岸与彼岸实际地关联起来而让人得以真正跨越两者之间的鸿沟的，而诸宗教之间的这种此岸—彼岸的关联方式所显示出来的模式上的深刻差异，也未被论说。

诸宗教所向往和指向的彼岸都是完全超越此岸的，与此岸有质的绝对区别和差异，这一方面保证了彼岸的超然位置，但另一方面却给诸宗教本身出了一个极难的题目：如此，怎样才有可能从此岸逾越到一个完全不同质的彼岸？这既是一个逻辑难题，也是一个生存论难题。诸宗教首先需要在逻辑上讲通：怎样的一种关联方法才可以保证人们成功地从此岸抵达或逾越到彼岸？同时诸宗教还需要在生存论上实际地展示出来，截然不同质的此岸和彼岸之间的贯通在实践上是何以成为可能的。

本书正是从此视角关注诸宗教的"彼岸"，并尝试运用跨文化方法进行探究。初步的研究结果让我们区分出几种不同的此岸—彼岸关联模式：犹太教的信心模式、基督教的中保模式、印度教的内证模式、佛教的寂灭模式。简单地说，犹太教相信可以凭着对神的绝对信心，在神的带领下抵达那个无限美好的应许之地/弥赛亚时代；基督教则倚赖于耶稣基督这位兼具神—人二性的中保，相信耶稣的做工可以促成每位信基督的人都得永生；印度教则深信每一个生命内在都是一个与梵一如、本身就体现真—智—乐的"我"，只要向内认同和证知这个"真我"，就能自然达到解脱；佛教则拒绝陷于形而上学谜团，从洞察人生诸苦的原因（渴爱）入手，致力于瓦解导致苦产生的诸般条件，以智慧善巧的方式使渴爱和苦归于寂灭，从而达到解脱/涅槃。每一个宗教所采取的此岸—彼岸关联方式都有各自的内在逻辑及其所倚重的关联点所在，比如犹太教寄望于神的大能，基督教倚靠基督兼具神性和人性的中保角色，印度教注目于内在真我，佛教注重于苦的消解本身，而且这些模式彼此之间不可相互混同、相互置换，否则会导致系统的倒错和混乱，比如印度教和佛教的模式是不同的，尽管后世佛教也补充发展了某种内证模式，但那是后话，佛教本身的原创模式并不是内证模式，而是寂灭模式。

也正是从这些宗教此岸—彼岸关联模式的差异，我们领会到诸宗教之间的深刻差异，由此可以让我们保持对诸宗教差异性的最大程度的尊重和保留，也可以借此提醒诸宗教避免自大和排他。不宁唯是，正因为有差异性的真实存在，我们可以尝试探索诸宗教之间相互补充、相互批评、相互启发和相互丰富的可能性。在过去的历史和当下的现实中，在有些宗教（比如基督教与佛教和印度教）之间已经有了这方面的一些大胆探索，相信这种尝试今后会为人类探究彼岸开创出无限生机。

至此，我们简单地勾勒了跨文化宗教学可以怎样以彼岸的探究为主题展开。按主题展开的研究是跨文化宗教学展开的方式，类似这样的主题还可以有很多，可以根据我们在实际探究中开拓的具体方向来提出。

请让我们记得，跨文化宗教学以谦卑与开放为精神，在与他者宗教的生存论相遇中努力尝试倾听诸宗教的自我言说，克制从概念上去还原诸宗教，而尝试整体性、沉浸式地体验诸宗教的象征世界，当然同时也不抑制我们的可能质疑和批判。

时代性的共同的精神危机需要世界诸宗教和文化的通力合作。在此我们相信跨文化宗教学一定能够对此有所作为，并带来可能的创造性突破。

第 二 章

犹太教:面向"应许之地"

"你要离开本地,本族,父家,往我所要指示你的地去。"① 据信,这是上帝耶和华向犹太人的祖先亚伯拉罕发出的第一声召唤。耶和华所指示的地方,后来一直被称为"应许之地",可视为犹太人也是犹太教最初所追寻的"彼岸"。当然,犹太人后来似乎还有新的彼岸愿景,说到最多的是弥赛亚时代,另外提及的有乐园、来世等,这些事实上都是对"应许之地"的补充和扩展。

第一节 地上的彼岸:应许之地

首先很明确的是,这是在地上的一个彼岸。这是犹太教迥异于其他许多宗教的特别之处,它追寻的彼岸不在天上,而是在地上。并且它在一个具体的地方:迦南地。在地理位置上,它大致就在今天的巴勒斯坦。这可能让人觉得奇怪:世界上可能不乏"更美好"之地,但是它何至于成为令犹太人魂牵梦绕、非去不可的彼岸?这可能要回到亚伯拉罕的最初追寻去看一看。

亚伯拉罕祖籍在迦勒底的吾珥(在美索不达米亚平原),他本人属于"移民二代",因为在他父亲那一代,他的家族就已经开始了迁徙,举家迁到了哈兰。一个家族背井离乡,甘愿去往异国他乡,多半是因为不满足于本地本乡的生活,去寻求心目中更美好的生活。迦勒底的吾珥是苏美尔的重要城镇,在公元前二十五世纪,第一王朝时期,吾珥还曾作为

---

① 《创世记》12:1。

都城。据出土文物证明，当时的文明高度发达。然而亚伯拉罕家族似乎并不满意，因为吾珥被认为是拜偶像之城，吾珥城内一座非常出名的月亮女神庙就是明证①，而迦勒底人据说是"残忍暴躁之民"（《哈巴谷书1：6》），"诡诈，狂傲"，贪婪（《哈巴谷书》2：4-5）。亚伯拉罕的父亲停在了哈兰，而亚伯拉罕继续出走，因为哈兰仍属于流行多神论的美索不达米亚境内，亚伯拉罕似乎想要彻底摆脱他所不满意的社会文化环境。

仅从地理环境来说，迦勒底的吾珥不但可以说并不差，反而甚至可谓优越，与迦南地对比来说更是如此。迦南只是一块狭长的弹丸之地，从丹（Dan）到比尔希巴（Beersheba），长度仅有241千米，从地形来说，大多是小山丘，是一块"温和而单调的土地"②。这块并不起眼的土地，是如何被选中，成为"应许之地"的呢？

亚伯拉罕一开始好像并不知道往哪里走，一直走到迦南地，"耶和华向亚伯兰显现，说，我要把这地赐给你的后裔"（《创世记》12：7）。似乎到这时，迦南地才显现为"应许之地"，亚伯拉罕也才决意在这里建立属于自己的家园。他的抱负甚大，耶和华如此应许他：

> 我必叫你成为大国，我必赐福给你，叫你的名为大，你也要叫别人得福。为你祝福的，我必赐福与他。那咒诅你的，我必咒诅他，地上的万族都要因你得福。③

成就大国，赢得大名，并为地上所有人带来福祉——可谓极为宏大的心愿和抱负。要知道，当时亚伯拉罕（当时尚未改名，叫亚伯兰）已七十五岁，身边只有妻子撒拉，没有儿女，只是侄子罗得跟从他。

可以看出，关键并非那地本身如何，而在于亚伯拉罕想要建设这块土地的决心、勇气和热情。要说这样的决心、勇气和热情来自哪里，亚

---

① 参见王亚平《王亚平圣经地理讲义》，第2页，https://ishare.iask.sina.com.cn/f/8AIqu2O59m9.html，2021年3月18日。

② [美]休斯顿·史密斯：《人的宗教》，刘安云译，海南出版社2012年版，第256页。

③ 《创世记》12：2—3。

伯拉罕并不以为出自自身,在这位犹太信仰之父的感知里,这些是来自上帝耶和华,也唯有耶和华能够成就。因而饶有悖论性意味的是,在地上建设一个美好的家园,这仿佛是一个尘世的理想,但它的驱动力却被认为发乎天上的神秘。这是一个定位在地上的彼岸,但它的非凡性却另有源头。这是犹太彼岸的独特性。后来,基督教把彼岸转移到了天上,寻找"一个更美的家乡,就是在天上的"(《希伯来书》11∶16);犹太人后裔马克思把彼岸同样放置在人间,但去除了它的神秘来源和支持。

犹太历史始终与"应许之地"紧密相连,可以说,寻觅与回归应许之地是整部犹太史(过去的、现在的以及未来的)的主旨。最初,亚伯拉罕带领家族在迦南地定居下来。到雅各的时候,为了避饥荒,以色列全家去埃及投奔在那里当了宰相的约瑟。随后生活了几个世代,以色列人处境变糟糕,又在摩西、约书亚的带领下,历经千辛万苦出埃及、回迦南。在迦南也曾建立像大卫王朝这样强盛的统一王国,但黄金岁月短暂,在经历分裂和灭国之后,落入一个又一个强大异族国家(巴比伦、波斯、希腊、罗马、英国等)的统治。经历大流散、隔都、反犹主义迫害、纳粹大屠杀。千百年间背井离乡,遭受歧视、羞辱、压制、迫害乃至屠戮的苦难,犹太人始终盼望回归应许之地,对"锡安"怀着深深的思慕之情:

> 我们曾在巴比伦的河边坐下,一追想锡安就哭了。
> 我们把琴挂在那里的柳树上。
> 因为在那里,掳掠我们的要我们唱歌,抢夺我们的,要我们作乐,说,给我们唱一首锡安歌吧。
> 我们怎能在外邦唱耶和华的歌呢?
> 耶路撒冷阿,我若忘记你,情愿我的右手忘记技巧。
> 我若不记念你,若不看耶路撒冷过于我所最喜乐的,情愿我的舌头贴于上膛。[①]

直至1948年以色列建国,世界各地的犹太人纷纷移居到那片"应许

---

① 《诗篇》137∶1—6。

之地",但之后他们仍没有停止对梦想中的应许之地的寻觅,因为"来到迦南之地,发现没有应许"①,有的是战乱、纷争、灾害、不义,缺少安稳、公义、和谐。因此他们仍在盼望救世主弥赛亚,期待一位由神所派遣的公义仁慈而又智慧精明的弥赛亚来带领他们建立一个弥赛亚王国或开启一个弥赛亚时代,在彼时彼地可以享受永久的平安与幸福。不过,即便如此,有一点始终没有改变:这个彼岸确乎是在地上的。

亚伯拉罕和他的后裔要在地上一手建立的这个彼岸,具备物质上的丰盛与富裕,"流奶与蜜",这是我们要描述的它的第二个特点。这也是犹太教明显区别于世界大多数宗教的特性:异于后者的唯精神性或至少偏精神性的倾向,犹太教并不以欲望的满足和物质的享受为恶,反而特别真诚而坦率地看重地上的物质生活。在犹太先祖心目中,那应许之地是块丰饶的美地,"那地有河,有泉,有源,从山谷中流出水来。那地有小麦,大麦,葡萄树,无花果树,石榴树,橄榄树,和蜜"②。在那里可以享受生活的富足与甜美,一切世俗的享受都可以得到饱足。可以尽情吃喝,吃的喝的都是上帝丰富的赐予。"在我的敌人面前,你为我摆设筵席,你用油膏了我的头,使我的福杯满溢。"(《诗篇》23∶5)"愿神赐你天上的甘露,地上的肥土,并许多五谷新酒。"(《创世记》27∶28)可以以喜乐之情享受一切美好事物:面包和葡萄酒,水果和油脂,香精和香料植物,美丽的树木和彩虹,爱情,友谊,婚姻,家庭,财富……这一切都是上帝创世所赐的礼物,受上帝的祝福。犹太教并不鼓励禁欲主义,反而认为弃绝美好是对于造物主的犯罪行为。犹太民憧憬应许之地上丰盛的物质享受,这对他们来说并非一种完全世俗的追求,而是也在上帝的应许之内。

犹太彼岸除了物质生活上的丰盛之外,还建立了自己的精神文化,而其中居于核心的是倡导和施行公义与爱。这是第三个特点。

首先要有公义,因为公义是社会秩序所赖以建立的坚实基础。在希伯来文中,"公义"所对应的词是 tzedek 和 tzedakah,"最初可能是指物理意义上的正直或牢靠,后来逐渐被用来指遵守道德规范的道德行为,以

---

① [以色列]阿摩司·奥兹:《爱与黑暗的故事》,钟志清译,译林出版社 2014 年版。
② 《申命记》8∶7—8。

及被证明是正确或正当的道德行为"。① 最初，"以眼还眼，以牙还牙"是最基本的公平原则，"他怎样行，也要照样向他行"（《出埃及记》21：24，《利未记》24：19—20）。逐渐地，公义被提升为一个无所不包的道德范畴，乃至被认为是上帝的属性之一（"我喜悦在世上施行慈爱、公平和公义，以此夸口。"《耶利米书》9：24），也是人类行为的理想模式，在公义的基础上方能建立一个理想的道德世界。先知渴望"唯愿公平如大水滚滚，使公义如江河滔滔"（《阿摩司书》5：24）。在先知以赛亚的心目中，作为应许之地的中心和象征，锡安应是一个公义之城，"锡安必因公平得蒙救赎"（《以赛亚书》1：26—27）。公平意味着对群体所有成员的一视同仁，即使对外人也应如此（《利未记》19：33）。法官对诉讼当事人公平审判，为无辜者辩护，惩罚有罪者（《以赛亚书》5：23，《出埃及记》23：7，《箴言》17：15）。统治者对臣民赏罚公平。在应许之地，君主施行公平的统治，贫富之间再无纷争，人们再不会去伤害和毁灭他人。在公正的社会秩序下，无论是不同的阶级之间，还是不同的民族之间，冲突将不复存在。"公义的果效必是平安，公义的效验必是平稳，直到永远。"（《以赛亚书》32：17）

犹太人希望根除社会邪恶，希望最后建成的世界里没有罪恶，没有罪人、恶人："愿罪人从世上消灭。愿恶人归于无有。"（《诗篇》104：35）

犹太人相信公义是必需的，但由于公义在法律上的严厉性，它也需要"爱"来调和、平衡与辅助。在应许之地建成的社会不仅充满公义，也丝毫不缺乏爱。作为不仅拥有共同祖先也具备共通的神性（因为上帝按照自己的形象和样式造人）的同胞，人人皆兄弟，人与人之间的兄弟情谊是普遍的。要在全世界范围内施行仁慈，"不可心里恨你的弟兄……不可报仇，也不可埋怨你本国的子民，却要爱人如己"（《利未记》19：17—18），"若有外人在你们国中和你同居，你不可欺负他。和你们同居的外人，你要看他如本地人一样，并要爱他如己，因为你们在埃及地也作过寄居的"（《利未记》19：33—34）。犹太人这样理解"爱人如己"：

---

① ［美］撒母耳·S. 科亨：《犹太教——一种生活之道》，徐新、张力伟等译，四川人民出版社2009年版，第158页。

"爱邻人当完全如爱'己',这就是说,就像人的四肢会回应彼此的需要一样,人也要根据邻人的需要来约束自己的行为。因此,仅仅自己不去伤害邻人是远远不够的,甚至当自己受到其他方面的威胁时,也要如此。"① 爱人如己意味着,"对他人的爱应与你对自己的爱没有任何不同,与你不加区别、不加隐讳、不加设计地爱自己的爱一样"②。

对于犹太人而言,爱不是情感主义的感喟吟哦,而是具体切实的行动,体现在富有同情心的一系列善行里,比如照顾孤儿寡母,关照寄居的外乡人,甚至还有这样的成文的规定:要留着田角的庄稼不割,不拾取收割庄稼时所遗落的麦穗和葡萄园里漏摘的果子,"要留给穷人和寄居的人"(《利未记》19:9—10,23:22;《申命记》24:21以下;《路得记》),在安息年未耗人力自长的庄稼要由土地所有者与他的仆人及贫穷的邻人共享,甚至还可由牲畜和野兽分享(《利未记》25:6)。土地只能出卖一个禧年,不能永久出卖。被迫出卖土地的,可以在禧年重新获得自己的土地。因贫穷而被迫卖身为奴的以色列人,可以在禧年重获自由。这都体现了犹太同胞之间慷慨的爱和团结。

《希伯来圣经》描绘新天新地充满喜乐欢欣的美好生活时,特别提到自己造的房子自己住,自己酿的酒自己喝,人们都享受自己的劳动成果,这是只有完全实现了社会公平才能看到的社会景象:

> 我要创造新天新地。以往的事都要被遗忘,不留痕迹。你们要因我所创造的一切永远欢喜快乐。我所创造的新耶路撒冷将充满喜乐,城里的居民要欢欣。我自己也要因耶路撒冷欢欣,为城里的居民喜乐。那里,再也没有哭泣,没有哀号。小孩子不会夭折;老年人都享长寿。活到一百岁的算是年轻;未满一百岁死去的可说是受我诅咒的。他们造了房子,自己住进去;他们种了葡萄,喝自己所酿的酒。他们绝不让别人住进自己的房子,或让别人喝自己的酒。我的选民要像树那样长命;他们将长久享受自己工作的成果。他们所做的事都会成功;他们的孩子不会遭受灾难。我要赐福给他们和他们

---

① [美]撒母耳·S. 科亨:《犹太教——一种生活之道》,徐新、张力伟等译,第177页。
② [美]撒母耳·S. 科亨:《犹太教——一种生活之道》,徐新、张力伟等译,第178页。

的子子孙孙。①

第四点，犹太彼岸是属于一个共同体的，而非属于个人。这个共同体最初是家族，慢慢地，扩及整个部落、民族，乃至全世界。犹太人好像并没有觉得个人有单独去获得拯救或解脱的需要，因而他们寻求彼岸，并不像佛教、印度教等宗教那样以个人灵性为主要关切和焦点，却始终以共同体的整体命运为目标。

这在亚伯拉罕一开始所获"应许"的愿景里就已现端倪，也即核心在于成"大国"，而他个人"得福"和成功（"必叫你的名为大"）是附随"成大国"之后的，并且是为他人的得福成就条件（"地上的万族都要因你得福"）。

摩西生长于犹太人在埃及受奴役与欺压的时代，他受耶和华呼召，起初不太情愿也不太自信地担负起带领犹太民从埃及出走、回归"应许之地"的使命，途中经历艰辛并受到百姓抱怨甚至毁谤和反叛之际，他也曾黯然神伤，埋怨耶和华说："你为何苦待仆人，我为何不在你眼前蒙恩，竟把这管理百姓的重任加在我身上呢？这百姓岂是我怀的胎，岂是我生下来的呢？你竟对我说：'把他们抱在怀里，如养育之父抱吃奶的孩子，直抱到你起誓应许给他们祖宗的地去。'"② 愤激之余，他甚至一度想撂挑子："管理这百姓的责任太重了，我独自担当不起。你这样待我，我若在你眼前蒙恩，求你立时将我杀了，不叫我见自己的苦情……"③ 然而最终，他还是克勤克俭地担当大责，含辛茹苦四十年，直至把犹太民带领到应许之地的边上。

在祭司时代，祭司作为整个共同体的代表，担当与上帝沟通、为整个民族献上各样燔祭的职责；在先知和拉比时代，这些社会与民族的精英则在民族命运的忧患之际大声呼号，极力规劝百姓迷途知返，他们一生与整个共同体同呼吸、共进退，而少有疏离百姓而顾自隐退的。犹太精英对共同体的这份忠诚和责任感是非常坚定的。

---

① 《以赛亚书》65：17—23，现代译本。
② 《民数记》11：11—12。
③ 《民数记》11：14—15。

不仅如此，在犹太人最宏大的彼岸愿景中，天下所有民族都要因他们而"得福"，因为犹太人将全力配合上帝，帮助实现一个在上帝完美权治下的世界，那就是弥赛亚时代的弥赛亚王国。可以试看先知以赛亚令人心动的描述：

> 豺狼必与绵羊羔同居，豹子与山羊羔同卧，少壮狮子与牛犊并肥畜同群；小孩子要牵引它们。牛必与熊同食，牛犊必与小熊同卧，狮子必吃草与牛一样。吃奶的孩子必玩耍在虺蛇的洞口，断奶的孩子必按手在毒蛇的穴上。在我圣山的遍处，这一切都不伤人、不害物，因为认识耶和华的知识要充满遍地，好象水充满洋海一般。①

这样一个完全和平、绝无伤害的世界，是应许之地上的事业的崇高目标。因此，犹太彼岸的愿景不只是属于作为民族的犹太人的，也是属于犹太人作为"祭司民族"所带领的世界的。这是犹太人的宏愿和使命意识中无限美好的世界愿景。

犹太彼岸的第五个特点是严格的一神信仰。亚伯拉罕离开家乡吾珥，一个很直接的原因似乎是，当他开始信仰上的醒觉之后，不再认同当地的多神论宗教和偶像崇拜。在他去往迦南地途中以及在迦南定居下来以后，他都是单单求告和侍奉耶和华，甚至通过了"向耶和华献上独生子以撒"的考验。摩西、约书亚以及后来的先知都坚持极其严格意义上的一神信仰，对于犹太百姓是不是单单依靠耶和华一事非常严肃，对偶像崇拜都予以严厉决绝的清除。"以色列啊，你要听！耶和华我们神是唯一的主。你要尽心、尽性、尽力爱耶和华你的神。"（《申命记》6：4—5）这是犹太先知们反复重申的诫命，也是犹太人每天早晚祈祷时都要诵读的，被称为"对来自天国约束的承认"②。而在摩西律法中这也被定为头一条："除了我以外，你不可有别的神。"（《出埃及记》20：3）偶像崇拜是明令禁止的："不可为自己雕刻偶像；也不可作什么形像仿佛上天、下地和地底下、水中的百物。不可跪拜那些像；也不可侍奉它。"（《出埃

---

① 《以赛亚书》11：6—9。
② ［美］亚伯拉罕·柯恩：《大众塔木德》，盖逊译，山东大学出版社2004年版，第4页。

及记》20：4—5）"偶像崇拜者被认为是'打碎了上帝律法对他们的约束'……也就是说，他过着没有道德约束的生活。"① 坚持一神信仰和禁绝偶像崇拜，对于犹太教来说如此重要，以至于甚至有这样的宣称："凡摒弃偶像崇拜者，均被视为犹太人。"②

犹太彼岸是美好的，被赋予了犹太人所能想到的最好价值，但是并非仅仅作为慰藉人心的幻想，而是犹太人为之奋斗的具有最大现实性的目标。所以接下来我们就来看看，在犹太人的意识中，该如何抵达这样一个彼岸？

第二节 抵达彼岸之道：守与耶和华的约

显然，在犹太人看来，彼岸是需要努力才能抵达的，然而单靠人的努力却又是不够的。用他们自己的话语来表达，抵达彼岸也即应许之地的合宜方式是：守约，也即守与上帝耶和华的约。

约在犹太教中是一个具有核心性意义的概念。它在希伯来文中是Berith一词，英文译为Covenant，通常被理解为具有"合同"或"契约"的意思，"指独立但并不一定平等的双方在互相尊重的条件下，为实现某些确定的目的而达成的永久性关系，它规定了双方的协调行动、责任和义务等等"③。但它与通常意义上的合同（Contract）或契约（Compact）不同，"因为它除了包含相互的利益以外，还包含了合同或契约所没有的道德责任，甚至也考虑到了立约诸方的发展和变化"④。犹太人自古就有"约"的观念，在社会生活中多有运用，但与神立约是从他们的祖先亚伯拉罕开始的，到摩西的时候约的内容基本定型。"赐给他们正直的典章、真实的律法、美好的条例和诫命，又使他们知道你的安息圣日，并借你

---

① ［美］亚伯拉罕·柯恩：《大众塔木德》，盖逊译，第5页。
② ［美］亚伯拉罕·柯恩：《大众塔木德》，盖逊译，第7页。
③ Daniel J. Elazar ed., *Kinship and Consent: The Jewish Political Tradition and Its Contemporary Uses* (Lanham, Md.: University Press of America, 1983)，转引自傅有德《犹太教中的选民概念及其嬗变》，《文史哲》1995年第1期。
④ 傅有德：《犹太教中的选民概念及其嬗变》，《文史哲》1995年第1期。

仆人摩西传给他们诫命、条例、律法。"①

《圣经·创世记》叙述上帝造人,使其在地上生养众多,但从《创世记》第 12 章开始,上帝耶和华似乎开始单独挑出犹太人,将他们分别为圣,要他们的祖先亚伯拉罕"做完全人",要他们这个民族做"祭司的国度""圣洁的国民"。

> 亚伯兰年九十九岁的时候,耶和华向他显现,对他说,我是全能的神。你当在我面前作完全人,我就与你立约,使你的后裔极其繁多。②

> 你们要归我为圣,因为我耶和华是圣的,并叫你们与万民有分别,使你们作我的民。③

> 如今你们若实在听从我的话,遵守我的约,就要在万民中作属我的子民,因为全地都是我的。你们要归我作祭司的国度,为圣洁的国民。④

并由此与他们立约,但最初是与他们的祖先亚伯拉罕立约:

> 我与你立约,你要作多国的父。从此以后,你的名不再叫亚伯兰,要叫亚伯拉罕,因为我已立你作多国的父。我必使你的后裔极其繁多。国度从你而立,君王从你而出。我要与你并你世世代代的后裔坚立我的约,作永远的约,是要作你和你后裔的神。我要将你现在寄居的地,就是迦南全地,赐给你和你的后裔永远为业,我也必作他们的神。⑤

---

① 《尼希米记》9:13—14。
② 《创世记》17:1—2。
③ 《利未记》20:26。
④ 《出埃及记》19:5—6。
⑤ 《创世记》17:4—8。

后来又与以撒、雅各、摩西、约书亚、大卫等分别立约，其中尤以"西奈之约"最为突出，在西奈山，以摩西为领头，以色列全民与耶和华立约：

> 神晓谕摩西说，我是耶和华。我从前向亚伯拉罕，以撒，雅各显现为全能的神，至于我名耶和华，他们未曾知道。我与他们坚定所立的约，要把他们寄居的迦南地赐给他们。我也听见以色列人被埃及人苦待的哀声，我也记念我的约。所以你要对以色列人说，我是耶和华，我要用伸出来的膀臂重重地刑罚埃及人，救赎你们脱离他们的重担，不作他们的苦工。我要以你们为我的百姓，我也要作你们的神。你们要知道我是耶和华你们的神，是救你们脱离埃及人之重担的。我起誓应许给亚伯拉罕，以撒，雅各的那地，我要把你们领进去，将那地赐给你们为业。我是耶和华。①

以色列人与耶和华之间的约，正如任何契约、盟约一样，规定了双方的权利、义务和责任。从上帝耶和华方面来说，他赐给以色列人土地，令他们子孙繁多，民族兴旺，保护他们，拯救他们脱离苦难。从以色列民这方面来说，他们的义务和责任就是信靠耶和华，做属于耶和华的子民，而这具体来说，意味着遵守严格的律法和诫命，行善离恶，把自己造就成耶和华手中的工具，做其他民族的先知，去教导和拯救他们。以赛亚作为以色列先知中的佼佼者，充分发挥了他对以色列的这一使命的理解：

> 自我出胎，耶和华就选召我，自出母腹，他就提我的名。
> 他使我的口如快刀，将我藏在他手荫之下。又使我成为磨亮的箭，将我藏在他箭袋之中。
> 对我说，你是我的仆人以色列，我必因你得荣耀。
> 我却说，我劳碌是徒然，我尽力是虚无虚空，然而我当得的理必在耶和华那里，我的赏赐必在我神那里。

---

① 《出埃及记》6：2—8。

> 耶和华从我出胎造就我作他的仆人,要使雅各归向他,使以色列到他那里聚集。(原来耶和华看我为尊贵,我的神也成为我的力量)
>
> 现在他说,你作我的仆人,使雅各众支派复兴,使以色列中得保全的归回,尚为小事,我还要使你作外邦人的光,叫你施行我的救恩,直到地极。
>
> 救赎主以色列的圣者耶和华,对那被人所藐视,本国所憎恶,官长所虐待的,如此说,君王要看见就站起,首领也要下拜,都因信实的耶和华,就是拣选你以色列的圣者。
>
> 耶和华如此说,在悦纳的时候我应允了你,在拯救的日子我济助了你,我要保护你,使你作众民的中保,(中保原文作约)复兴遍地,使人承受荒凉之地为业。
>
> 对那被捆绑的人说,出来吧。对那在黑暗的人说,显露吧。他们在路上必得饮食,在一切净光的高处必有食物。
>
> 不饥不渴,炎热和烈日必不伤害他们,因为怜恤他们的,必引导他们,领他们到水泉旁边。
>
> 我必使我的众山成为大道,我的大路也被修高。
>
> 看哪,这些从远方来,这些从北方,从西方来,这些从秦国来。(秦原文作希尼)
>
> 诸天哪,应当欢呼。大地阿,应当快乐。众山哪,应当发声歌唱。因为耶和华已经安慰他的百姓,也要怜恤他困苦之民。[①]

这也就是所谓的上帝选民概念。犹太人为何会被上帝拣选出来,《圣经》上的解释是:

> 耶和华专爱你们,拣选你们,并非因你们的人数多于别民,原来你们的人数在万民中是最少的。只因耶和华爱你们,又因要守他向你们列祖所起的誓,就用大能的手领你们出来,从为奴之家救赎

---

① 《以赛亚书》49:1—13。

你们脱离埃及王法老的手。①

从这一解释,可见并非因为犹太人本身的特别之处,但后来拉比们作了另外的解释,认为是由于在所有民族中唯有犹太人愿意接受"火一般的律法"②。这是犹太民族意识和民族自豪感的表达。

通过与神的立约关系,犹太人甘愿接受严格的律法的约束,过一种更有道德感的生活。但他们不是道德主义者,不是为了道德而道德,他们毋宁是把自己的这种高道德水准看成是对神的荣耀,是他们借以实现选民使命的一种途径。义人柴迪克(Sittenbuch)如是说:

……若犹太人与异教徒相处时,待人诚恳,真实可信,便是在圣化上帝之名。异教徒会因此开始爱我们,他们会变得虔诚。见到犹太人以公义之心待他们,他们会说:"犹太人多么虔诚!他们有多好的信仰啊!"因而使上帝之名神圣。③

犹太人相信,他们要坚守与上帝耶和华之间的约,而且唯有通过守约,他们才能借由耶和华的大能,顺利抵达彼岸——应许之地。守约的具体表现是遵守律法,尤其在摩西时代之后,律法几乎成了维系犹太人与上帝的约的关系的唯一纽带。每当民族遭受厄运,犹太人便会自问是不是因为没有严格遵守律法而令上帝发怒降灾了,就会有犹太先知发出呼号,要犹太人悔改和自洁。在律法和诫命中,最受重视的是坚持一神信仰,严格禁止多神教和偶像崇拜。为了防止受影响,传统上犹太人还禁止与外邦人通婚。《申命记》3:4:

不可与他们结亲。不可将你的女儿嫁他们的儿子,也不可叫你的儿子娶他们的女儿。因为他必使你儿子转离不跟从主,去事奉别

---

① 《申命记》7:7—8。
② 参看 Subject Scholars ed., *Encyclopedia Judaica*, Vol. 5, New York: the Macmillan Company, 1971, p. 500.
③ [美]撒母耳·S. 科亨:《犹太教——一种生活之道》,徐新、张力伟等译,第 115 页。

神，以致耶和华的怒气向你们发作，就速速地将你们灭绝。

《以斯拉记》记载，以斯拉带领一批犹太人从巴比伦回归应许之地，他们在合力重建起来的圣殿里面一起痛哭认罪：

> 以斯拉祷告，认罪，哭泣，俯伏在神殿前的时候，有以色列中的男女孩童聚集到以斯拉那里，成了大会，众民无不痛哭。
> 属以拦的子孙，耶歇的儿子示迦尼对以斯拉说，我们在此地娶了外邦女子为妻，干犯了我们的神，然而以色列人还有指望。
> 现在当与我们的神立约，休这一切的妻，离绝她们所生的，照着我主和那因神命令战兢之人所议定的，按律法而行。①

在这里特别引人注意的是，不是先知（或祭司）以斯拉首先提出批评，倒是百姓中的一员自发地站出来自我认罪并号召大家一起改过，这说明，犹太百姓非常恳切地认同律法，并且非常明确地认识到律法在神人关系中的纽带作用：遵守律法，神就与以色列人同在，不然就冒犯了神，会为神所惩罚。这成为犹太百姓所持的一个真诚、朴素的信念。

然而这有时难免固化为某种执迷或禁忌，613条托拉律法，无论大小，都是神圣戒条，不容违犯，不容置疑。这也就成了被诟病的律法主义。但这并不是非要到后来由耶稣来指摘出来，犹太教自身其实对此有所反思。在《圣经》中，《约伯记》是对此提出尖锐质疑的一个经典文本：人遭受苦难，难道都是不守诫命、为上帝所罚的结果吗？约伯是一个"完全正直，敬畏神，远离恶事"的义人，但厄运却偏偏降临到他身上，他沮丧而不解地向上帝发出埋怨和质疑："强盗的帐棚兴旺，惹神的人稳固，神多将财物送到他们手中"（12：6），"公义完全人，竟受了人的讥笑"（12：4）。而这个文本一开始设置的情节是，撒旦在耶和华面前怀疑约伯的信仰，于是耶和华便把约伯交由撒旦去检验。因而降临在约伯身上的苦难并非由于约伯不守诫命的缘故，而完全是无妄之灾，说到底是来自耶和华默许下的撒旦的打击。在这个文本里，对律法的信念松

---

① 《以斯拉记》10：1—3。

弛了，乃至颠覆了，水落石出，最终显露出来的是人与上帝的关系中最内核的部分：人对上帝的完全信靠，而且它不是基于理性，也不是出于任何因果信念。这样一种信仰，回归到"信仰之父"亚伯拉罕那里闪现的信仰之光：亚伯拉罕完完全全信赖上帝，甘愿献上独生子以撒。这独生子以撒是他在耶和华与他亲口所立的约当中所得的后裔，是他在世间所享有的和将要享有的所有上帝赏赐的象征和依凭，然而亚伯拉罕的信心并没有转移到这一切上面，而仍然在上帝那里。因此可以说，在犹太人这方面，不能忘记的是，守约的真正要义是，像亚伯拉罕那样，以及像接受了考验的约伯那样，完全信靠上帝，信心单单在他身上，坚定不移。"我们的眼目单仰望你。"①

这为作为彼岸的应许之地保留了某种相对性，换言之，犹太人并不把信心完全寄托在应许之地上。耶和华本人就曾明确告诫："地是我的，你们在我面前是客旅，是寄居的。"② 亚伯拉罕虽然在迦南定居下来了，但直到妻子撒拉去世的时候，他都仍然没有以迦南地的主人自视，他谦卑地对赫人说："我在你们中间是外人，是寄居的，求你们在这里给我一块地，我好埋葬我的死人，使她不在我眼前。"③ 大卫也在神面前祷告说："我们在你面前是客旅，是寄居的，与我们列祖一样。我们在世的日子如影儿，不能长存（或说：没有长存的指望）。"④ 对于人的必朽，对于任何尘世梦想（即便是上帝所应许的）的现世性局限，犹太人保持着非常清醒的意识。所以他们的永恒指望其实并不在世间，正如先知以赛亚所发出的感叹："我劳碌是徒然，我尽力是虚无虚空，然而我当得的理必在耶和华那里，我的赏赐必在我神那里。"⑤ 像《传道书》《约伯记》这样的文本，字里行间更是不时流露此种心态。直到近现代犹太复国主义运动，众拉比对诉诸世俗政治手段的复国理念和方式都清醒地保持着警惕和批判。以色列建国后，后犹太复国主义者作为异见人士，对新犹太复国主义的极端民族主义狂热和偏狭的种族观念提出猛烈的批评，其背后

---

① 《历代志下》20∶12。
② 《利未记》25∶23。
③ 《创世记》23∶4。
④ 《历代志上》29∶15。
⑤ 《以赛亚书》49∶4。

也不乏犹太教正统观念的支持。①

这是希伯来人的虔诚精神，是他们得以越过世间（包括应许之地）的兴衰成败而保有盼望的最后堡垒。它显示为对上帝的寻求。"你们在那里必寻求耶和华你的神。你尽心尽性寻求他的时候，就必寻见。"② 对上帝的渴求如此强烈，以至于它常令犹太人发出如歌如诉的祈求和叹息：

> 神啊，我的心切慕你，
> 如鹿切慕溪水。
> 我的心渴想神，永生的神，
> 我几时得见神的面？③

> 神啊，你是我的神，我要切切地寻求你。
> 在干旱疲乏无水之地，
> 我的灵魂渴想你，我的肉体渴望你。
> 我曾在圣所中如此找寻你，为要见你的力和你的荣光。④

但犹太人并不是如后来的基督徒那样寄望在天堂面见上帝，甚至也不像有些宗教神秘主义那样诉诸某种神秘经验，期待在出神入迷的经验中与神相遇。首先他们有一种谦卑的自知，对神秘之事抱持着敬畏和克制的态度。他们相信："世界最大的秘密只有上帝一个人知晓。"（《大创世记》8，2）拉比们告诫："谁一头扎入这四种事情当中，他就不如不出生：上面是什么？下面是什么？时间之前是什么？来世的生活如何？"（《密西那·喜庆祭》，2，2）"对你来说过于奇异的事，别去追问，也不要去追问对你隐藏的东西。思考那允许你思考的东西，决不能让神秘之事占据你。"（《息瓦》3，另见《喜庆祭》77c）面对超出人之能力的事情，他们一劳永逸地斩断鲁莽好奇之心，平静地接受人之限制："主啊，

---

① 参看 Ephraim Nimni Ed., *The Challenge of Post–Zionism: Alternatives to Israeli Fundamentalist Politics*, London and New York: Zed Books, 2003。
② 《申命记》4：29。
③ 《诗篇》42：2。
④ 《诗篇》63：2—3。

我的心不狂傲，我的眼不高，过于伟大和神奇的事，我也不斗胆而行。我的心平静安稳，好像断过奶的孩子在他母亲的怀中。"①

在谦卑之余，他们并不期望见到神本身，而只是渴望见神的荣光，也即所谓舍金纳（shechinach）。摩西向耶和华祈求，"求你显出你的荣光给我看"，这得到了耶和华的应允："我要显我一切的恩慈，在你面前经过，宣告我的名"，并说："你不能看见我的面，因为人见我的面不能存活。……我的荣光经过的时候，我必将你放在磐石穴中，用我的手遮掩你，等我过去，然后我要将我的手收回，你就得见我的背，却不得见我的面。"②

人可以从万物感受神的显现："他的荣光充满全地。"③ "诸天诉说神的荣光"④，它们"日复一日发出语言，夜复一夜传出知识"，虽然它们"无言亦无语，听不见它们的任何声音"⑤。神的显现无时无刻、无所不在："我行，我卧，您都从我身边经过，我无时无刻不感到您，无论我做什么。"⑥ 甚至令诗人发出这样的惊叹："我往哪里去，躲开您的灵？我往哪里逃，避开您的显现？"⑦

然而神的显现绝非人所能把控和左右的，有时神仿佛隐匿了，毫无踪迹，直至令寻求他的人哭泣："耶和华啊，你要将自己永远隐藏到多久？"⑧ "我昼夜以眼泪当饮食，他们不住地对我说，你的神在哪里呢？"⑨ 甚至发出近于绝望的呼喊："我的神，我的神，为什么离弃我？"⑩

即便如此，对人而言，仍需保持敬畏，敬畏是犹太虔诚的核心要义。犹太哲学家海舍尔在其名作《觅人的上帝》中如此描述：

---

① 《诗篇》131：1—2。
② 《出埃及记》33：18—23。
③ 《以赛亚书》6：3。
④ 《诗篇》19：1。
⑤ 《诗篇》19：2。
⑥ 《诗篇》139：3。
⑦ 《诗篇》139：7。
⑧ 《诗篇》89：47。
⑨ 《诗篇》42：4。
⑩ 《诗篇》22：2。

> 敬畏让我们在此岸世界感知到神临在的征兆,在琐事中感受到无限意义的端倪,在平凡和单纯中感悟到终极;在逝水年华中感受到静谧的永恒。①

这种所感悟的"终极"和"永恒",也许在某种意义上可以视为犹太人在精神上的"彼岸",然而他们自身似乎很少这样看待,因为,在他们的意识中,它没有被视为彼岸而需要去追逐和实现,而是自然蕴含在他们与神的亲密关系当中,最多只待他们醒觉和发现。这种信仰上的境界,只有在犹太教正统主流之外的喀巴拉、哈西德派等神秘主义流派当中才被视为个人灵魂得救的迹象,受到特别重视。不过,在现代,对犹太文化特质的寻求令马丁·布伯、海舍尔、格舒姆·索伦(Gershom Scholem)等现代犹太思想家格外垂青犹太神秘主义传统,使得犹太神秘主义重新得到了阐释和发挥,例如海舍尔和布伯分别以提问与应答②、你—我关系③来阐释最亲密的神人关系。

然而我们也可以观察到,这样一种犹太虔诚不时地趋向单独分离出来,似乎有迹象要成为一种与世俗相区别的宗教精神。拿细耳人(a Nazarite)可能是一个例子。甘心发愿离俗而归耶和华的人,被称为拿细耳人:

> 他就要远离清酒浓酒,也不可喝什么清酒浓酒做的醋;不可喝什么葡萄汁,也不可吃鲜葡萄和干葡萄。在一切离俗的日子,凡葡萄树上结的,自核至皮所做的物,都不可吃。在他一切许愿离俗的日子,不可用剃头刀剃头,要由发绺长长了。他要圣洁,直到离俗归耶和华的日子满了。在他离俗归耶和华的一切日子,不可挨近死尸。他的父母或是弟兄姐妹死了的时候,他不可因他们使自己不洁净,因为那离俗归神的凭据是在他头上。在他一切离俗的日子是归

---

① [美]亚伯拉罕·海舍尔:《觅人的上帝》,郭鹏、吴正选译,山东大学出版社2003年版,第70页。
② 参见[美]亚伯拉罕·海舍尔《觅人的上帝》,郭鹏、吴正选译,第95—107页。
③ 参见[德]马丁·布伯《我与你》卷三,陈维钢译,商务印书馆2015年版。

耶和华为圣。①

这些戒条意味着,做一个拿细耳人,要弃绝世俗的享受和世俗的情感,专意侍奉耶和华。在《圣经》时代,祭司是命定的,都是从利未支派的亚伦家族中选任的,拿细耳人却是自愿归圣的,是制度外祭司人选的补充。人人都可以自己发愿做拿细耳人。这相当于东方宗教如佛教、印度教中的出家,有自觉自愿地与世俗保持分离这个意义上的宗教生活、宗教身份的意味。正是在这个意义上,后来基督徒自认为就是终身归主的拿细耳人。但在正统犹太教当中,与世俗分离意义上的宗教始终没有完全从世俗中分离而独立,而是保持着与世俗的一定张力,即便有若即若离的迹象,也不足以支持全然的分离。但与其说犹太教没有"纯粹的"宗教,倒不如说,犹太教没有纯粹的世俗,因为就连日常吃喝这样的"世俗"生活都被"宗教化"了,尽管这样的说法对于犹太教来说是古怪而别扭的。

然而正如我们看到的,其间依然存在一种张力,而在某种特别压力或特定境遇下,这种张力会发生转化,变成压倒性地趋向于其中一端,或是转向完全的世俗化,或是归于神秘主义。比如,在大流散时期,由于受到残酷迫害,犹太人越来越多地对超自然世界发生兴趣,借以平衡或补偿现实生活中的苦难,这也是喀巴拉在13世纪开始兴起的原因之一。② 再比如,流散各地的部分犹太人,由于受到寄居国的同化,律法渐渐松弛,习俗慢慢僵化,生活渐渐失去"宗教味",直至最后最大程度地降低了对犹太教的依附性,"他们心中的犹太教所包含的内容,所剩下的只不过是一副尚未泯灭的慈善心肠、每年按惯例去一次犹太圣堂以及一种对于能够死后埋葬在一个犹太人的'生命之所'的近乎迷信的渴望而已"③。

根据耶和华与以色列人之间的约,应许之地是上帝所赐,赐给以色

---

① 《民数记》6∶3—8。
② 参见〔英〕塞西尔·罗斯《简明犹太民族史》,黄福武译,山东大学出版社2004年版,第331—336页。
③ 〔英〕塞西尔·罗斯:《简明犹太民族史》,黄福武译,第447页。

列人为业。然而这一赏赐似乎一直存在已然与未然之分。

当亚伯拉罕离开吾珥,出发前往寻求应许之地时,应许之地当然尚未到达。

当他抵达迦南之地,确认那就是上帝所赐的应许之地时,他带领族人定居下来,这时似乎是达到某种已然状态了,但是却还有一种"未然":尚未成为大国,民族还未兴旺发达。

当雅各举家迁往埃及避饥荒,之后以色列人在埃及生活并受到虐待和奴役时,摩西起来领导他们,要回归应许之地,这时显然又是未然的状态。

经历艰辛磨难,终于回到迦南之地,似乎达到某种"已然"了,然而这时又需要重新征服当地居民,夺回土地,重建家园,这又仍是"未然"。

之后是大卫王朝,是犹太历史上难得的黄金岁月,成为希伯来人最为追怀、最辉煌灿烂的一段,可惜太过短暂,太平安稳的日子没过多久,很快又陷入分裂和战乱,更不用说此后近两千年的被掳、被殖民、流散、受迫害以及被屠杀的苦难史,应许之地成了他们梦萦魂牵却始终回不去的故国家园。

直到1948年以色列建国,犹太人欢欣鼓舞,这是遭受大屠杀创伤之后提振人心的一个安慰,然而即便如此,面对历史的创伤,面对与巴勒斯坦(阿拉伯人)之间的摩擦和战火,面对犹太民族和犹太文化内部出现的深刻裂痕,犹太人还是发出"到了迦南之地,发现没有应许"这样的叹息。[1]

可以说,应许之地作为耶和华许诺的赏赐,一直未曾真正抵达,始终在未然—已然—未然的连续转化中,从究竟来说,它仍在彼岸,直到如今依然是犹太人所追寻的目标。

第三节　此岸—彼岸的关联:信心模式

彼岸是流奶与蜜的应许之地,包含犹太人在世上所盼望与希冀的所

---

[1]　参见〔以色列〕阿摩司·奥兹《爱与黑暗的故事》,钟志清译。

有美好,与此岸有质的不同,如何能从此岸逾越到那样一个彼岸呢?这个问题所关注的,与前一个问题"如何抵达彼岸",虽然相关却有所不同,这里要特别考察的是此岸与彼岸之间的关联点或者关联模式,或者说,是要关心不同质的两端之间的关联如何可能实现。这在宗教中是一个棘手的理论问题,在不同宗教当中可以看到不同的解决模式。就犹太教而言,这里可以析解出怎样的模式呢?犹太教相信,要从此岸通达彼岸,唯有依靠上帝耶和华的带领和启示,也就是说,要依靠上帝把他们引向并最终到达彼岸。此岸—彼岸之间的关联是由上帝来保证的。对人而言,只要相信上帝,或者具体对犹太人而言,只要信守与耶和华之间的约。我们在此可称之为"信心模式"。

最初,亚伯拉罕是在耶和华启示下离开吾珥,去寻觅"应许之地"的:"耶和华对亚伯兰说,你要离开本地,本族,父家,往我所要指示你的地去。……亚伯兰就照着耶和华的吩咐去了。"[1] 待亚伯拉罕经过迦南时,"耶和华向亚伯兰显现,说,我要把这地赐给你的后裔。亚伯兰就在那里为向他显现的耶和华筑了一座坛"[2]。亚伯拉罕与侄子罗得分家以后,耶和华又对亚伯拉罕说,"你起来,纵横走遍这地,因为我必把这地赐给你"。亚伯拉罕"就搬了帐棚,来到希伯仑幔利的橡树那里居住,在那里为耶和华筑了一座坛"。[3] 随着耶和华的一次次启示,应许之地的愿景渐渐清晰。亚伯拉罕的嫡生独子以撒的出生、娶妻、继承(雅各),雅各十二子发展为以色列十二支派,等等,无不是在耶和华的看顾和安排下完成的。

以色列人在摩西的领导下出埃及、回归迦南,更是与耶和华的带领分不开的。领袖摩西是耶和华所拣选的,摩西的能力是耶和华所赋予的,以色列人从埃及逃脱全赖耶和华的庇护,他们去往迦南途中的一切也都是耶和华一手安排的,"日间,耶和华在云柱中领他们的路,夜间,在火柱中光照他们,使他们日夜都可以行走。日间云柱,夜间火柱,总不离

---

[1] 《创世记》12:1—4。
[2] 《创世记》12:6—7。
[3] 《创世记》13:14—18。

开百姓的面前"①。饿了，降下吗哪给他们当食物，渴了，吩咐摩西击打磐石出水。出埃及成为以色列人最深刻的民族史记忆之一，记忆中，耶和华"用大能的手和伸出来的膀臂，并大可畏的事与神迹奇事，领我们出了埃及"②。

除了亲自带领，耶和华还通过他所拣选的领袖、英雄、先知和君王来带领以色列人，这些人物一旦受到拣选，就有神的力量临到身上，于是有能力担负责任和行使职责。扫罗和大卫的例子很典型。一开始神把扫罗立为以色列的王，后来扫罗开始不听神的话，违命献祭，随从己意，得罪了神③，就被耶和华废弃，"耶和华的灵离开扫罗"④。转而拣选大卫，"耶和华的灵就大大感动大卫"⑤。大卫两次有机会可以杀死扫罗，他却不敢下手妄动，而坚持等候神的时候，顺服神的旨意，让神自己决定。⑥ 大卫行动做事常常表现出信心、谦卑、顺服、忍耐、等候、敬神和舍己，被视为受膏者的典范。

在长期流离失所、故土难回的流散生涯中，犹太人盼望上帝能够再次伸长臂膀来拯救他们，能够派遣弥赛亚带领他们回归应许之地，重新建立美好家园。在犹太人的信念中，有一些曾经救助过以色列人的伟大人物（包括波斯国王居鲁士）都是弥赛亚。一个耐人寻味的例子是，西奥多·赫茨尔发起犹太复国主义运动，最终促成以色列国的建立，功勋显著，他被许多犹太人视为弥赛亚，但赫茨尔本人却是个世俗主义者。也有不少犹太人对政治犹太复国主义提出质疑和批评，主张保持传统的弥赛亚盼望的那种消极被动的态度，等待上帝的启示与带领，而不是妄用世俗政治手段。传统犹太教对人的智慧一直持谨慎、克制乃至贬抑的态度，教导人要保持对神的敬畏，先知弥赛亚就曾如是说：

> 你们中间谁是敬畏耶和华、听从他仆人之话的，这人行在暗中，

---

① 《出埃及记》13：21—22。
② 《申命记》26：8。
③ 参见《撒母耳记上》13：12—14，14：34、40。
④ 《撒母耳记上》16：14。
⑤ 《撒母耳记上》16：13。
⑥ 参见《撒母耳记上》24：1—12，26：6—16。

没有亮光,当依靠耶和华的名,仗赖自己的神。①

顺从神的旨意的人,不擅用人的智慧,仿佛在黑暗中行走,但因全心仰赖神而不慌不急,从容淡定;而那些企图凭自己的智慧和能力决断和行事的人,虽然看似聪明,却必定结局悲惨:

> 凡你们点火,用火把围绕自己的,可以行在你们的火焰里,并你们所点的火把中,这是我手所定的,你们必躺在悲惨之中。②

现代犹太哲学家包括列奥·施特劳斯、列维纳斯等都坚持对现代性的批评,有研究者指出:

> 现代性是一个救赎梦想的世俗化。这个救赎梦想的世俗化在何种意义上合乎启示,又在何种意义上背离启示,而仅仅是人对上帝的模仿甚至亵渎?这是犹太人的挣扎之处。现代性的两大主题,一是国家民族主义,一是革命。并未拒绝启蒙理想的犹太人,其独特的救赎信念和人性理想,构成了对这两大主题的终极合理性的质疑。……在种族主义的仇恨和苦难中建立起来的现代以色列,能否在敌人的攻势和指控下,拒绝成为和敌人一样的国家和种族主义者?这的确是一个巨大的挑战。无论如何,在很多犹太知识分子心目中,以色列民族虽然在政治形式上加入了世界民族国家之林,但在这个国家的内部,在其公民的道德情操中,在其社群和人际关系中,仍然应当体现出犹太人的弥赛亚情结与普世价值相结合的努力,活出犹太教善待陌生人的好客传统。③

因为,

---

① 《以赛亚书》50:10。
② 《以赛亚书》50:11。
③ 刘文瑾:《现代性与犹太人的反思》,《读书》2016年第6期。

在犹太教看来，上帝的救赎工作，始于我们对人（首先是自我）与世界的罪性的拒绝。正是这种罪性，先于种种社会不义与暴力，成为救赎工作最根本的敌人。这就是为何，犹太人把对恶的精神抵抗和对上帝的赞美，当作救赎工作的核心。一切改善世界的行动，都必须从这个核心出发，不能与之背离。即便在争取社会正义时诉诸的法则，其最终原则，既非世俗法律，亦非敌人的法则，而是犹太自己的信仰原则。①

然而，什么是神的旨意？什么是人的意思？如何辨别？犹太教对这些问题没有规范的、标准的答案，甚至也没有尝试去作解答，它只是强调人对神的敬畏，在敬畏中，"人的意思"自然消解，"神的意思"自然显明。在应许之地问题上，有一点被强调：如果人们想要生活在上帝许诺的迦南美地，他们必须首先配得上进入这片乐土。因而以色列人自身要做好预备，才有可能真正获得和享受"应许之地"。也正因如此，尽管有些犹太神学家把现代以色列建国视为上帝应许的实现（雷夫·库克，1865—1935，近代巴勒斯坦第一位大拉比），或至少是已经开始实现，其他神学家，比如索玛特的哈西德教派，却认为只有在救世主弥赛亚领导下建立一个国家，并依照"真正的"托拉统治，才算实现了上帝的应许，而现代以色列并不符合这个标准。②

第四节　挑战与危机：不见应许？

在犹太历史的很长时期内，应许之地这一美好的彼岸愿景一直鼓舞、激励、召唤着犹太人努力前往，在犹太国灭亡、巴比伦之囚后开始的充满苦难和羞辱的漫长岁月里，犹太人始终未曾停止对回归应许之地的期盼，"在犹太人的家庭，经常为'来年回到耶路撒冷'干杯。他们祈祷

---

① 刘文瑾：《现代性与犹太人的反思》，《读书》2016年第6期。
② 参见［英］诺曼·所罗门《犹太人与犹太教》，王广州译，译林出版社2013年版，第106—109页。

时，必面朝锡安"①。然而，到了近现代，当他们惊喜地迎来大解放，隔都的围墙被拆除之时，前所未有的诸多挑战却不期而至，并且令他们从祖先承袭而来的信仰面临严峻的危机。

有两点对他们的彼岸愿景产生了深刻的影响：一是民族性与个体性的冲突，二是宗教与世俗的分裂。

先说民族性与个体性的冲突。法国大解放带来的人人自由平等的思潮，也为犹太人所享受到了，大量欧洲犹太人纷纷争取到了公民权，然而这是作为个体的犹太人的"收获"，并且在一定意义上是以犹太人的民族性要求的放弃为代价的。有一句关于犹太人解放的名言如是说："对作为个体的犹太人，可以施与一切；对作为民族的犹太人，一切都不可施与。"（For the Jews as individual, everything; for the Jews as a people, nothing）

此话出自法国克莱蒙－托内尔伯爵，1789年，他在为犹太人向法国大革命国民议会政府争取全部公民权时说："对犹太人要成立一个民族国家的所有要求都必须拒绝，然而，必须赋予他们作为个体所能拥有的一切；他们必须成为公民。"换言之，"应该赋予犹太人作为法国公民的所有权利；但是，作为回报，他们必须放弃群体特征，放弃民族自治"②。相应地，"个体抉择要代替传统的犹太团体权威，宗教信仰要成为'私人'事务"③。而许多犹太人欣然接受了这一变革。再加上犹太人走出隔都、作为公民加入各国之后，犹太社团内部的惩戒对犹太个人不再起作用，这导致有组织的宗教社团生活从此很快分崩离析、难以为继，而更为深远的影响是，这令很多犹太人放弃了"犹太人是一个特殊民族"的自我认知。由此也冲击到犹太人彼岸愿景中一直被视为非常根本的一点：作为蒙神拣选的一个特殊民族，犹太人要承受上帝赏赐的"应许之地"，要担负上帝赋予的特别使命，做所有民族的祭司，把他们都带向上帝，最终实现上帝的完美权治下的美好世界。

---

① ［英］理查德·艾伦：《阿拉伯——以色列冲突的背景和前途》，艾玮生等译，商务印书馆1981年版，第184页。
② ［英］诺曼·所罗门：《犹太人与犹太教》，王广州译，第5—6页。
③ ［英］诺曼·所罗门：《犹太人与犹太教》，王广州译，第7页。

在犹太教内开始出现改革的尝试,并导致犹太教内部的分化与分裂,逐渐形成改革派、正统派、保守派和重建派等不同派别。改革派明显修正了传统的彼岸愿景,他们的纲领的第一条原则就如此声明:

> 弥赛亚拯救以色列的目的不在于恢复大卫子孙统治下的旧犹太国,再次将以色列与各国隔开,而在于承认上帝的独一性,联合上帝所有的子民,以便实现全部理性造物的统一,实现他们所需要的道德净化。①

因而改革派一开始是反对犹太复国主义的,因为后者被认为是以一种"狭隘的"犹太民族认同为基础的。"改革派中的激进分了甚至提出,犹太教中的宗教伦理和人道主义应和民族主义内容分离,现在犹太人已是一个没有自己的政治目标的宗教社团。"②

然而,在犹太人的彼岸愿景中,民族性是如此基本,以至于一旦脱开民族性,彼岸愿景的修正将是极其彻底的,而且与犹太人千百年来的民族情结相违。著名犹太思想家罗森茨威格的例子就很能说明问题。罗森茨威格早年与同时代的许多犹太人一样,曾打算皈依基督教,但在经历一个夏天痛苦的灵性挣扎之后,在赎罪日的一个犹太会堂,他忽然发现自己与犹太民族生命情感的强烈关联,自那以后,他回归犹太教,并清醒地意识到犹太民族独特的救赎道路。③ 改革派后来在对待犹太复国主义运动的态度的改变,也表明,民族性是犹太人所绕不开的,也是无法割舍的。最终,这成了另一位犹太思想巨擘列奥·施特劳斯的思想的出发点和归宿:当代政治哲学家当中的这位"异类",反过来对现代性展开猛烈而深刻的抨击,并以回归犹太民族主义来抵抗现代性。④ 但是问题依

---

① 转引自[英]诺曼·所罗门《犹太人与犹太教》,王广州译,附录B"改革派犹太教《费城纲领》"。

② 周燮藩.《犹太教的自我诠释——再论什么是犹太教》,《世界宗教研究》2001年第1期。

③ 参见[法]卡特琳娜·夏利尔《现代性与犹太思想家》,刘文瑾编译,上海人民出版社2017年版,第二讲"罗森茨威格:在基督教世界做个犹太人"。

④ 参见[美]列奥·施特劳斯《犹太哲人与启蒙——施特劳斯讲演与论文集》卷一,张缨译,华夏出版社2012年版。

然存在，现代性与犹太性之间非此即彼的抉择显然绝非解决之道。

宗教与世俗的分裂也在撕裂着犹太人全体和他们的彼岸愿景。如先前所述，犹太教向来以一种单纯而微妙的方式维持着宗教与世俗的平衡和结合，然而在启蒙运动的影响下，此种平衡也被打破了。在两条道路——顺应现代性、接受同化，还是拒斥现代性、坚守传统——的选择中，许多犹太人选择前一条，并逐渐脱离犹太教，成了世俗的犹太人。

在彼岸愿景上，世俗犹太人先是试图放弃和反对传统犹太教对于大卫子孙统治下的犹太国的向往，认为那是狭隘的，因而反对犹太复国主义，但大屠杀的发生令他们改变态度，转而支持以色列国的建立，然而对于在这片"先祖居住过的土地上"的新生活，他们的憧憬是模糊的：

> 那里，在我们先祖居住过的土地上
> 我们所有希望终将实现
> 那里我们生活我们创造
> 生活纯粹而自由①

犹太作家奥兹对这"所有希望"到底是什么也发出疑问，他经过寻思之后说：

> 也许他们模模糊糊地认为，他们会在更新了的以色列土地上找到某种少点小资的犹太人的、多一点欧洲的现代的东西，某种少点残酷的物质主义多点理想主义的东西，某些少点狂热与易变多些安定与节制的东西。②

或者正如犹太复国主义准则所表述的，犹太人相信：

> 在大流散中，犹太人生活艰辛；而在这里，在以色列土地上仍

---

① ［以色列］阿摩司·奥兹：《爱与黑暗的故事》，钟志清译，第307页。
② ［以色列］阿摩司·奥兹：《爱与黑暗的故事》，钟志清译，第307页。

非易事，但是不久将会建立希伯来国家，之后一切将会好转，充满了生机与活力。整个世界将会认为犹太人在这里创造了一切。①

在对于彼岸愿景的这一展望中，世俗犹太人避开传统的古老描绘，试图以他们心目中的期待来重新勾勒蓝图，其中充斥着自由、理想、安定、和平等字眼，但没有形成更清晰的画面。

在此岸—彼岸的关联模式上，犹太教徒和世俗犹太人更是各自执取自己所认定的模式。"现代犹太复国主义之父"赫茨尔在复国行动中虽然着力安抚犹太拉比们，保证犹太复国主义的任何行动都不会"损伤任何犹太人团体的宗教感情"②。但他在坚定地运用世俗化、政治化手段的同时毫不犹豫地把宗教影响排除在外，甚至拒绝在犹太复国主义者大会的宣传口号中加入宗教的色彩。谈到以色列国时，他明确指出："我们将要把我们的教士保持在神殿之中，就像我们将要把我们的职业军队保持在军营之中一样。"③ 极力抨击现代性、维护犹太性的列奥·施特劳斯却批评"犹太复国主义用政治活动的方式，以人为的救赎取代了神意的救赎"④。

在今天的以色列这个国家，犹太教徒与世俗犹太人之间存在严重的冲突与分裂，有学者称，在以色列，若不是军事防卫需要合作，此种冲突甚至可能会撕裂这个国家。⑤

若从彼岸的具体愿景以及此岸—彼岸的关联模式来考察，也许可以发现宗教与世俗之间的深刻分歧，从而或许也有望找到两者沟通与对话的着力点。

作为最早诞生的一神教，犹太教表现出某种天真状态，以一种孩童般的纯真天性，毫不费力地在宗教与世俗之间维持着微妙的平衡，然而，

---

① [以色列] 阿摩司·奥兹：《爱与黑暗的故事》，钟志清译，第309页。
② Alex Bein, English translation by M. Samuel, *Theodor Herzl A Biography*, London Mcmivin-East and West Library, 1957, p. 242.
③ [奥] 西奥多·赫茨尔：《犹太国》，肖宪译，商务印书馆1993年版，第82页。
④ [加] 莎蒂亚·B. 德鲁里：《列奥·施特劳斯与美国右派》，刘华等译，华东师范大学出版社2006年版，第45页。
⑤ 参见 [英] 诺曼·所罗门：《犹太人与犹太教》，王广州译，第106—111页。

这种纯真一旦失却，就再也回不去了，只有继续向前，尝试着去寻求一种新的纯真。未来更新了的犹太教将如何描绘他们的彼岸愿景，又将铺设怎样的路径去抵达，让我们暂且忍耐住无端的猜测，等待时间和时间中的人来告诉我们……

第 三 章

基督教：以天国为盼望

基督教在总体上承袭了犹太教，又按自己的方式加以改造，在其彼岸愿景上也是如此。犹太教的彼岸在地上，基督教却把彼岸完全转移到了天上；犹太教致力于在地上建设一个美好家园，对此报以极大的热忱，也愿意为之付出全部的心血，基督教却认为那是无法实现的幻想，自然也不把它作为努力的目标。基督教另有所想，认为它心目中的家不可能在地上，而只能在天上。天上永恒的家——天国/天堂才是基督徒所盼望的彼岸①："一个更美的家乡，就是在天上的。"② 在天上，意味着与上帝同在，意味着永生。③ 因而基督教也经常使用"永生"一词来表达。但"天国"是一个具有更整全和丰富内涵的词，另外也为了统一与简化起见，我们在这里选择把"天国"用作聚焦了基督教的彼岸愿景的主要象征，同时顾及它与永生、救赎、新天新地等词的关联。

第一节 天上的彼岸：天国

天国（God's kingdom 或 the kingdom of God），也即上帝治下的国度，也译为"上帝的国度"或"神的国"，在犹太教中原是指义人在来世所配进入的所在，在那里义人与上帝在一起，"上帝以舍金纳的荣光让他们心

---

① 诚然，基督教有一个完全的彼岸在"新天新地"，那是在末世审判后由再临的耶稣基督统治的新世界，本质上是天国对人间的置换，因此可以仍然看作"天上的家"。
② 《希伯来书》11∶16。
③ 参见《哥林多后书》4∶16—5∶1。

满意足"①。是耶稣宣告"天国近了,你们应当悔改"②,开始把"进天国"作为一项迫切的事业拉近到每一个人跟前,把"天国"作为可以努力抵达的彼岸。

让我们同样先来看看这是一个怎样的彼岸。

首先,很显然,正如一开始指出的,这一彼岸的所在不是地上,而是天上。当然,所谓地上和天上,不是完全空间意义上的,而是分别象征两种品性的场域,前者是属人的、世俗的,后者是属神的、灵性的。我们在犹太教那里看到世俗与神圣在应许之地的愿景里相融为一体,基督教却把两者全然分别出来,并且随时准备离弃世俗,而选择纯粹的神圣。在这一点上,从耶稣开始,倾向就已十分清楚,耶稣明确声称"我的国不属这世界"③。这世界是"该撒"的,耶稣无意去转变和改造它,"该撒的物当归给该撒"④,神的国要建在另外的根基上,"神的物当归给神"⑤。所以耶稣是不愿做一个政治弥赛亚,当犹太人的王尝试在世上建立王国的,在他的意识中,就算要那样做,也是时机未到,那样的时机要到末世才成熟。

与世俗与神圣的分别相一致,物质与精神、肉与灵也被分别开来:"从肉身生的,就是肉身。从灵生的,就是灵。"⑥ 与天国相匹配的是灵,在天国即便有肉体,那也是复活后属灵的新的身体。天国是完全属灵的。要撇下尘世的一切去追求天国,"凡为我的名撇下房屋,或是弟兄,姐妹,父亲,母亲,(有古卷添妻子),儿女,田地的,必要得着百倍,并且承受永生"⑦。所有出乎肉身的世间关联,都要替换为属灵的关联。

> 当下耶稣的母亲,和弟兄,来站在外边,打发人去叫他。
> 有许多人在耶稣周围坐着。他们就告诉他说,看哪,你母亲,

---

① [美]亚伯拉罕·柯恩:《大众塔木德》,盖逊译,第427页。
② 《马太福音》3:2。
③ 《约翰福音》18:36。
④ 《马可福音》12:17。
⑤ 《马可福音》12:17。
⑥ 《约翰福音》3:6。
⑦ 《马太福音》19:29。

和你弟兄,在外边找你。

耶稣回答说,谁是我的母亲,谁是我的弟兄。

就四面观看那周围坐着的人,说,看哪,我的母亲,我的弟兄。

凡遵行神旨意的人,就是我的弟兄姐妹和母亲了。①

地上的世界和肉身是必朽的、不长久的,天上的才是不朽的和永恒的。在《希伯来书》第13章14节中说:"我们在这里本没有常存的城,乃是寻求那将来的城。"在《哥林多后书》第5章第1节,保罗说:"我们原知道,我们这地上的帐棚若拆毁了,必得神所造,不是人手所造,在天上永存的房屋。我们在这帐棚里叹息,深想得那从天上来的房屋,好像穿上衣服。"保罗把我们在世上的肉身比作临时搭建的"帐棚",寄望死后拥有"从天上来的房屋",也即复活后由神所赐予的身体。两种"身体"对比明显:"所种的是羞辱的,复活的是荣耀的;所种的是软弱的,复活的是强壮的;所种的是血气的身体,复活的是灵性的身体。"②

在天上的是一座"有根基的城,就是上帝所经营、所建造的"③。在最后的晚餐,耶稣安慰门徒:"你们心里不要忧愁……在我父的家里,有许多住处……我去原是为你们预备地方去。我若去为你们预备了地方,就必再来接你们到我那里去;我在哪里,叫你们也在哪里。"④

与犹太教相比,基督教明显重来世,轻今生,或者说,重视属灵的维度,轻视属世的维度。从心愿来说,基督徒"更愿意离开身体与主同住"⑤,并认为那是"好得无比的"⑥。天上的家才是真正的家,在那里"要和主永远同在"⑦。

其次,天国是"好得无比的"⑧。根据《圣经》对天国的描绘,我们似乎可以区分天国的两个实现阶段:一是实现在个别的个人身上的"天

---

① 《马可福音》3:31—35。
② 《哥林多后书》15:43。
③ 《希伯来书》11:10。
④ 《约翰福音》14:1—3。
⑤ 《哥林多后书》5:8。
⑥ 《腓立比书》1:23。
⑦ 《帖撒罗尼迦前书》4:17。
⑧ 《腓立比书》1:23。

国",一是到末世整个降临到世上的"天国"。前一个,是个人可以努力进去的,后一个,是世界的整个转换,又被称为"新天新地"。为区别起见,我们不妨把这两种天国分别称为"属灵意义上的天国"和"末世论意义上的天国"。

据《圣经》描述,到末世,先是所有活人和死人经历大审判,然后进入一千年为期的千禧国,之后是新天新地,也就是在天地之间完完全全实现的天国。《圣经》描绘了那完全实现的天国的美好:

第一,从前的事都过去了,一切都是新的,而且是人所无法想象的:

坐宝座的说:"看哪!我将一切都更新了。"①

看哪,我(上帝)造新天新地,从前的事不再被记念,也不再追想。②

上帝为爱他的人所预备的,是眼睛未曾看见,耳朵未曾听见,人心也未曾想到的。③

第二,完全光明,而且是直接由神的光照明:

不再有黑夜。他们也不用灯光日光,因为主神要光照他们。他们要作王,直到永永远远。④

第三,地不再有自亚当、夏娃堕落后的咒诅,变得极其洁净、美好、富饶:

一道生命水的河,明亮如水晶,从神和羔羊的宝座那里流出来。

---

① 《启示录》21:5—6。
② 《以赛亚书》65:17。
③ 《哥林多前书》2:9。
④ 《启示录》22:5。

在河这边与那边有生命树，结十二样果子，每月都结果子。树上的叶子乃为医治万民。以后再没有咒诅。①

第四，再没有饥渴、炎热，再没有死亡、悲痛、伤害，而且神与人同住，人们的生活极其幸福、快乐：

> 他们不再饥，不再渴。日头和炎热，也必不伤害他们。因为宝座中的羔羊必牧养他们，领他们到生命水的泉源。神也必擦去他们一切的眼泪。②

> 神的帐幕在人间。他要与人同住，他们要作他的子民，神要亲自与他们同在，作他们的神。神要擦去他们一切的眼泪。不再有死亡，也不再有悲哀，哭号，疼痛，因为以前的事都过去了。③

> 你们当因我所造的永远欢喜快乐。因我造耶路撒冷为人所喜，造其中的居民为人所乐。④

> 并且耶和华救赎的民必归回，歌唱来到锡安。永乐必归到他们的头上，他们必得着欢喜快乐，忧愁叹息尽都逃避。⑤

> 当复活的时候，人也不娶也不嫁，乃像天上的使者一样。⑥

> 那时晨星一同歌唱，神的众子也都欢呼。⑦

---

① 《启示录》22：1—3。
② 《启示录》7：16 17。
③ 《启示录》21：3—4。
④ 《以赛亚书》65：18。
⑤ 《以赛亚书》35：10。
⑥ 《马太福音》22：30。
⑦ 《约伯记》38：7。

"我的百姓，必住在平安的居所，安稳的住处，平静的安歇所。"
"你地上不再听见强暴的事，境内不再听见荒凉毁灭的事。你必称你的墙为拯救，称你的门为赞美。"①

第五，会有一个庄严、美丽的新耶路撒冷：

我又看见一个新天新地。因为先前的天地已经过去了。海也不再有了。我又看见圣城新耶路撒冷由神那里从天而降，预备好了，就如新妇妆饰整齐，等候丈夫。②

那日，他的脚必站在耶路撒冷前面朝东的橄榄山上。这山必从中间分裂……成为极大的谷。……耶和华我的神必降临，有一切圣者同来……耶和华必作全地的王，那日耶和华必为独一无二的。③

城中有神的荣耀。城的光辉如同极贵的宝石，好像碧玉，明如水晶。……墙是碧玉造的。城是精金的，如同明净的玻璃。城墙的根基是用各样宝石修饰的。……每门是一颗珍珠。城内的街道是精金，好像明透的玻璃。④

城是四方的，长宽一样。天使用苇子量那城，共有四千里。长宽高都是一样。又量了城墙，按着人的尺寸，就是天使的尺寸，共有一百四十四肘……十二个门是十二颗珍珠。⑤

我未见城内有殿，因主神全能者，和羔羊，为城的殿。那城内又不用日月光照。因有神的荣耀光照。又有羔羊为城的灯。⑥

---

① 《以赛亚书》32：18，60：18。
② 《启示录》21：1—2。
③ 《撒迦利亚书》14：4—5，9。
④ 《启示录》21：11，18—21。
⑤ 《启示录》21：16—17，21。
⑥ 《启示录》21：22—23。

先知以赛亚的预言也被认为描述了新天新地,那里拥有永恒的健康、平安、快乐与和平:

> 其中必不再听见哭泣的声音和哀号的声音。其中必没有数日夭亡的婴孩,也没有寿数不满的老者;因为百岁死的仍算孩童,有百岁死的罪人算被咒诅。他们要建造房屋,自己居住;栽种葡萄园,吃其中的果子。他们建造的,别人不得住;他们栽种的,别人不得吃;因为我民的日子必像树木的日子;我选民亲手劳碌得来的必长久享用。他们必不徒然劳碌,所生产的,也不遭灾害,因为都是蒙耶和华赐福的后裔;他们的子孙也是如此。他们尚未求告,我就应允;正说话的时候,我就垂听。豺狼必与羊羔同食;狮子必吃草与牛一样;尘土必作蛇的食物。在我圣山的遍处,这一切都不伤人,不害物。①

> 豺狼必与绵羊羔同居,豹子与山羊羔同卧。少壮狮子与牛犊并肥畜同群;小孩子要牵引他们。牛必与熊同食,牛犊必与小熊同卧,狮子必吃草与牛一样。吃奶的孩子必玩耍在虺蛇的洞口,断奶的婴儿必按手在毒蛇的穴上。在我圣山的遍处,这一切都不伤人,不害物。因为认识耶和华的知识要充满遍地,好像水充满洋海一般。②

当初耶稣似乎预言末世即将来临,天国也将随后降临③,但这一末世期盼并没有如期实现,之后末世意义上的天国不再成为基督徒的迫切期待④,他们转而专注于对属灵意义上的天国的追求。这一意义上的天国是内在的,耶稣本人也曾说过:"神的国来到,不是眼所能见的。人也不得说,

---

① 《以赛亚书》65:19—25。
② 《以赛亚书》11:6—9。
③ 参见《马太福音》24:6—8;《马可福音》13:7—8,13:24—27;《路加福音》21:25—28。
④ 然而从 19 世纪开始,在基督教神学界末世论复兴,引起很多讨论。参见 Owen F. Cummings, *Coming to Christ: A Study in Christian Eschatology*, Lanham, Md.: University Press of America, 1998。

看哪,在这里,看哪,在那里;因为神的国就在你们心里。"①

这一意义上的天国,其实质可以用永生、得救等词来描述。以至于后来基督教更多使用"永生"一词,而较少提及天国。就此而言,可以说基督教后来侧重发展了天国的内在性(immanence)维度,从而在彼岸意象上也更明显区别于犹太教的那种完全外显的、在时空中展开的彼岸之类型。区别于末世意义上的天国,属灵意义上的或者说内在维度的天国就具有了明显属灵的意味。

首先,从内在来说,进天国意味着战胜了死亡:"死啊!你得胜的权势在哪里?死啊!你的毒钩在哪里?"② 也即意味着获得永生。永生是指真正的生命,从终极来说,就是神:"我今日呼天唤地向你作见证。我将生死祸福陈明在你面前,所以你要拣选生命……因为他是你的生命,你的日子长久也在乎他。"③ 从另一方面而言,认识了神也就意味着实现了永生:"认识你独一的真神,并且认识你所差来的耶稣基督,这就是永生。"④

其次,进天国意味着灵魂上的饱足,必定不饿⑤,永远不渴⑥,意味着释下劳苦重担,"得安息"⑦,平安喜乐,意味着离弃了世界上的虚妄之事,对世界和世界上的事无所爱⑧,无所恋⑨,无所想⑩,无所忧⑪,无所惧⑫;意味着与神同在,并且完全认识神:"我们如今仿佛对着镜子观看,模糊不清,到那时,就要面对面了;我如今所知道的有限,到那时就全知道,如同主知道我一样。"⑬

---

① 《路加福音》17:20—21。
② 《哥林多前书》15:55。
③ 《申命记》30:19—20。
④ 《约翰福音》17:3。
⑤ 《约翰福音》6:35。
⑥ 《约翰福音》4:14。
⑦ 《马太福音》11:28。
⑧ 《约翰一书》2:15。
⑨ 《希伯来书》11:15。
⑩ 《歌罗西书》3:1,2。
⑪ 《腓立比书》4:6。
⑫ 《罗马书》8:18。
⑬ 《哥林多前书》13:12。

最后，这属灵的天国有着自己的法则、逻辑和价值观，与地上截然不同。当门徒问天国里谁最大时，耶稣给他们上了一课：

> 耶稣便叫一个小孩子来，使他站在他们当中，说，我实在告诉你们，你们若不回转，变成小孩子的样式，断不得进天国。所以凡自己谦卑像这小孩子的，他在天国里就是最大的。①

《马太福音》第5—7章向来有"天国宪法"之称，在其中耶稣描绘了哪些人有资格承受天国，做天国的子民：

> 承认自己灵性贫乏的人多么有福啊；他们是天国的子民！
> 为罪恶悲伤的人多么有福啊；上帝要安慰他们！
> 谦和的人多么有福啊；他们要承受上帝所应许的产业！
> 渴望实行上帝旨意的人多么有福啊；上帝要充分地满足他们！
> 以仁慈待人的人多么有福啊；上帝也要以仁慈待他们！
> 心地纯洁的人多么有福啊；他们要看见上帝！
> 促进和平的人多么有福啊；上帝要称他们为儿女！
> 为了实行上帝的旨意而受迫害的人多么有福啊；他们是天国的子民！②

可以看到，属世国度里的弱势群体、边缘人物受到祝福，被邀入神的国度。

天国的运作逻辑是世人所不能参透的奥秘，试看耶稣关于天国所讲的两个寓言：

> 因为天国好像家主，清早去雇人，进他的葡萄园作工。和工人讲定一天一钱银子，就打发他们进葡萄园去。约在巳初出去，看见市上还有闲站的人。就对他们说，你们也进葡萄园去，所当给的，我必

---

① 《马太福音》18∶2—4。
② 《马太福音》5∶3—10，现代译本。

给你们。他们也进去了。约在午正和申初又出去,也是这样行。约在酉初出去,看见还有人站在那里。就问他们说,你们为什么整天在这里闲站呢?他们说,因为没有人雇我们。他说,你们也进葡萄园去。到了晚上,园主对管事的说,叫工人都来,给他们工钱,从后来的起,到先来的为止。约在酉初雇的人来了,各人得了一钱银子。及至那先雇的来了,他们以为必要多得。谁知也是各得一钱。他们得了,就埋怨家主说,我们整天劳苦受热,那后来的只做了一小时,你竟叫他们和我们一样吗?家主回答其中的一人说,朋友,我不亏负你。你与我讲定的,不是一钱银子吗?拿你的走吧。我给那后来的和给你一样,这是我愿意的。我的东西难道不可随我的意思用吗?因为我作好人,你就红了眼吗?这样,那在后的将要在前,在前的将要在后了。①

天国又好比一个人要往外国去,就叫了仆人来,把他的家业交给他们。按着各人的才干,给他们银子。一个给了五千,一个给了二千,一个给了一千。就往外国去了。那领五千的,随即拿去做买卖,另外赚了五千。那领二千的,也照样另赚了二千。但那领一千的,去掘开地,把主人的银子埋藏了。过了许久,那些仆人的主人来了,和他们算账。那领五千银子的,又带着那另外的五千来,说,主阿,你交给我五千银子,请看,我又赚了五千。主人说,好,你这又良善又忠心的仆人。你在不多的事上有忠心,我要把许多事派你管理。可以进来享受你主人的快乐。那领二千的也来说,主阿,你交给我二千银子,请看,我又赚了二千。主人说,好,你这又良善又忠心的仆人。你在不多的事上有忠心,我要把许多事派你管理。可以进来享受你主人的快乐。那领一千的,也来说,主阿,我知道你是忍心的人,没有种的地方要收割,没有散的地方要聚敛。我就害怕,去把你的一千银子埋藏在地里。请看,你的原银子在这里。主人回答说,你这又恶又懒的仆人,你既知道我没有种的地方要收割,没有散的地方要聚敛。就当把我的银子放给兑换银钱的人,到

---

① 《马太福音》20∶1—16。

我来的时候，可以连本带利收回。夺过他这一千来，给那有一万的。因为凡有的，还要加给他，叫他有余。没有的，连他所有的，也要夺过来。把这无用的仆人，丢在外面黑暗里。在那里必要哀哭切齿了。①

根据第一个寓言，在天国，工价似乎不是严格按照量化标准结算的，其多少并不与工时成正比，而完全由上帝来决定。第二个寓言所讲述的已经被称为"马太效应"，对应的是这样一种规则，即越是努力充分发挥自身潜能，则成长和收获越多，反之，如果对自身成长毫无信心，不加努力，最终将面临完全的丧失。天国要求完全的纯洁与公义，要求至少"胜于义士和法利赛人的义"，最终甚至要求做到"与天父完全一样"。耶稣重新阐释"不可杀人""不可奸淫""不可背誓"等犹太古老诫命，不同于这些禁令最初的最低纲领主义要求，经过重新解释，他将它们统统转变为最高纲领主义要求：不可杀人，实质是要求人与人之间的完全和平，因此要及时与人和解，不可积下丝毫怨恨；不可奸淫，实质是要求心念的完全纯洁；不可背誓，实质是要求言语完全信实。像"以眼还眼，以牙还牙"这样的暴力复仇的规则则被明确否弃，要求转向非暴力方式，"不与恶人作对"，乃至"爱仇敌"。福音书中耶稣登山训众的内容就明确宣示了以上信息。②

这样的天国是极其美好、极其宝贵的，犹如一颗无价的宝珠，值得人变卖一切去换取：

天国好像宝贝藏在地里。人遇见了，就把它藏起来。欢欢喜喜地去变卖一切所有的买这块地。

天国又好像买卖人，寻找好珠子。遇见一颗重价的珠子，就去变卖他一切所有的，买了这颗珠子。③

---

① 《马太福音》25：14—30。
② 参见《马太福音》5：20—48。
③ 《马太福音》13—44—46。

第二节　通往彼岸之路：信靠耶稣基督

如何进天国？换言之，作为彼岸的天国，如何才能进去？就末世论意义上的天国而言，到那时，凡已经进入属灵意义上的天国的人，都将成为其中的国民，因此可以说，属灵意义上的天国国民身份是末世论意义上的天国的国民资格。所以，最关键的是要在属灵意义上进入天国。

如何进入呢？耶稣很明确地说："天国是努力进入的，努力的人就得着了。"[①] 怎样努力？耶稣对此也有明确的教导："凡称呼我主阿，主阿的人，不能都进天国。惟独遵行我天父旨意的人，才能进去。"[②] 如何是遵行天父旨意？就永生实质上等同于进入属灵意义上的天国而言，耶稣的指示也是很清楚的：

> 有一个律法师，起来试探耶稣说，夫子，我该作什么才可以承受永生。
>
> 耶稣对他说，律法上写的是什么？你念的是怎样呢？
>
> 他回答说，你要尽心，尽性，尽力，尽意，爱主你的神。又要爱邻舍如同自己。
>
> 耶稣说，你回答的是。你这样行，就必得永生。[③]
>
> 有一个官长问耶稣："良善的老师，我当作什么，才可以承受永生？"
>
> 耶稣对他说："你为什么称我是良善的呢？除了神一位以外，没有良善的。
>
> 诫命你是知道的：不可奸淫，不可杀人，不可偷盗，不可作假证供，当孝敬父母。"
>
> 他说："这一切我从小都遵守了。"

[①]《马太福音》11：12。
[②]《马太福音》7：21。
[③]《路加福音》10：25。

耶稣听了，就告诉他："你还缺少一件，应当变卖你一切所有的，分给穷人，你就必定有财宝在天上，而且你还要来跟从我。"①

在这两段对话中，耶稣身为犹太传统的继承者，并与犹太人对话，他是在犹太诫命和律法的基础上指出通往天国（永生）之路的：爱神，爱邻人，遵守律法，同时还要弃绝财富，跟从他耶稣。《约翰福音》中的耶稣则更明确地指出天国之路的特别要义："我实实在在地告诉你，人若不重生，就不能见神的国"②，"人若不是从水和圣灵生的，就不能进神的国"③。也就是说，耶稣认为人需要经历一种彻底的生命转变方能进天国。这跟他和施洗约翰传天国福音的口号是一致的："天国近了，你们应当悔改。"④ 悔改，希腊义是 metanoia（名词），metanoeo（动词），意为"转变、改变"。与犹太教相一致的是，在此"悔改"指转向神：

所以你要对以色列人说，万军之耶和华如此说，你们要转向我，我就转向你们。这是万军之耶和华说的。

不要效法你们列祖。从前的先知呼叫他们说，万军之耶和华如此说，你们要回头，离开你们的恶道恶行。他们却不听，也不顺从我。这是耶和华说的。⑤

万军之耶和华说，从你们列祖的日子以来，你们常常偏离我的典章，而不遵守。现在你们要转向我，我就转向你们。⑥

我必用洁净的水洒在你们身上，你们就洁净了；我必洁净你们的一切污秽，使你们远离所有可憎的像。

我必把新心赐给你们，把新灵放在你们里面；我必从你们的肉

---

① 《路加福音》18：18—22。
② 《约翰福音》3：3。
③ 《约翰福音》3：5。
④ 《马太福音》4：17。
⑤ 《撒加利亚书》1：3—4。
⑥ 《玛拉基书》3：7。

体中除去石心，把肉心赐给你们。

我必把我的灵放在你们里面，使你们遵行我的律例，谨守遵行我的典章。①

施洗约翰被认为是走在耶稣前面、为后者铺路的先驱，他"宣讲悔改的洗礼，使罪得赦"②，犹太人纷纷去往他那里"承认他们的罪，在约旦河里受他的洗"③。施洗约翰这样严厉地斥责法利赛人和撒都该人："你们要结出果子来，与悔改的心相称。不要自己心里说，有亚伯拉罕为我们的祖宗。我告诉你们，神能从这些石头中给亚伯拉罕兴起子孙来。"④

在耶稣所说的故事里，税吏和浪子可以被视为悔改的典范：

那税吏远远地站着，连举目望天也不敢，只捶着胸说，神阿，开恩可怜我这个罪人。我告诉你们，这人回家去，比那人倒算为义了。⑤

他醒悟过来，就说，我父亲有多少的雇工，口粮有余，我倒在这里饿死吗？

我要起来，到我父亲那里去，向他说，父亲，我得罪了天，又得罪了你。从今以后，我不配称为你的儿子，把我当作一个雇工吧。于是起来往他父亲那里去。⑥

要像税吏和浪子这样真心实意地悔过，才是真正的悔改。在神人关系上，悔改是表示人重新转向神，痛悔自己的罪过，并愿意修复与神的关系。就像大卫在犯罪后的忏悔中所祈求的那样：

---

① 《以西结书》36：25—27。
② 《路加福音》3：3。
③ 《马太福音》3：6。
④ 《马太福音》3：8—9。
⑤ 《路加福音》18：13—14。
⑥ 《路加福音》15：17—20。

神阿，求你按你的慈爱怜恤我，按你丰盛的慈悲涂抹我的过犯。
求你将我的罪孽洗除净尽，并洁除我的罪。
因为我知道我的过犯，我的罪常在我面前。
我向你犯罪，惟独得罪了你，在你眼前行了这恶，以致你责备我的时候，显为公义。判断我的时候，显为清正。
我是在罪孽里生的。在我母亲怀胎的时候，就有了罪。
你所喜爱的，是内里诚实。你在我隐密处，必使我得智慧。
求你用牛膝草洁净我，我就干净，求你洗涤我，我就比雪更白。
求你使我得听欢喜快乐的声音，使你所压伤的骨头，可以踊跃。
求你掩面不看我的罪，涂抹我一切的罪孽。
神阿，求你为我造清洁的心，使我里面重新有正直的灵。（正直或作坚定）。
不要丢弃我，使我离开你的面。不要从我收回你的圣灵。
求你使我仍得救恩之乐，赐我乐意的灵扶持我。
我就把你的道指教有过犯的人。罪人必归顺你。
神阿，你是拯救我的神。求你救我脱离流人血的罪。我的舌头就高声歌唱你的公义。①

在真诚的悔改中，人祈求上帝给予涤除罪恶、心灵更新的力量，这里面显示了人对上帝的信靠和依赖。在追求天国之路上，信心因此也是特别被强调的。耶稣本人就极为强调信心及其力量：

耶稣对门徒说，我实在告诉你们，财主进天国是难的。
我又告诉你们，骆驼穿过针的眼，比财主进神的国还容易呢。
门徒听见这话，就希奇得很，说，这样谁能得救呢？
耶稣看着他们说，在人这是不能的。在神凡事都能。②

我实在告诉你们：你们若有信心像一粒芥菜种，就是对这座山

---

① 《诗篇》51：1—14。

② 《马太福音》19：23—26。

说,"你从这边挪到那边",它也必挪去!①

我不是对你说过,你若信,就必看见神的荣耀吗?②

耶稣呵斥门徒:"你这小信的人哪!"③ 耶稣表扬有信心的人,当他医治血漏的妇人,使管会堂的女儿死里复活,使两个瞎子得医治,使哑巴说出话来,他每次都提到,这些人是因着"信心"而得医治与释放的。④

从使徒约翰开始,信心更是被提到核心地位,而且专指对耶稣基督的信心,并明确说到信基督得永生:

神爱世人,甚至将他的独生子赐给他们,叫一切信他的,不至灭亡,反得永生。⑤

我实实在在地告诉你们,信的人有永生。⑥

我实实在在地告诉你们:信的人有永生。我就是生命的粮。你们的祖宗在旷野吃过吗哪,还是死了。这是从天上降下来的粮,叫人吃了就不死。我是从天上降下来生命的粮;人若吃这粮,就必永远活着。我所要赐的粮,就是我的肉,为世人之生命所赐的。⑦

到了圣保罗那里,更是开显出因信基督称义的信念,并以之替换了行律法得救的老信条:

所以凡有血气的,没有一个因行律法能在神面前称义,因为律法本是叫人知罪。⑧

---

① 《马太福音》17:20。
② 《约翰福音》11:40。
③ 《马太福音》8:23—27,《马可福音》4:35—41,《马太福音》14:28—33。
④ 参见《马太福音》9:18—34。
⑤ 《约翰福音》3:16。
⑥ 《约翰福音》6:47。
⑦ 《约翰福音》6:47—51。
⑧ 《罗马书》3:20。

> 律法的总结就是基督，使凡信他的都得着义。①

> 你们得救是本乎恩，也因着信。这并不是出于自己，乃是神所赐的；也不是出于行为，免得有人自夸。②

> 但如今，神的义在律法以外已经显明出来，有律法和先知为证。就是神的义，因信耶稣基督加给一切相信的人，并没有分别。因为世人都犯了罪，亏缺了神的荣耀，如今却蒙神的恩典，因基督耶稣的救赎，就白白地称义。③

逐渐地，基督教确立起以基督为中心的正统信条，把耶稣基督作为信心所系的中心对象，并为论证"信基督"之重要性和有效性，而致力于从神学上解释耶稣基督的属性、地位和功能，代表性的理论包括苦行论（安瑟伦）、献祭论（《希伯来书》）、十字架神学（马丁·路德）等。这里我们暂且不对这些繁复的神学解释展开阐述，只是指出一点：它们都以耶稣的神人二性为前提，把耶稣作为介于神人之间的中保，并从耶稣基督的这一中保地位来保证"信基督"的有效性。

与此相一致，天国最终只能通过耶稣基督抵达：

> 耶稣说，我就是道路，真理，生命。若不借着我，没有人能到父那里去。④

> 你若口里认耶稣为主，心里信神叫他从死里复活，就必得救。因为人心里相信，就可以称义；口里承认，就可以得救。⑤

可以看到，只能通过耶稣基督抵达彼岸——天国，这是基督教的信念和

---

① 《罗马书》10：4。
② 《以弗所书》2：8—9。
③ 《罗马书》3：21—24。
④ 《约翰福音》14：6。
⑤ 《罗马书》10：9—10。

神学发展的结果，直至成为基督教的正统信条。

然而在基督教中，尤其在基督新教中，还有一点不时被强调：进天国的机会并非人人一样，而且主权仍在上帝手里，上帝愿意谁进天国，谁才有机会进天国。耶稣在他的天国寓言中讲道："于是王要向那右边的说，你们这蒙我父赐福的，可来承受那创世以来为你们所预备的国。"①"王又要向那左边的说，你们这被咒诅的人，离开我，进入那为魔鬼和他的使者所预备的永火里去。"② 还说，"不要把圣物给狗，也不要把你们的珍珠丢在猪前，恐怕它践踏了珍珠，转过来咬你们"③，"我为他们祈求，不为世人祈求，却为你所赐给我的人祈求"④。

这后来发展为神学上的"预定论"和"遗弃论"：上帝早在创世前就预定了得救的人和离弃的人。这个理论为上帝保留了绝对主权，但同时引起很棘手的神学难题，尤其是上帝旨意与人类自由意志之间的冲突：如果一切都已经为上帝的旨意所决定，人的自由意志的空间在哪里？如果人作恶是已经为上帝所预定的事情，还能要求人为自己负责吗？人所做的任何事情都不能决定自己是否得救，那么人该如何自处？后来路德宗和加尔文宗对此发展了一个特别的应对方式：一方面，人要得救，须绝对仰赖神的恩典，而不是依靠自己的努力；另一方面，人仍有需要履行的天职，就是要在世上积极行动，以自己的好行为荣耀神。马克斯·韦伯洞察到其中新意，称之为"新教伦理"，并看到它与现代西方资本主义发展之间的关联。⑤ 在此种方式中，此岸与彼岸之间关联的发生机制似乎发生了某种深刻的变化，关联的发生不是由世间的因果连接（包括人为抵达彼岸所做的任何努力）决定的，而是已经在永恒里面预定了。它转向了某种绝对的他律，此岸—彼岸的关联动作完全归在上帝的主权下，而上帝是完全自由的，不受任何因果律支配。与此类似的理论，我们似

---

① 《马太福音》25：34。
② 《马太福音》25：41。
③ 《马太福音》7：6。
④ 《约翰福音》17：9。
⑤ 参见［德］马克斯·韦伯《新教伦理与资本主义精神》，林南译，译林出版社2020年版。

乎也可以在日本净土真宗那里看到。① 从信徒这方面来说，唯一能做的就只有顺服和听命于上帝，唯有满怀对神的敬畏而"恐惧战兢"了。

> 这样看来，我亲爱的弟兄，你们既是常顺服的，不但我在你们那里，就是我如今不在你们那里，更是顺服的，就当恐惧战兢，作成你们得救的工夫。因为你们立志行事，都是神在你们心里运行，为要成就他的美意。②

> 当存畏惧事奉耶和华，又当存战兢而快乐。③

第二节　此岸—彼岸的关联：中保模式

在正统基督教中，此岸与彼岸之间的关联是依靠耶稣基督，耶稣基督是两者的中介，由他作为中保来保证两端之间的连接，因而基督教所遵循的模式可称为"中保模式"。这是基督教的独特发展，是其前身犹太教所没有的，也区别于其他宗教。

基督教为此着力发展了"基督论"，其中居于核心的是有关耶稣基督的神人二性和道成肉身的教义：耶稣基督既是神又是人，兼具完全的神性和完全的人性，他为拯救世人，作为上帝圣子道成肉身，降临人世，宣讲天国福音，最后死在十字架上，死后复活升天，到末世还将复临。

正统的基督论神学是经历了一番曲折才得以确立的。其间阿里乌与亚他那修关于耶稣基督的神性之争特别具有典型意义。阿里乌相信，神是"惟一的非受生者、惟一的永恒者、惟一无始者、惟一的真实、惟一的不朽者、惟一的善、惟一的有权能者"④，耶稣基督作为圣言，不可能与天父同样是神，只能是和我们一样的受造物。如果耶稣是神，那他不是作为人的我们所能效法的。耶稣是作为完美服从神的人，我们就可以

---

① 参见［日］唯圆房《叹异抄》，毛丹青译注，文津出版社1994年版。
② 《腓利比书》2：12—13。
③ 《诗篇》11。
④ ［英］阿姆斯特朗：《神的历史》，蔡昌雄译，海南出版社2013年版，第132页。

借着效法他，成为神的完美受造物。阿里乌提出许多《圣经》章节来支持自己的观点，其中一个《圣经》的依据是，耶稣自己明确说过天父比他大。① 亚他那修则争辩说，倘若圣言本身是脆弱的受造物，他就没有能力拯救人类，因为他本身会堕落。只有创造了世界的创造主才能解救世界，道成肉身的基督一定具有与天父同样的本质，也即完全的神性。尽管亚他那修所说的"同质"并没有经典依据，但他对基督之神性的坚持得到更大支持，成了基督教的正统信条。最终尼西亚公会议于公元325年在君士坦丁大帝的主持下召开，并制定了"尼西亚信经"，信经确定了耶稣基督的神性，其文如下：

> 我们信独一的上帝，全能的父，创造天地和有形无形万物的主。
> 我们信独一主耶稣基督，上帝的独生子，出于父的实质，出于上帝而为上帝，出于光而为光，出于真神而为真神，受生，而非被造，与父一体，天地万物都是借着他造的；为要拯救我们世人，从天降临，取得肉身而为人，受难，第三天再次复活，升天，将来会审判活人和死人。
> 我们信圣灵。
> ……②

之后在迦克墩公会议（451年）制定的"迦克墩信经"，更是明确规定了关于耶稣基督神人二性的表达式：

> 我们跟随圣教父，同心合意教人宣认同一位子、我主耶稣基督，是神性完全、人性亦完全者；
> 他真是上帝，也真是人，具有理性的灵魂，也具有身体。
> 按神性说，他与父同体；按人性说，他与我们同体，在凡事上

---

① 《圣经》原文参见《约翰福音》14∶28。
② Eusebius of Caesarea, *Epistle to the Caesareans*，转引自［美］胡斯托·L. 冈萨雷斯《基督教史》上卷，赵诚艺译，上海三联书店2016年版。省略号部分为一段诅咒文，我们在引文中略去。

与我们一样,只是没有罪;

按神性说,在万世之前,为父所生;按人性说,在晚近时日,为求拯救我们,由上帝之母童贞女马利亚所生;

是同一基督,是子、是主、是独生的,具有二性,不相混乱,不相交换,不能分开,不能离散;

二性的区别不因联合而消失,各性的特点反得以保存,会合于一个位格、一个实质之内,而并非分离成为两个位格,却是同一位子、独生的、道上帝、主耶稣基督;

正如众先知论到他自始所宣讲的,主耶稣基督自己所教训我们的,诸圣教父的信经所传给我们的。①

在耶稣基督神人二性的正统教义逐渐确定下来的过程中,基督教排除了阿里乌派、幻影学说、亚波里拿留主义(Apollinarianism)、聂斯多利派(The Nestorius Party)、欧迪奇派(The Eutyches)、基督一性说(Monophysitism)、基督一志说(Monotheletism)、嗣子论(Adoptionism)等众多异端。从关联模式的角度来看,可以说正统是为了一贯地维持"中保模式",至于神性与人性在同一个位格里面到底是如何联合的,这不重要,也无须关切,所以正统宁愿坚持那是人类所不能明白的奥秘而不予解释,只是一再把有意无意试图偏离中保模式的诸多理论主张清理干净。

中保模式坚持耶稣基督神人二性的理由可以如此表达:基督是神,也是人;如果基督仅是人,他就没有能力救世人。如果他仅是神,他就不能借着受苦而救世人。如果基督仅是人或仅是神,就不是神和人之间的中保。因此,基督为要做世人的救赎主,必须是神又是人。

随着相关神学概念的发展和阐释,这一模式逐渐越来越清楚地强调两点:一是人的软弱和堕落,从奥古斯丁开始还发展了"原罪"概念,陷在原罪中的人类完全没有能力自主向善和行善,更无望于自救而到达彼岸;二是强调耶稣基督的救赎之功,人得救不是凭着自己的行为,而

---

① 赵天恩:《历代教会信条精选——迦克墩信经》,http://www.godoor.com/book/library/html/theology/creed/sxyd11-04.htm,2021年5月20日。

是靠着基督的恩典。

为了解释耶稣基督如何能够拯救人（或者换言之，耶稣基督的救恩如何能够作用于人），基督教将焦点集中在了耶稣基督的受难上，并就之发展了几种不同的叙事，主要分别有苦行论（安瑟伦）、献祭论（《希伯来书》）、十字架神学（马丁·路德）等。苦行论代表了西方基督教中占主导的一种解释方式，由坎特伯雷大主教圣安瑟伦（Anselm, 1033—1109）最先提出。安瑟伦在《神为何化身为人》（*Cur Deus Homo*?）中论说道，人的罪恶是对神的极大冒犯，如果神为人类所作的计划要避免完全挫败的话，赎罪便成为必要。道成肉身是耶稣基督代表我们所作的补偿。基于神的公义，偿债者必须既是神也是人，因为冒犯程度之重大，只有神之子可以救赎我们，但因为是人类犯的错，所以赎罪者又必须有人类的身份，是人类的一分子。此种叙事所作解释，即便基督教内部都会有人觉得怪异，当代英国宗教学家凯伦·阿姆斯特朗就直言"这是以狭隘的法制概念来描述神，把他当成人一样的思考、判断和权衡"，"同时也强化了西方严苛的神的意象，他只有在自己的儿子被奉作人类祭品，不忍卒睹地死去才感到满足"。① 但这却不妨碍这种解释成为基督教坚守至今的正统神学。其中缘由，可能恰在于它在说明耶稣基督如何能够担当中保以及耶稣之死如何能够拯救人上有某种所需的"解释力"吧。

《希伯来书》则比照当时犹太人的赎罪祭仪式，把耶稣比作大祭司，认为耶稣是把自己作为祭品，为人类献祭赎罪："何况基督借着永远的灵，将自己无瑕无疵献给神，他的血岂不更能洗净你们的心。除去你们的死行，使你们事奉那永生神吗？为此他作了新约的中保。既然受死赎了人在前约之时所犯的罪过，便叫蒙召之人得着所应许永远的产业。"② 这同样也是在说明，耶稣之死如何能够发挥某种作用，把人带向永生。著名的威斯敏斯德信条显然"采信"了这一版本的解释："主耶稣凭他完全的顺服并牺牲自己，借永远的灵一次献给神，来完全满足他父的公义；为父所赐给他的人非但获得和好，也获得天国永远的基业。"

马丁·路德的十字架神学则以十字架为中心，提出：上帝完全等同

---

① ［英］阿姆斯特朗：《神的历史》，蔡昌雄译，第154—155页。
② 《希伯来书》9：14—15。

于被钉死在十字架上、代人受罪的耶稣,对这样一位上帝的信仰既是在接受宽恕,也是在医治信徒,使其远离罪恶,在上帝面前充满自信,免受罪责。① 路德以自己的方式感悟到,"因信称义"并不是指,"上帝对我们的要求是信心,仿佛这是我们必须做的或完成的,然后上帝奖赏给我们的东西",相反,"信心和称义都是上帝的作为,都是上帝白白赐给罪人的礼物"。② 路德宗教会最重要的信仰告白《奥斯堡信条》(*Confessio Augustana*) 在第四条"论称义"中说道:"人在上帝面前不能凭自己的能力、功劳或善行称义,乃是因基督的缘故,借着信,白白地得称为义,就是相信因基督的缘故得蒙恩宠,罪得赦免,他借着死为我们的罪作了挽回祭,上帝在自己面前就算这信为义。"

虽然在主流基督教中,中保模式主要聚焦于耶稣的受难,但在 20 世纪出现的一些新教派如五旬节派、灵恩派等当中,却有了一个转移:它们更重视圣灵的中保作用。灵恩运动激发了基督教内部重新重视圣灵。在基督教神学中,相对于圣父和圣子,圣灵一直含义模糊、地位暧昧,东西方教会的"和子句"之争更是投下了一道阴影。关于圣灵,一直所论甚少,直至现代,神学家如加尔文、莫尔特曼等才特别发展了圣灵论。

加尔文强调基督是信徒与神之间的中保,但他发现存在一个问题:信徒又是如何与基督联系的呢?他认为这是传统所未曾处理的一个难题,其间也必定需要一位中介者。以《约翰福音》"另外赐给你们一位保惠师"③ 为依据,加尔文认为圣灵就是基督和人之间的中介者,作为第一位保惠师的耶稣基督和作为第二位保惠师的圣灵,两者的事工之间有一种连续性,因此使得圣灵的工作可以密切地接续在基督的启示上。加尔文还引述圣保罗和圣彼得的话,说:

> 因保罗教导我们,除非圣灵运用基督的血洁净我们的不义,否则我们仍是污秽的(林前 6:11)。彼得同样宣告:信徒是"借着

---

① 参见 [英] 戴维·福特《基督教神学》,吴周放译,译林出版社 2011 年版,第七章。
② [美] 胡斯托·L. 冈萨雷斯:《基督教史》下卷,赵城艺译,上海三联书店 2016 年版,第 22 页。
③ 《约翰福音》14:16。

圣灵得成圣洁,以致顺服耶稣基督,又蒙他血所洒的人。"(彼前1:2)①

这解释了圣灵的事工性质及其位置,可以说,相比基督,圣灵是与信徒更"近"的。

莫尔特曼认为,安瑟伦的补赎教义和路德的十字架神学对称义的论说是不完整的,只是"一半的真理",因为他们将称义的过程仅仅化约成赦罪,而在莫氏看来,"基督的复活具有本身的救赎意义,它超越了'罪的赦免',并且标示成'公义'、'重生'、'崭新创造'和'圣灵的浇灌'"②。由此可以看出,莫尔特曼看重圣灵的生命更新作用。他认为,上帝的创造是"持续的创造",也即包括在起初的创造、历史中的创造和末世中的创造,而圣灵作为上帝的其中一个位格,是始终参与其中的,并且以"更新"为其工作的实质。在圣父创世之后,圣灵因着圣子的名而被圣父派遣做工,进入每一受造物之中,不仅更新信徒的内在生命,也更新所有受造物,更新整个宇宙。末世则是上帝圣父借着圣灵的终末创造,也是圣灵的更新工作的最后完成,也就是实现新天新地。③

从加尔文和莫尔特曼的圣灵论可以看到,基督教的基督中保理论仍有补充的需要,要解决人如何能够从内在抵达彼岸的问题。然而,即便以圣灵论为补充,可能仍有一个进一步的问题:圣灵与人之间又如何连接呢?而这实际上或许将逼得基督教向某种更彻底的内在论发展。

第四节　挑战与危机:基督论难题及其他

当犹太教依然等候着来自耶和华神的拯救时,基督教从犹太教脱胎而出,以耶稣基督为神人之间的中保,从此信心寄寓于耶稣基督,其拯救论也立基于基督论。然而,基督论从一开始就夹缠着许多难题,主要

---

① [法]约翰·加尔文:《基督教要义》中册,钱曜诚等译,孙毅、游冠辉修订,生活·读书·新知三联书店2010年版,第769页。
② [德]莫尔特曼:《神学思想的经验》,曾念粤译,道风书社2004年版,第二章"盼望的诠释学"第5—7节。
③ 参见林鸿信《莫尔特曼神学研究》,上海人民出版社2010年版,第七章"圣灵论"。

有两个方面的问题：一是耶稣基督的神人二性问题，二是基督的唯一性问题。

首先是耶稣基督的神人二性引起的难题。这最早在基督教内部就争议不断：如果耶稣既是神又是人，那么他在何时表现神性，在何时表现人性，还是同时表现神性和人性？比如，当他还是一个婴儿时，他是否也如同普通的小宝宝一样哭哭啼啼？……为此，传统上一直有陷入"幻影说"的危机，幻影说认为耶稣作为人所经历的种种不是实际发生的，只是一种"幻影"，这种说法尽管早被定为异端了，但是实际上人们却难以彻底摆脱其影响，可能正因为很多人无法理解作为人的耶稣如何能够与作为神的耶稣协调并存于一体。

连带地，关于耶稣的出生和死亡的说法也存在诸多令人困惑难解之处。照基督教正统的说法，是童贞女玛利亚从圣灵感孕生下耶稣，但这不仅有悖常识，也令耶稣不能与人"同生"。因此当代自由主义神学主动将此教义重新解释，进行去神话化，视之为一个隐喻。[①] 另外，耶稣经历的死亡是何种性质的死？按照基督教正统死与罪之间的关联（"罪的工价乃是死"，见《罗马书》6。23），以及耶稣虽为人却没有罪的说法，那么，耶稣在十字架上的死，应作何种解释？对此基督教只能新添加一种自成一类的死，那是一种属于人的但不是出于罪的死，唯独归于耶稣，而这不仅导致"死"的论说在逻辑上欠缺一致性，又令耶稣不能与人"共死"。既然不能与人"同生"又"共死"，耶稣的人性之完整性就大打折扣了。

其次是基督的唯一性问题。《约翰福音》（14：6）借耶稣本人之口，宣称"我就是道路，真理，生命。若不借着我，没有人能到父那里去"。基督教的道成肉身教义也声称：耶稣基督是作为上帝圣子降生为人来到世间施行救恩，拯救世人。道成肉身是唯一的：除了耶稣基督之外，再没有别的个例。这进而发展为基督教作为唯一真宗教的优越性表达：基督教是通向拯救的唯一道路。

基督教以耶稣基督作为关联此岸与彼岸的唯一中保，这在传统上也

---

① 参见［英］约翰·希克《上帝道成肉身的隐喻》，王志成等译，江苏人民出版社2000年版。

一直有一个棘手的问题,那就是犹太人的前景问题。保罗在其书信中(《罗马书》第11章)特别针对犹太人的得救前景作出解释:第一,上帝不会抛弃犹太人,照上帝与犹太人之间的约,犹太人确实是被拣选的上帝子民,享受特别的上帝恩典;第二,非犹太人因为信基督而得到救恩,可以刺激部分犹太人奋发;第三,最终以色列全家都要得救,因为在那之前上帝会除掉他们不敬虔的心和他们的罪恶。在此比较明确的是,犹太人的得救确实是别有途径的,犹太人(至少不是全部)可以不通过主动地信耶稣基督而得救。到了当代,基督教与犹太教之间的关系更是进一步和解,以下事件就是一个最新讯号:2015年12月10日,天主教教廷的"与犹太人宗教关系委员会"(The Vatican's Commission for Religious Relations with Jews)公布了一个重要的神学新文件:《神的恩赐和选召是没有后悔的》(The Gifts and Calling of God are Irrevocable),其中宣称犹太人即使没有相信耶稣基督也会得到拯救,犹太人或许有特殊得救的途径(被称为奥秘)。[①]不过新教依然坚持"唯基督"的立场,不承认犹太人有特殊的得救途径。但是,这一立场没有认真看待犹太人作为上帝子民所赐给的上帝应许。可以说,犹太人的得救问题依然是一个悬而未解的问题。路德曾把犹太人问题称为一个令人厌恶的负担。但是基督教如果既要坚持耶稣基督是唯一中保,又无法否定上帝与犹太人之间的约,就不得不背负这个负担。

耶稣基督作为唯一道路的信条在多元宗教相遇的当代世界更是直接面临多元论挑战。如果坚持耶稣基督是通向拯救的唯一道路,是否必定把其他宗教排除在拯救途径之外?该如何理解、解释基督教与其他宗教的关系?

在现代,为了回应多元宗教的挑战,基督教在神学上逐步作了调整。1965年梵蒂冈教廷召开梵二会议,发表《教会对非基督宗教的态度》宣

[①] 参见王新毅《天主教与犹太教关系新神学文件称:犹太人即使不信基督仍可得救》,载《基督时报》,https://www.christiantimes.cn/news/19829/%E5%A4%A9%E4%B8%BB%E6%95%99%E4%B8%8E%E7%8A%B9%E5%A4%AA%E6%95%99%E5%85%B3%E7%B3%BB%E6%96%B0%E7%A5%9E%E5%AD%A6%E6%96%87%E4%BB%B6%E7%A7%B0%EF%BC%9A%E7%8A%B9%E5%A4%AA%E4%BA%BA%E5%8D%B3%E4%BD%BF%E4%B8%8D%E4%BF%A1%E5%9F%BA%E7%9D%A3%E4%BB%8D%E5%8F%AF%E5%BE%97%E6%95%91,2021年5月28日。

言［Nostra Aetate（No.4）］，开始重视改善教会与各种非基督教的关系，并采纳天主教神学家卡尔·拉纳的理论，对基督教与非基督教的关系作出新的论说。拉纳根据"宇宙基督"的观念发展了"匿名基督徒"的理论，认为宇宙基督也在其他宗教中做工，因而那些宗教中也会结出一些隐秘的灵性果实，成就一批"匿名的基督徒"。① 拉纳的这样一种设法兼容其他宗教的论说被称为包容论或兼容论。

在新教中，则有自由主义神学进行"去神话化"的工作，试图"合理"解释基督教的许多教义，主张从神话、隐喻意义上而非字面意义上去理解这些教义。作为一个典型例子，约翰·希克提出应把道成肉身理解为一个隐喻，并非字面意义上的"神成了人"，而是耶稣活出了非凡的生命高度，以至于成为"道"的肉身化展示。但他并非唯一的这样一种展示，从生命展示而言，他与其他宗教传统中的圣人、圣徒、仙人、圣贤等可以说基本上是平等的。② 约翰·希克的立场是多元论的，他自己有一个宗教多元论假说的表述，认为世界各大宗教都是对实在的回应，它们都拥有一种救赎论结构，把人从自我中心转向实在中心。③ 根据这样一种理论，耶稣基督不再是唯一的得救道路，而且由于耶稣不再被视为神—人，基督教的中保模式也遭到消解。

在今天，保守的基督教正统仍然极力抵抗着像约翰·希克这样的宗教多元论，从宗教模式方面来看，这可谓近于一个机体为了保全自己所作的本能反应。像卡尔·拉纳那样的包容论，已经是基督教正统所能容忍的极限，因为包容论至少在形式上还维持着基督教的中保模式。

还可能有新的突破吗？基督教能否以一种创造性的方式延续它在此岸—彼岸关联上的中保模式？对此，当代语言哲学的发展也许有望为之带来佳音。在当代的语言哲学理论中，语言被视为"存在的家园"，也即存在的一切展现都寓居于语言，都透过和借着语言，这一观点恰与基督教"万物都是借着作为圣言的基督而造的"相契合。就此来说，雷蒙·

---

① 参见［德］卡尔·拉纳《圣言的倾听者》，朱雁冰译，上海三联书店1994年版。
② 参见［英］约翰·希克《上帝道成肉身的隐喻》，王志成等译，江苏人民出版社2000年版。
③ 参见［英］约翰·希克《宗教之解释》，王志成译，四川人民出版社1998年版。

潘尼卡似乎就进行了某种创造性的突破。最先，他在其博士学位论文《印度教中未知的基督》中将印度教中的自在天与基督教中的基督相对应，似乎印证了中保模式在印度教当中的一种呼应。[①] 不过这种对应仍然没有摆脱包容论的影子，尽管雷蒙·潘尼卡本人一再重申包容论并非他的立场。在后来的《基督显圣：人的圆满》（*Christophany*：*The Fullness of Man*）一书中，则有了一种崭新的表达："基督显圣是神—人—宇宙之实在的联结的奥秘"，潘尼卡在一种新的救赎论意义上重新解释了作为基督显圣的耶稣对于达成人之圆满的意义。1993年出版的《宇宙—神—人共融的经验：正在涌现的宗教意识》则从更宽阔的跨文化视域阐释了基督教传统所说的圣子在实在整体中所对应的位置及其含义：圣子是作为人的维度，代表实在中具有本体论构成意味的意识性、精神性。[②]

从实际情况而言，像雷蒙·潘尼卡这样的对于基督论的创造性突破，在现今的基督教中依然是不受承认的异数。雷蒙·潘尼卡本人在晚年也意识到，无论他本人多么自信已达到了怎样完美的创造性综合，他仍然需要保持忍耐和谦卑，等待实在整体的成熟。我们在此也是要如此等待基督教在时间里的成熟。

---

① 参见［西］雷蒙·潘尼卡《印度教中未知的基督》，王志成、思竹译，四川人民出版社2003年版。

② 参见［印度］雷蒙·潘尼卡《宇宙—神—人共融的经验：正在涌现的宗教意识》，思竹译，宗教文化出版社2005年版。

第四章

印度教：以"梵我一如"为目标

我们在"信奉《吠陀》经典的所有教派"这一意义上使用"印度教"一词。从其宗教构成来看，印度教没有统一的教义体系，内部诸派甚至会有很大差异，但有一些共同特征依然是能够辨识的，比如对于四大人生需求"利、欲、法、解脱"的认同，对于四瑜伽（道路）的承认，关于轮回的观念，等等。我们将在这些基本观念的基础上来辨析和梳理出印度教的彼岸愿景、抵达彼岸的途径以及它的关联此岸——彼岸的特有模式。

第一节 彼岸在"我"：解脱，或曰梵我一如

对于人可以追求怎样的彼岸愿景，印度教是在充分尊重人自然、自发的需求的基础上提出的。根据观察和总结，印度教认为人有四大人生需求：利、欲、法和解脱。利（Artha），也即基本的物质利益需求，人人都需要有基本的物质财富，作为解决衣、食、住、行和维持基本生存的必要条件。欲（Kama），代表人在情感和欲望上的需求，人要满足这些需要并享受由之而来的欢乐。法（Dharma），也被称为正法，有责任、职责的意思，是人对于家庭、社会、国家等的责任意识，不同种姓的人需要尽相应的不同职责，人在不同的人生阶段也有不同的责任要履行。印度教肯定，人有上述三种需求都是非常自然且正常的，在合法且不伤害和妨碍他人的前提下，人对于利和欲的需求都是应该得到满足的，对于法的需求当然更是值得肯定和鼓励的。但是，印度教同时敏感地意识到，这三种需求的满足最终仍然无法给人完全的满足，因为这些满足带来的

快乐都是相对的、暂时的、脆弱的、有限的，人最终甚至会渴望超越这些需求，不为它们所束缚，达到完全的自由，这样一种渴望，就是对于解脱（Moksa）的需要。

对于解脱的渴望，往往直接地表达为对于摆脱轮回的渴望。在印度教的许多经典文本中，常常以年轻弟子对解脱的渴望开篇，引出智慧导师的教导。比如在商羯罗《示教千则》中有一章就是这样开头的：

> 有一个弟子，对具有生死特征的轮回厌倦了，祈求获得解脱。他遵守规则，向安坐如山信奉大梵的婆罗门求教。
> "导师，我要怎样才能从轮回中解脱出来呢？……"①

在这个叙述中，年轻弟子认为自己厌烦了生命的反复轮回，想要停止这种轮回。如果说轮回是此岸的话，弟子所欲到达的彼岸就是摆脱轮回。

对解脱的最初渴望是自发性的。在这种自发的渴望中，解脱意味着完全的自由和不受束缚。但是，它作为彼岸愿景，其具体内容仍然是模糊的，是有待明晰的。印度教的传统将它明晰化了：解脱意味着无限而纯粹的存在—智慧—喜乐（Sat-cit-ananda），也即与梵一如的体验，因为梵是真—智—无限（satya-jnana-ananta）。正如《泰帝利耶奥义书》所说：

> 大梵为真，为智，为无限，
> 安住深隐处，安住至上界，
> 明彼者兮满所欲，
> 同大梵兮遍明澈。②

下面试着分别解析。

第一，解脱意味着体验到本源性的唯一、完全、纯粹而究竟的真/存

---

① [印]商羯罗：《示教千则》，孙晶译，商务印书馆2012年版，第406页。
② 《泰帝利耶奥义书》Ⅱ，1。译文引自徐梵澄译《五十奥义书》，中国社会科学出版社2006年版，第194—195页，略有改动。

在。对于这种本源性的唯一存在，商羯罗在对《泰帝利耶奥义书》第二篇第八节及第三篇第一节至第六节的注释中说："当对一物之知识既无增益亦无减损，则此物为真。有所增益、减损则其为假。是故任何非本源的、由它物产物之存在皆为假，皆只是语言、名字、变易。而比如制成诸陶器的土，作为本原，则是唯一的真实。……'自如即真如'遮除自我的一切变易。是故梵是一切存在的因缘或最终本体。其所以如此，乃因其为真如。"① 梵是本原的存在，是究竟的真，解脱就是直证梵之本体。由于梵是本体，它也是永恒的，具有不死性（amrtatva）。所以臻达梵我一如的解脱者将体验到的是，"我常住、清静、不变、绝对"，"我是众有之本质"，"我是一切"，我"无始无终"②，他确信自我"即是大梵，即真—智—乐，体性是不二、无限、常住、唯一、遍满一切处——一切在上、在下以及在中间者"③。

从否定性的方面来说，这样悟入真如，就是克服和超越了原先假我的虚妄体验：作为与其他"我"相区分的一个个我，有差异，有分别，有限制。解脱之我离弃名色，无有形相，不依着于身体、欲望、情感、知性等一切，仿佛可以称为"无"。但这种"无"并非虚无主义意义上的"虚无"。商羯罗这样驳回对他的虚无主义指控："此不应理。因为已知阿特曼，如空，依自性不为形器。虽然阿特曼的存在不染于任何物，但不可由此得出形器及它物可无阿特曼，正如虚空不染于任一物，然无虚空则无物。故我宗无虚无论之过。"④

或许可以勉强说，这是更大、更真实、更基底性的"我"，它甚至能为每一个人的自我意识所证明，如商羯罗在《梵经注》中所提出的："复次梵能被证知，乃因其即是每人之自我。每人皆意识到其自我存在，而从未认为，'我不存在'。而如果不知自我存在，人们甚至不会思考'我

---

① 转引自吴学国《存在·自我·神性》，中国社会科学出版社2006年版，第47页。

② ［印］商羯罗：《明辨之珠》118，参考了吴学国在《存在·自我·神性》一书中所用引文的翻译，下同。

③ ［印］商羯罗：《我之觉悟》56，参考了吴学国在《存在·自我·神性》一书中所用引文的翻译，下同。

④ ［印］商羯罗：《示教千则》Ⅱ, 2, 58。

不存在'。这个自我即是梵。"① 而解脱者轻易地穿透虚妄的差别相："'自我'之分别，如说'我的自我'、'你的自我'、'他的自我'，乃是虚妄安立（于我）者，如一味相同的虚空，因（平等的）差别而显现差别。"② 他超越显现为多样和差别的假象，与大梵合一，就仿佛一个容器中的虚空与其外的大虚空一体："应思自我不可分，无限，如遍满的虚空。尽管大虚空充满千百种容器，如瓶、钵等，由此显现为多样、有区分，而其实是一而非多。同样纯粹自我，当脱离我慢、末那等执具，也是一、无限。"③

既与大梵合一，解脱者就进一步体验到，与大梵一样，自我涵容了全世界，也是一切的依止。"获得正觉的瑜伽者，以正智之眼，视整个宇宙在己身之内，视一切皆为自我，而非别物。"④ 如商羯罗所肯定，"人若依'我即是一切之阿特曼'得悟至上梵，其将成为一切有之自我，因为他即是彼一切之自我"⑤。解脱者体验到，在其自身之内，是"由于它（指自我——引者注）的在场，身体、诸根、末那、觉谛完成其各自的功能，似乎是服从它的命令"，"诸根、元气皆依其命令而作用"⑥。总之，这可谓一种真实、完满、纯粹而无限的存在感。

第二，解脱意味着体证到纯粹的知，也即体证到作为精神、心性本身的知。梵就是至上我，它全知，一切认识都依赖自我之光的照显，但应如此理解梵的全知："说自我为全知，非从字面而言，乃是比喻。在感性世界的日常生活中知识皆依感官形成，而作为自我本身的知识，乃不依感官……如在熟睡位，一切感官皆已停止。"⑦ 也就是说，梵的全知不是依赖感官形成，反而是在一切感官都已停止作用的时候发生的，这种全知乃无知之知，是无对象的纯粹的知。《大林间奥义书》如此描述这种纯粹的知：

---

① *The Vedanta Sutras with the Commentary by Sankarakary I*, trans. by G. Thibaut, Oxford: Clarendon Press 1890, 1, 1.
② ［印］商羯罗：《示教千则》Ⅰ，13，22。
③ ［印］商羯罗：《明辨之珠》97。
④ ［印］商羯罗：《我之觉悟》47。
⑤ ［印］商羯罗：《示教千则》Ⅰ，17，71。
⑥ ［印］商羯罗：《明辨之珠》52—53。
⑦ Anandagiri, *Sarvajnam brahmopacharyate*, 转引自吴学国《存在·自我·神性》，第47页。

信然，彼此时无见，彼虽无见，而实有见；因彼为不灭，故见者之见无终止。彼所见者非为别物，非在其自身以外者。信然，彼此时无言，彼虽无言，而实有言；因彼为不灭，故言者之言无终止。彼所言者非为别物，非在其自身以外者。信然，彼此时无闻，彼虽无闻，而实有闻；因彼为不灭，故闻者之闻无终止。彼所闻者非为别物，非在其自身以外者。信然，彼此时无知，彼虽无知，而实有知；因彼为不灭，故知者之知无终止。彼所知者非为别物，非在其自身以外者。①

换言之，梵就是识性，也即识之本体，在它里面，主体与客体消融，能知与所知合一。所以梵不是作为一个能知的主体，商羯罗如此阐释："如果此智是能知之主体，它便与另外两种述语矛盾。如果梵是一能知的主体，它必在诸认识中发生变易，如此则何能为真？一事物当在其任何方面皆不受限制时乃为无限。若梵是一能知主体，应受识与识相之限制。复次圣教说：彼无限者，于中无另一物被知，彼有限者，于中一物知另一物。故智是抽象的述语。"②

梵是绝对的知，并没有在它之外的对象与它相对。商羯罗把这种知比作一盏自我照亮的灯："譬如一燃着的灯不需要借另一灯照亮自身，那体即是识的自我，不需要另一意识来照亮自身。"③ 这种知与客体化的、对象性的知不可同日而语，后一种知由于其在主体、客体和知的内容这三者之间的分裂而不可能成为一种完整、纯粹、绝对的知。尽管难以为一般人所想象，但印度教断言，只有梵知才是真正的、绝对的知，而这种知只有解脱者才有可能达到。

第三，解脱意味着达到一种无限自由、完全不受限制的状态，并由这种无限性而体验到纯粹的喜乐。梵超越一切存在者，无物在其前，无物在其后，无物在其中，无物在其外。《由谁奥义书》说它"既不是所

---

① 《大林间奥义书》Ⅳ，3，23—30。

② A. E. Gough, *The Philosophy of Upanishads and Ancient Indian Metaphysics*, London: Kegan Paul, Trench, Trübner & Co Ltd, 1891, p. 44。

③ [印]商羯罗：《我之觉悟》28。

知,也超越非所知"①。《羯陀奥义书》则说梵"如一味的气进入世界,与事物相应,成为各种相状,如是一切有之内自我,与一切事物相应,成为各种相状,但它其实在一切事物之外"②。梵又包括世界万有:"彼即梵天,彼即因陀罗,彼即生主,彼即在此之一切神,彼即五大……彼卵生者,彼胎生者,彼湿生者,彼菌生者,马、牛、人、象,一切有生者——一切飞行、蠕动、不动者","信然,梵即是世界之全体。彼即由意所成,体即生气,形即光明,思即真理,自我即虚空,包含一切业、一切欲、一切味、一切嗅,包含这全世界,一切无言者、被遗忘者……细于谷粒,甚至燕麦之芒……而大于地,大于空界,大于天,大于诸世界"。③ 同时梵是喜乐,这"首先因为梵是包括万有的大全,万物皆备于我,无少亏欠,故一切愿欲恒得圆满,因此是极乐;其次是因为本体是本净的真心,真、智融合,能、所不二,心、性一如,故若证本体则有大乐现起,而此乐亦是梵之体性"④。《大林间奥义书》说:"此(指梵)是最高之道,此其至上幸福,此其超上世界。此其穷极之乐。……众生唯倚此之一分而活也。"

在虔信传统中,对作为喜乐的梵的体验被等同于纯爱的体验,也即在对至上神的爱中所体验到的欢乐。他们引《唱赞奥义书》说:"无限者在下面、上面、后面、前面、右边、左边。这个无限者就是自我。这个自我(阿特曼)就在下面、上面、后面、前面、右边、左边。我就是所有这一切。认识、冥想并实现关于自我之真理的人,会为自我而喜悦,而陶醉,而欢乐。"⑤ 有些虔信者歌唱道:"我想品尝蜜糖的味道,但不想变成蜜糖。"表示对神单纯地只是为了爱而爱,并不追求与神完全合一。但另外的虔信之道的导师指出,这话"是针对那些还没有品尝过蜜糖味道的人而言的。倘若一个虔信者开始品尝到神的甘甜,他就会渴望达到

---

① 《由谁奥义书》Ⅰ,1—8。
② 《羯陀奥义书》Ⅴ,10。
③ 《唱赞奥义书》Ⅲ,14。
④ 吴学国:《存在·自我·神性》,第49页。
⑤ 转引自[印]斯瓦米·帕拉瓦南达《虔信瑜伽:〈拿拉达虔信经〉及其权威阐释》,王志成、富瑜译,四川人民出版社2014年版,第123页。

与神合一"①。也就是说，最终"至上之爱与完美知识合而为一"②。

概言之，我们在此种梵我一如或与神合一的体验中可以看到印度教的彼岸愿景：真实，永恒，不死，全知，无限，极乐。可以说，这是直接以终极本体梵或至上神为人之彼岸，而且主要是作为个人的精神目标。

第二节 达至彼岸的进路：四瑜伽

在印度教传统中，达到前面所描述的解脱之境被视为人生的最终目标，也就是我们所谓的彼岸。而对于如何抵达这一彼岸，印度教有一个似乎出人意料的回答：这个彼岸已经在，就在此时此地，因为人的内在真我本来就是如此——永恒、全知、极乐。这确乎与印度教对人的理解相关。

在印度教看来，人的自我似乎有四个层面的"构成"。第一个层面是最外在的眼目所能见的躯体，它由地、水、火、风、空五大基本元素构成。商羯罗在《自我知识》中称之为"粗身"，并说："粗身是灵魂经验快乐和痛苦的中介，它由过去的业决定，从五个精微元素而来。一个精微元素的一半比例和其他四个精微元素各八分之一的比例结合产生粗身。"③

第二个层面是"精身"："精身是灵魂经验的工具，它由五气、十个感官、末那（心意）和菩提（觉）构成，这些（元素）都来自五大精微元素的进一步细分和相互结合之前。"④ 其中十感官指的是获取知识的五感官，即眼、耳、鼻、舌、皮肤，以及五个操作感官，即嗓音、腿、手、肛门、生殖器官。但印度教认为这两个层面的自我观念是一种物质性的自我概念，人由于错误的观念，才把它认同为自我，其实这是一种虚假

---

① [印] 斯瓦米·帕拉瓦南达：《虔信瑜伽：〈拿拉达虔信经〉及其权威阐释》，王志成、富瑜译，第 107 页。

② [印] 斯瓦米·帕拉瓦南达：《虔信瑜伽：〈拿拉达虔信经〉及其权威阐释》，王志成、富瑜译，第 107 页。

③ [印] 商羯罗：《自我知识》11，载 [印] 商羯罗《智慧瑜伽：商羯罗的〈自我知识〉》，[印] 斯瓦米·尼哈拉南达英译，王志成汉译并释论，四川人民出版社 2018 年版，第 207 页。

④ [印] 商羯罗：《自我知识》12，见《智慧瑜伽》，第 207 页。

的自我观念,所以印度教直接称之为"假我"。假我如同覆盖或附托在真我(阿特曼)上的外壳,仿佛剑身外面的鞘,故而也有"三身五鞘"的说法:三身除了以上所说的粗身和精身,还有"业力身",也就是稍后将说到的个体灵魂;五鞘则包括:食物鞘(Annamaya Kosha,从食物中获得能量)、气能鞘(Pranamaya Kosha,通过呼吸法和摆脱食物的执着获得能量)、心意鞘(Manamaya Kosha,从情绪或信念中获得力量)、觉悟鞘(Vijnanamaya Kosha)、喜乐鞘(Anandamaya Kosha)。[①] 但是这些都并非真正的自我也即阿特曼。

第三个层面是个体灵魂(Jiva),也被称为"命我",或理解为"业力身"。这是印度教的灵魂概念。个体灵魂作为生命个体,被认为自无始以来就以个体性存在,不随肉身的消亡而消逝,反而一再投胎为不同的生命形态,反复再生,也即所谓轮回。个体灵魂在轮回中尝受各种甘苦、悲欢、忧愁、恐惧,但这都是基于生命幻觉,基于假象(maya)。三重自我在印度教中常常被比喻为一辆马车:"在物质躯体之车上,个体灵魂是乘客,智性是车夫。心意是驾车的工具,感官是马。因此,自我跟心意和感官在一起,或快乐或受苦。"[②]

个体灵魂只有认识到自己与宇宙本体梵的同一性,才会超越错误、虚假的自我观,认同于真正的自我——阿特曼,这也就是第四个也是最终的层面。这个层面的自我是生命的真实身份。从这个意义上说,人所要追求的解脱,已经内在于这与梵一如的自我。商羯罗如此宣称:

> 获得了它就没有更大的获得,有了它的喜乐就没有更高的喜乐,有了它的知识就没有更高的知识——要知道,这就是梵。

> 看到了它,就没有什么需要看的,成为它就不会在这个生成的世界降生,知道了它就没有什么再需要知道的——要知道,这就是梵。

[①] 参见《泰啼利耶奥义书》Ⅱ,5。
[②] [印] A. C. 巴克提维丹塔·斯瓦米·帕布帕德释著:《博伽梵歌原意》,李建霖、杨培敏等中译,宗教文化出版社2014年版,第207页。

它是绝对的存在、知识和喜乐,是非二元的、无限的、永恒的和唯一的,并且它充满四方,上面、下面和中间都充满着它——要知道,这就是梵。

它是非二元的、不可分的、唯一的和喜乐的,并且吠檀多哲学指出,它是在否定所有有形对象之后不可还原的基础——要知道,这就是梵。

诸神,如梵神、因陀罗神,只是品尝到了一点点无限的梵之喜乐,按照相应的比例,他们就享受到了他们得到的那点喜乐。

梵遍及一切对象,因为梵,所有的活动都是可能的。梵渗透一切事物,就如同黄油渗入牛奶。

它既不是精微的也不是粗糙的,既不是短的也不是长的,它没有出生,没有变化,也没有形式、属性和色彩——要知道,这就是梵。

通过它的光,发光的星体,如太阳和月亮,就照耀了,但是星体的光却不能照耀它——要知道,这就是梵。

至上的梵遍布内内外外的整个宇宙,并照耀自身,就像火内内外外地渗入炽热的铁球,并且照耀自身。

梵不同于宇宙。除了梵,什么也不存在。如果似乎有不同于梵的东西存在,那么它是不真实的,就像海市蜃楼一样。

一切所感知的,一切所听到的,都是梵,别无其他。一旦获得了实在的知识,一个人就把宇宙视为非二元的梵,绝对的存在、知识和喜乐。

尽管阿特曼是实在的意识，并且永远都存在于任何地方，然而只有智慧之眼（才能）感知到它。但是，视力被无明模糊了的人看不见绚丽的阿特曼，就像盲人看不见灿烂的太阳。

在通过聆听等点燃的知识之火的加热下，个体灵魂摆脱了不纯，就像金子一样闪闪发光。

阿特曼，知识的太阳，从心中冉冉升起，摧毁无明的黑暗。遍布一切者，维系一切者。它照耀一切，也照耀自身。

它弃绝一切活动，在神圣、无瑕的阿特曼之神殿中做崇拜——这个阿特曼独立于时间、地点和距离；它出现在任何地方；它是冷热等对立者的摧毁者；它是永恒快乐的给予者——它成了全知的、遍在的人，并在来世臻达不朽。①

然而，对于陷入轮回中的生命而言，尽管其"真我"已经是"绝对的存在、知识和喜乐"，他/她却不能实际体验到，反而为因果报应法则所支配，在业力的作用和牵引下，深陷于因果的世界。所以，要真正获得解脱，仍需要努力，需要特定的方式、途径和手段。

实际上印度教也正是提供了这样的途径，并称之为"瑜伽"（yoga）。瑜伽（yoga）与"车轭"有相同词根，意为"结合在一起"，引申出来是指一种训练方法。瑜伽的目标是把人与隐藏在其最深处的真我或者说神相连接。印度教分析了不同类型的精神人格，并提供了相应类型的瑜伽。按照印度教的说法，基本的精神人格有四类：反省性的、情绪性的、行动性的和实验性的，与之相应的，有四种瑜伽。智慧瑜伽（jnana yoga），特别提供给有强烈反省倾向的精神追求者，是通过知识与真我合一的途径实现的。虔信瑜伽（bhakti yoga，也译为"奉爱瑜伽"、爱的瑜伽等），提供给情感特别丰富的人，是把潜藏在人心中的爱引向神的途径。业报

---

① ［印］商羯罗：《自我知识》54—68，参见《智慧瑜伽》，第215—218页。

瑜伽（karma yoga），是专门为具有特别强烈的活动倾向的人而设的，它是通过工作走向神的途径（"业"含有行动、活动、工作的意思）。胜王瑜伽（raja yoga），专为那些具有科学倾向的人而设，是通过心身试验走向神的道路。下面我们分别予以详述。

智慧瑜伽以知识为手段，以直接改变人的自我认知为目标。照商羯罗的说法：

> 正如火是烹饪的直接原因一样，（唯有）知识而非其他任何形式的戒行才是解脱的直接原因。因为没有知识就不能获得解脱。

> 行动不能摧毁无明，因为行动和无明并不抵触。只有知识才能摧毁无明，正如（只有）光明（才能）驱赶黑暗。

> 正是由于无明，自我显得有限。自我没有任何多样的可能。一旦摧毁了无明，自我就会自动显露自身，就如同乌云散去，太阳照耀。

> 通过反复实践，知识就净化因无明而受污染的体困的灵魂。接着，无明本身就消失了，这就如卡塔卡果粉净化了浑浊之水，然后（卡塔卡果粉）消失了。①

在商羯罗看来，知识能直接驱除无明，带来灵魂的觉醒，令灵魂仿佛从梦中醒来："这个世界充满了依附和厌恶之物。它就像一个梦：只要一个人还是无知的，这个世界就是真实的。但一旦醒来，这世界就变得不再真实。"②

按照印度教传统，智慧瑜伽的修习由三个步骤构成，分别是：闻、思和修。闻（sravanam），就是闻教，也即接受由传统所提供的智慧教导，一般来说是指从导师（guru）那里接受教导。照印度教传统遵从的人生四行期，孩子长到八岁左右就要离开自己的家，到导师那里受教，一般

---

① ［印］商羯罗：《自我知识》2—5，参见《智慧瑜伽》，第205—206页。
② ［印］商羯罗：《自我知识》6，参见《智慧瑜伽》，第206页。

经过十二年左右，被称为"梵行期"。教学方式是传统的全身心浸染的方式，学生需要住在老师家里，紧跟在老师身边，这也是后来的"奥义书"（upanisad）的原本含义："坐在近旁。"导师也并非单单讲教一些高深的理论知识，而是通过日常生活中一些契机的对话来启发学生。《奥义书》中就到处充斥着这样的教学范例。

从教学内容来说，涉及印度教各种经典，既包括最根本的四吠陀经：《梨俱吠陀》（赞颂）、《娑摩吠陀》（歌咏）、《夜柔吠陀》（祭祀）、《阿闼婆吠陀》（禳灾）［被称为吠陀"本集"（Samhita）］，之外，也包括《梵书》（Brahmana）、《森林书》（Arangaka）、《奥义书》（Upanisad）三种，这些也包含于吠陀文献之内，而被视为《天启书》（Sruti）。导师依吠陀向学生宣示存在的真理也即我，如说，"于初，唯有彼实有，独立无他"，"自我如实即是此一切"等①；还宣示我之实相："自我，性离罪恶"，"非此，非彼"，"梵是真如、智识、无限"。②

思（mananam），就是对导师所教真理反复思维，直至在理性上完全通达其义理。在此主要就是指对有关梵与自我的真理的思虑和省察。印度教把个人在智性上的省思也看作重要的知识来源之一，真理也可以通过理性推理论证、反思反省的方式得到确认。例如，梵虽然绝对、无相，却是可以从每一个人的自我意识证知的，如《梵经注》所说：

> 复次梵能被证知，乃因其即是每人之自我。每人皆意识到其自我存在，而从未认为，"我不存在"。而如果不知自我存在，人们甚至不会思考"我不存在"。这个自我即是梵。③

对梵的这一自我证知，被称为印度版的"我思故我在"，与笛卡尔的路径一样，也是经由尝试否定而确认自我存在的确定无疑。

与梵一如的自我还可以这样从内心证悟：

---

① 《唱赞奥义书》Ⅳ, 2, 1；《唱赞奥义书》Ⅶ, 24, 1。
② 《唱赞奥义书》Ⅷ, 7, 1；《大林间奥义书》Ⅱ, 3, 6；《泰帝利耶奥义书》Ⅱ, 1。
③ ［印］商羯罗：《梵经注》Ⅰ, 1, 1, 参考 The Vedanta Sutras with the Commentary by Sankarakary I, II (the Sacred Books of the East, XXXIV, XXX VIII), trans. by G. Thibaut, Oxford: Clarendon Press 1890, 1896. 译文参考了吴学国在《存在·自我·神性》一书中的所用引文，下同。

> 自我是自性清净心，它清楚地显现为醒位、梦位和熟眠位的基础。它是内在地证悟到的相续心，即"我即是我"的意识。它是受用我相、觉谛等，以及其多样的行相和变易的不变的观者。它应从人的内心理解为绝对的实有、智识和喜乐。①

也就是说，自我是贯穿在所有意识状态的绝对的心之意识，它是一切境界的观者。对于阿特曼的性质，印度教吠檀多派还尝试以种种譬喻来帮助人理解。比如，说到梵的自照，梵自身即光明，它照亮末那、诸根等，也能照亮自身，"譬如一燃着的灯不需要借另一灯照亮自身，那体即是识的自我，不需要另一意识来照亮自身"②。说到自我在本性上的绝对不变和体验上的作为感，则借用了人乘舟的譬喻：

> 阿特曼居于觉谛之中，［当觉谛处于动作或禅定时］看上去似乎处在动作或禅定中。此种相续有的妄见，就像人在行驶的舟中，而以为岸树在移动。如在舟中人看来，是树在朝相反方向移动，阿特曼［似乎也］在相续，故室鲁谛说："［他］似乎有思维，似乎有运动。"③

应该说，这些譬喻并不能让人完全直观到梵和自我的本性，而只是在一定程度上帮人领会和接受相关观念。最终来说，唯有当修道者获得正觉，正智升起，才能够真正悟到自身是真如、实性、自我，也由此超越认同于躯体的迷妄，其自身即成为自我。④ 这是需要经过进一步的修才能达到的。

修（nididhyasana），就是修观，排除与假我的虚妄认同，让意念常住于那真理中，心无杂念，止定于一，以此理念为冥想目标，努力让整个生命融入此理念之中。从不二吠檀多派来看，修观分两种，"一为客观的，即观想心外的对象；一为主观的，即观想心内的对象。前者又包括

---

① ［印］商羯罗：《明辨之珠》68—69。
② ［印］商羯罗：《觉悟自我》28。
③ ［印］商羯罗：《示教千则》Ⅰ，5，2—3。
④ 参见［印］商羯罗《梵经注》Ⅰ，3，19。

声观和相观两种：声观即念诵'奥姆真心喜梵'或'奥姆真心不二梵'之真言，并沉思其含义；相观即观想与梵密切关联的有形事物（如梵天、湿婆的像），并透过表相，沉思其本质（任何事物都是梵的体现，都具有真—智—乐的本质），如见波涛同时知其为水。后者是通过对主观的、内的对象的观想，以期悟入梵。首先要观想心为莲花苞相，而其内有一微细、澄明的虚空，曰梵城（Brahmpura），为梵天之所居；然后随着能观的心逐渐转细，应观想心为觉谛，而梵则是'觉谛窟'的主人，并观想梵在觉谛中的影像；当这禅观最终圆熟，修道者乃舍弃觉谛的意相，直接证会大梵、至上我。求道者长期不懈的修观，目的是要达到三摩地（samadhi），即与梵的合一"①。

如果说智慧瑜伽以知识和思维为手段，那么虔信瑜伽则诉诸情感，通过投入对神虔诚、热忱的爱来实现解脱。虔信瑜伽的重要经典《拿拉达虔信经》的具名作者拿拉达如此解释虔信瑜伽的要义："业将我们置于束缚之中，但通过将业托付给神，我们便获得自由。我们所作的侍奉神的业，将使我们自身产生爱和虔信。这种爱和虔信将依次带来智慧；借由这种智慧的指导，最后我们将把自身托付于爱之神并冥想他。这样，我就获得了智慧和爱。"②

印度教中的毗湿奴派是虔信瑜伽的最有力的推动者和实践者，其中罗摩奴阇（Ramanuja, 1017—1137）是其理论先驱。不同于商羯罗的绝对无差别的梵之观念，罗摩奴阇提出"制限不二论"（visishtadvaita），认为梵虽然包容一切，无一物存在于梵之外，但梵并非无差别的"一"，他坚持梵、世界、我都是真实的，神的人格化表现是毗湿奴，对毗湿奴神的崇拜和爱会自动导向解脱。

虔信瑜伽也遵照一定的修持方式。首先是最基本的预备，"吃干净的食物、离欲、对神的信念、布施、慈悲、诚实、正直、怜悯、非暴力等"③，也即罗摩奴阇所提到的"七种资粮"："一、对食物的分别，不

---

① 吴学国：《存在·自我·神性》，第691页。
② ［印］斯瓦米·帕拉瓦南达：《虔信瑜伽:〈拿拉达虔信经〉及其权威阐释》，王志成、富瑜译，第5页。
③ 孙晶：《印度吠檀多哲学史》上卷，中国社会科学出版社2013年版，第321页。

食非法食；二、克服生理欲望，除对神的渴慕之外，应放弃一切欲求；三、恒常不断地思念神；四、五种常业，包括研习圣典，礼敬神明，每食时分一部分施与牛、鸦、犬等，敬事宾客等五种日常职责；五、二十六种胜行，包括慈悲、不害、不诳语、行善、端正、布施、善柔、宽忍、安乐、谦逊、沉着、清静等道德修养；六、常怀希冀而不坠负；七、知足。"①

然后可以进入较低层次的虔信，"包括祈祷、举行仪式和形象崇拜"②。日常的主要有五事："一、晨起熏沐后，礼拜神像；二、供奉、施设花、果、水等；三、以十法或五法服侍神，即以各种方式取悦于神，包括掌扇、涂香、贡献水果等；四、咏诵圣诗，唱诵神的名号；五、瑜伽，即专念神。"③ 在对神的崇拜中，神是有着美丽形象的人格神。罗摩奴阇曾这样栩栩如生地描绘神的美好形象：

> [神的]光辉如融化的金山；光芒如千万个太阳；双眼如深水中生长的清净莲花为阳光所催开的花瓣；眉如弯弓；美妙的额、姣好的鼻、微笑的朱唇、玫瑰色光润的双颊、海螺似的脖子、标致的双耳、丰满有力的手臂、红润美好的手；胸脯宽阔而腰身纤细；身材停匀，神圣美妙无以言喻；肤色光净；足如盛开的莲花般美丽……其无量、殊胜之美可以俘获一切人的眼和心；他的优雅的光辉贯注动与不动的存在；具有最令人赞叹的、不可思议的永恒青春；纤美如盛开的春花般的微笑；其神圣甜美的芬芳溢满四方；其本质超越三界，而以充满仁慈、爱怜、柔情的目光注视人间；他是一切中最殊胜者；整个宇宙的创造、维持、毁灭只是其游戏；在他身上没有任何不净之处；他是一切善德的依止；他不同于一切不属于其实自我的东西；他就是至上梵那罗衍那。④

---

① *The Vedanta Sutras with the Commentary by Ramanuja*, Oxford: Clarendon Press, 1904, 转引自吴学国《存在·自我·神性》，第 1005 页。
② 孙晶：《印度吠檀多哲学史》上卷，第 321 页。
③ 吴学国：《存在·自我·神性》，第 1005 页。
④ *Vedarthasamgrah Prstham* 244-248, 转引自 K. D. Bharadwaj, *The Philosophy of Ramanuja*, New Delhi: Sir Shankar Lall Charitable Trust Society, 1958, p. 140.

崇拜神，就是要把目光完全专注于神的形象。因此，在崇拜中圣像的使用得到强调。圣像分有神的美丽，因而可以成为人专注的对象，并且，在崇拜者的祈求下，神降身于圣像，圣像就成为神的居处，被认为与神是等同的。圣像帮助人得以克服与神之间的无限距离。

最后进入高层次的虔信，发展对神完全出神的、狂热的爱。在此，爱有几种不同形式和类型：

> 这种圣爱以十一种不同形式显示自身：（1）一个虔信者热爱唱颂和赞美主的荣耀。（2）热爱他迷人的美丽。（3）热爱把自己心中的崇拜献给他。（4）热爱时常冥想他的临在。（5）热爱把自己看作他的仆人。（6）把他当作朋友来爱。（7）把他当作孩子来爱。（8）把他当作至爱者来爱。（9）热爱把自己完全交付给他。（10）热爱完全融入他之中。（11）热爱感受到与神分离的剧痛。①

对神的情感越来越深化，越来越强烈，最终达到与神瞬间都难以分离的地步，仿佛情人之间最炽热的爱。在这样的爱中，崇拜者眼里只有神，其在精神上自然随之净化，断除了贪、嗔、妒等一切不净，不仅如此净化其个人，还会净化自身的家庭，甚至净化整个世界。

在对神纯粹的爱中，崇拜者是完全不求回报的，觉得爱本身就是最好的回报。虽然如此，在虔信瑜伽中，解脱往往被认为是不求自来的，因为："他们的心意和意志已经与神的心意和意志同一。他们彻底摆脱了造成摩耶（无明）束缚的私我意识。"②

传统上，智慧瑜伽和虔信瑜伽往往都是全然投入，不事俗务，是完全出世性的，业报瑜伽却强调人不能与行动分开，宗教上的追求要与世俗活动结合在一起，要在实践中获得解脱。在《博伽梵歌》中，至尊神博伽梵断言："人皆无可奈何，被逼以物质自然形态的本能冲动活动。因

---

① ［印］斯瓦米·帕拉瓦南达：《虔信瑜伽：〈拿拉达虔信经〉及其权威阐释》，王志成、富瑜译，第251页。

② ［印］斯瓦米·帕拉瓦南达：《虔信瑜伽：〈拿拉达虔信经〉及其权威阐释》，王志成、富瑜译，第236页。

此，谁也休想停止活动一刻。"（Ⅲ，5）而且人人有赋定的职责（达磨，dharma）要履行："一，对神的职责，人之一生即应视作对神的献祭；二，对古圣先贤的职责，古圣依苦行、禅定发现真理，后人有责任继承之，不使终断；三，对父祖的职责，应通过成家立业，延续子嗣来完成；四，对人类的职责，应护持正法，勤行善事。"① 如此，人怎样才能兼顾入世的行动和出世的解脱？《博伽梵歌》指示了业报瑜伽的方法：活动，却不依附活动的结果，努力，而不执着。

可以以业报瑜伽的精神分别实践智慧瑜伽和虔信瑜伽。在行动中践行智慧瑜伽："身处神圣知觉中的人，虽然在目视、耳听、身触、鼻嗅、口食、走动、睡觉、呼吸。但他内心常知道，自己说话、排泄、收受、睁眼和闭眼时，只是物质感官和感官对象在相互产生作用；而他自己则远离这些，并无参与。"② 行动，却保持"神圣的冷漠"："以同等的眼光看待渊博文雅的婆罗门、母牛、大象、狗和食狗者（四阶层以外的人）"，"遇乐不喜，逢忧不悲"。③ 处于活动之中却时时注意反省，就能保持心意的平和与超然的知觉。《博伽梵歌》如此肯定："那些超越了因疑虑而生二元性的人；那些心意专注于内在追求的人；那些常忙于造福众生的人；那些远离一切罪恶的人，可在至尊处获得解脱。"④

在行动中践行虔信瑜伽，《博伽梵歌》中克里希那对阿诸纳的这段劝导可视为其要义："因此，阿诸纳啊！你要将工作全部奉献给我，全然认识我，不存有任何利己之欲，不声称拥有什么。振作起来，作战吧！按照我的训示履行责任；忠实追随我的教诲，无羡无妒。这样的人，便可摆脱业报活动的束缚。"⑤ 奉献，也称为献祭，被认为是普遍的行动，世界的维持离不开献祭：人靠吃五谷存活，五谷有赖甘霖的滋养，甘霖要

---

① 吴学国：《存在·自我·神性》，第870页。
② 《博伽梵歌》Ⅴ，8—9，参见［印］A. C. 巴克提维丹塔·斯瓦米·帕布帕德释著《博伽梵歌原意》，李建霖、杨培敏等中译，宗教文化出版社2014年版，第170—171页。
③ 《博伽梵歌》Ⅴ，18及20，参见［印］A. C. 巴克提维丹塔·斯瓦米·帕布帕德释著《博伽梵歌原意》，李建霖、杨培敏等中译，第177、178页。
④ 《博伽梵歌》Ⅴ，25，参见［印］A. C. 巴克提维丹塔·斯瓦米·帕布帕德释著《博伽梵歌原意》，李建霖、杨培敏等中译，第180页。
⑤ 《博伽梵歌》Ⅲ，30—31，参见［印］A. C. 巴克提维丹塔·斯瓦米·帕布帕德释著《博伽梵歌原意》，李建霖、杨培敏等中译，第120—121页。

由接受献祭的神明降下。但神被认为是一切献祭的接受者,犹如给树浇水应该浇到根上,对神的奉献也被视为是最根本的。人只为奉献而从事活动,并且皈依神,就能弃绝一切执着而臻达圆满。"人若了解了我显现和活动的超然本质,离开躯体后,再也不用降生到这个物质世界。阿诸纳啊!他将晋升到我永恒的居所。"①

除了以上三种瑜伽,还有一种瑜伽,被称为"胜王瑜伽",是非常富于实验性和技术性的一门瑜伽。它是"通过严格的禅定来默想,将心灵导向一种出神状态"②,最终成熟的是被称为三摩地(samadhi)的状态。在此最终状态,瑜伽实践者可亲自见证解脱胜境。

帕坦伽利在《瑜伽经》中概括了实践胜王瑜伽的八个步骤。(1)禁制(Yamas):要严格遵守一些道德规范与行为准则,包括不害、不诳、不盗、不淫、不有私财。(2)劝制(Niyamas):培养积极刻苦的生活习惯和行为习惯,包括清静、轻安、苦行、诵习、虔信。以上两步是预备性的步骤,为接下来的步骤作好身心条件的准备。(3)体位(Asanas):练习一些能净化与改善身心状态又稳定而舒适的特殊形体姿势,如莲花坐、狮子坐等,其中莲花坐特别得到推荐。(4)调息(Pranayama):练习对呼吸的控制。(5)制感(Pratyahara):对感官(眼、耳、口、鼻、舌、身)进行控制与调节,令它们从对象收回,转向内在。(6)执持(Dharana):使心意集中在某一特定对象上,如日、月、神像或自己的眉间、肚脐等,以增长定力。(7)禅定(Dhyana),练习心灵的内在专注,防止精神陷于散乱与昏沉之中,使其专注于一境而不间断。(8)三摩地(Samadhi):心达到完全的专注而忘我,最后达到自我独存(kaivalya)。在最后的境界,人完全进入梵我一如的体验。

胜王瑜伽的实践仿佛一场身心实验,由于实验结果是从亲身实验得到,可以亲自见证,因而被认为具有一种不依靠任何外在权威的内在权威性。但由于此种实验的对象和工具是难以驾驭的心灵本身,因而难度也是极高的,历来只有极少数人能够成功。虽然普及性不高,但仍然可

---

① 《博伽梵歌》Ⅳ,9,[印]A. C. 巴克提维丹塔·斯瓦米·帕布帕德释著《博伽梵歌原意》,李建霖、杨培敏等中译,第141页。
② 韩德编:《瑜伽之路》,王志成等译,浙江大学出版社2006年版,第44页。

以作为一条独特的道路，供渴望亲身实验的人践行。

四瑜伽虽然具体方式各不相同，但它们的目标是一致的，都是帮助人直觉到真我，获得解脱，最终体会梵我一如的真—智—乐。从内在内涵来说，四瑜伽之间也是相互包含、相互补充的，比如虔信瑜伽的修持者也不能废弃阅读经典，也要在正确认识自我和作为至尊神的梵的基础上进行崇拜活动，而智慧瑜伽的实践往往也辅以虔信瑜伽的内容，像智慧瑜伽大师商羯罗本人就崇拜湿婆神，在家里向湿婆作祭献。

第三节 此岸—彼岸的关联：内证模式

印度教以瑜伽将此岸与彼岸关联起来，使人摆脱轮回，达到解脱，其关联模式在我们看来是一种内证模式，也就是说，印度教认为彼岸（解脱）并不外在于人，相反，它就在人的内在，是可以直接在人的内在深处得到亲证与验知的，所以人只要向内验证就可以达到。

内证模式中居于核心的是自我的概念。在印度教就是阿特曼的概念，也是后来佛教所攻击的主要目标。印度教经典中花很多篇幅着力描述阿特曼。未觉悟的自我是体验上仍与梵分离的个体灵魂，因而有一个词表示与此个体灵魂相对的生命内在的梵之本体，叫"超灵"。照《博伽梵歌》的说法，超灵是至尊神在个体生命里面的代理，是博伽梵为每个生命所分有的灵性火花。在《博伽梵歌》中，博伽梵宣称："我以超灵的身份居于众生心中。"[1] 超灵与大梵本身没有分别，作为梵的"片断"，实际上并没有分裂，反而维系着每一生物。它是生命体的"一切感官的始源"[2]，但它本身却没有感官。它以"监察者和准许者的身份"居于生物体内，又是一个"超然的享乐者"。[3] 它时刻伴随着个体灵魂，等待个体灵魂转向它。《蒙查羯奥义书》中把超灵和个体灵魂比喻为停在同一个树

---

[1] 《博伽梵歌》Ⅶ，21，参见[印] A. C. 巴克提维丹塔·斯瓦米·帕布帕德释著《博伽梵歌原意》，李建霖、杨培敏等中译，第240页。

[2] 《博伽梵歌》ⅩⅢ，15，参见[印] A. C. 巴克提维丹塔·斯瓦米·帕布帕德释著《博伽梵歌原意》，李建霖、杨培敏等中译，第391页。

[3] 《博伽梵歌》ⅩⅢ，23，参见[印] A. C. 巴克提维丹塔·斯瓦米·帕布帕德释著《博伽梵歌原意》，李建霖、杨培敏等中译，第397页。

权上的两只鸟：

> 美羽亲心侣，
> 同树栖一枝，
> 一啄果实甘，
> 一止唯视之。①

个体灵魂之鸟经受着外在感官世界的诱惑，而超灵之鸟则冷静地居于其侧。个体灵魂之鸟一旦转过来看到超灵之鸟，双鸟就将立即合而为一。这喻示了个体灵魂的觉悟之路。

印度教中还有一个有名的比喻用来譬喻个体自我与梵之间的同一，那就是"瓶中空"与"当体空"。乔荼波陀《圣教论》与商羯罗《示教千则》都用了这一比喻。乔荼波陀《圣教论》中说：

> 一我变现诸个我，
> 如空现为众瓶空；
> 和合而有如瓶等，
> 斯乃所说生之义。
>
> 犹如瓶等中之空，
> 瓶等遭到破坏时，
> 其空悉归于大空。
> 众我汇入我亦然。②

作为大我的梵变为个体的自我，就如虚空被分入一个个瓶子，成为瓶子里的小空，而等到瓶子被打破，这些瓶子里面的空也就全部重新汇入外面的广大虚空，变得完全是一体的。瓶子是指由土、水、火、风等元素

---

① 《蒙查羯奥义书》Ⅲ，1，1，参见徐梵澄译《五十奥义书》，第495页。
② [印]乔荼波陀：《圣教论》Ⅲ，3—4，巫白慧译，商务印书馆2011年版，第113—114页。

和合而成的生物躯体，瓶子被打破，譬喻的是个体灵魂突破这一层幻象的阻隔，认同于本体梵。

个体灵魂要内证其作为阿特曼的真实身份，需要做双重运动：一是否定式的，"非此，非此"（neti-neti），二是肯定式的，"你是那"（tat tvam asi）。

首先是否定式的"非此，非此"。商羯罗在《自我知识》中说："在经典的陈述'非此，非此'的帮助下，通过伟大的吠陀圣句，使得所有的乌帕蒂失效，从而认识到个体灵魂和至上灵魂的同一性。"① 乌帕蒂（Upadhi）意为限制性的附属物，在此指个体灵魂所受的限制，乌帕蒂限制着灵魂，就像杯子、罐子等容器限制着其内的虚空。但灵魂不能认同于这些外在的限制物。灵魂的限制物有如种姓、肤色和地位的观念，这些东西被"叠置"到阿特曼之上，"就宛如味道、颜色叠置到了水中"。② 水本来无色、无味，颜色和味道都不是水本身，灵魂也是如此，灵魂是纯粹的，众生形形色色的外在身份都不是灵魂的本质，身体和感官及其特征和功能也不能归于灵魂本身："阿特曼不同于身体、感官、心意、菩提（觉、理智）和无分别的原质。"③ 阿特曼不是身体，没有出生、衰老、疾病和死亡的变化，阿特曼也不是心意，没有悲伤、依附、恶意和恐惧。不管是粗糙的物质躯体（粗身），还是更精微的精神性构造（精身），都不是真正的我。

《博伽梵歌》把粗身和精身称为活动场，认为它们是由原质构成的，而生物体的一切活动也是原质的活动，并非灵魂本身的活动。原质有三形态：萨埵（sattwa）、罗阇（rajas）和答磨（tamas）（又可分别译为善良、激情和愚昧），生物体跟原质接触，就受到三形态的限制，《博伽梵歌》如此描述受三形态影响的生物体的生命情态：

当永恒的生物与物质自然接触时，就受到这三形态的制约。无罪的人啊！善良形态比其他形态更纯洁，启蒙教化，使人远离各种

---

① ［印］商羯罗：《自我知识》29，参见《智慧瑜伽》，第211页。
② ［印］商羯罗：《自我知识》10，参见《智慧瑜伽》，第207页。
③ ［印］商羯罗：《自我知识》17，参见《智慧瑜伽》，第208页。

罪恶业报。处于善良形态的人，被幸福感和知识所束缚。琨缇之子呀！激情形态由无限的欲望和渴求产生。因此，体困的生物受物质业报活动的束缚。巴拉塔之子啊！要知道，愚昧形态生于无知，使所有体困生物产生幻觉。这一形态所导致的结果是疯狂、懒惰、昏睡，这些将受限制的灵魂捆绑。巴拉塔之子啊！善良形态使人受制于快乐；激情形态使人受制于业报活动；而愚昧形态则遮蔽知识，使人疯狂。巴拉塔之子啊！有时善良形态变得显著，击退激情和愚昧形态；有时激情形态战胜善良和愚昧形态；还有时，愚昧形态击退善良和激情形态。三形态总是这样竞逐优势。当躯体的众门为知识启明时，便能经验到善良形态的展示。巴拉塔人中的佼佼者啊！当激情形态增盛时，便表现出迷恋难舍、功利性活动、极度的努力，以及无法控制的欲望和渴求等征候。库茹之子呀！当愚昧形态愈来愈炽盛时，便出现无知、懒惰、疯狂和幻觉。如果人在善良形态中死去，便能达到伟大圣哲所居住的纯粹而高等的星宿。如果在激情形态中死去，便投生到从事果报活动的功利主义者中；如果在愚昧形态中死去，便投生在动物国度里。虔诚活动的结果是纯净的，处于善良形态中。但是，在激情形态中的所作所为，结果是痛苦；愚昧形态中的活动，结果是愚拙。从善良形态中发展出真正的知识；从激情形态中发展出贪婪；从愚昧形态发展出来的是愚蠢、疯狂和幻象。处于善良形态中，人逐渐走向更高的星宿；在激情形态中，人生活在地球般的星宿；在令人厌恶的愚昧形态中，人堕至地狱般的世界。①

然而，

当人正确地认识到，在所有活动之中，除了这些自然形态外再无其他活动者，而且知道至尊主超越于这些形态之上时，即可到达我的灵性本性。当体困的生物能超越这三种与物质躯体相联的形态

---

① 《博伽梵歌》XIV，5—18，参见［印］A. C. 巴克提维丹塔·斯瓦米·帕布帕德释著：《博伽梵歌原意》，李建霖、杨培敏等中译，第 407—413 页。

时，就能脱离生老病死之苦，甚至今生就能得享甘露之美。①

把灵魂与这些原质的构成区别开来，并且对后者不予认同，这对于解脱至关重要。商羯罗《示教千则》如是说："穿越'非我'迷混处，去除担忧达自我；犹如犍陀罗行者，穿过森林达目的。"②

与此否定式运动相伴随的"你是那"的肯定式运动，也即认识到"我是梵"。"你是那"是一传统圣句，被认为是整个吠陀文献的精华，包含着吠檀多不二论的完整洞见。商羯罗大师在《示教千则》中对此圣句作过权威的诠释，故我们在此以《示教千则》为主要参考。

在《示教千则》下篇师徒授受形式的对话中，我们看到，导师首先问弟子："你是谁？"当弟子回答说他是某某婆罗门家族的后代，现在渴望从轮回解脱云云时，导师反问他，他死后身体就被鸟吃了或者入土了，想怎样从轮回中解脱呢？"如果你在此岸就已经成灰，就无法渡向彼岸了吧！"③ 弟子这时表示说他和他的身体是不一样的，身体有生有死，他则根据自己所作善业或恶业，出入不同的身体经历轮回。导师于是提示他，这个回答是对的，他一开始的回答却是错误的，他并非那个"具有种姓、家族和通过礼仪的身体"。至此，导师帮助弟子明确了圣句中的"你"之所指：一个不随身体死亡而消失的、实有的、永恒的主体。商羯罗主张，首先要明确"你即有"，也就是，主体是实有的，因为："光明内我［阿特曼］；［间接］由'我'词来表"，"'我即有'解这般起，但非如此则难解；'汝即那'句之教诲，因无媒介则无义"。④ 也就是说，如果不能肯定主体的实有，"汝即那"的表达就会由于缺少"汝"这个媒介而没有意义。

接着当弟子继续说："我与阿特曼是不同的。我是无知的，体验着苦乐，束缚着和轮回着。然而，阿特曼是不轮回的神，它在本性上与我是相异的。我要供物、供牺牲和礼拜，我还要遵从［我的］阶级和生活期

---

① 《博伽梵歌》XIV，19—20，［印］A. C. 巴克提维丹塔·斯瓦米·帕布帕德释著：《博伽梵歌原意》，李建欣、杨培敏等中译，第414—415 页。
② ［印］商羯罗：《示教千则》I，2，4，孙晶译，第23页。
③ ［印］商羯罗：《示教千则》II，1，11，孙晶译，第389 页。
④ ［印］商羯罗：《示教千则》I，XVIII，101，110，孙晶译，第303、308 页。

的规定而活动，我崇拜这个神，我祈求从轮回苦海中解脱出来。那么，为什么却说我与那个神是同一的呢？"① 导师告诉他，不应该这样认识，因为经典是禁止承认这种差异的。导师引《大林间奥义书》（Ⅰ，4，10）说："曰：'彼为异而我异彼。'是不知也。"② 承认差别会陷于轮回，认可同一性才能得到解脱。要照《唱赞奥义书》（Ⅵ，8，7）所说："那是阿特曼，你是那。"

但弟子提出他的疑惑："导师，我在自己的身体被火烧刀割时会清楚地感觉到苦。另外还会清楚地感觉到如由饥饿引起的痛苦等。然而，在天启圣典及古传书中，最高的阿特曼是'离于罪业，亦无老，死，忧悲，饥渴（《歌者奥义》Ⅻ，1，5），不具有一切轮回的属性的。尽管我与最高的阿特曼本质相异，具有许多轮回的属性，但却为何要让我把自身理解为最高的阿特曼，即把轮回的我看作最高的阿特曼呢？这就好像把火看作是冰冷之物一样。"③ 对此，导师教导说，痛苦是身体部位的感觉，而不是"知觉主体"感觉到痛，痛苦与痛苦的原因以及与之相对应的嫌恶，都来自同一出处："贪欲嫌恶色形相，三者共同出一心，知觉畏惧也同此，唯我清静无畏惧。"④ 色形等印象出自欲望，欲望则出自"意"，也即统觉机能，如《大林间奥义书》（Ⅰ，5，3）所说："欲望，妄想，疑惑，信，不信，坚定，不坚定，羞恶，智识，畏惧——凡此皆意也。"⑤阿特曼则不具有此种属性，如《博伽梵歌》（ⅩⅢ，6）所教："欲望憎恶等属性，隶属身体而非我。"

因此，自我与这些以不净为对象的属性是没有关系的，而与最高的阿特曼在本性上是不相异的，"这样，因为与直接知觉的'知识根基'不相矛盾，因此理解'我就是最高的阿特曼'是正确的"⑥。

最后实现了这样的觉悟："我为大梵！"而大梵"为真，为智，为无

---

① ［印］商羯罗：《示教千则》Ⅱ，1，25，孙晶译，第395页。
② 徐梵澄译：《五十奥义书》，第369页。
③ ［印］商羯罗：《示教千则》Ⅱ，1，33，孙晶译，第398页。
④ ［印］商羯罗：《示教千则》Ⅱ，1，35，孙晶译，第399页。
⑤ 徐梵澄译：《五十奥义书》，第373页。
⑥ ［印］商羯罗：《示教千则》Ⅱ，1，37，孙晶译，第400页。

极"(《泰帝利耶奥义书》Ⅱ，1)①，与梵认同的我也是如此。

经过否定的和肯定的双重运动，人可以证悟到自己的真我，并由此从轮回的此岸渡到解脱的彼岸。在这样一种内证模式中，人无需外求，而只需认识自我，最后直观到真实的自我。在此，认知处于最核心的位置，其他方式如戒行、善行、功德等，虽有辅助作用，但不是决定性的。因而商羯罗非常明确地宣称："正如火是烹饪的直接原因一样，[唯有]知识而非其他任何形式的戒行才是解脱的直接原因。"② 应该提示说，在印度教中，内证模式并非唯一的此岸—彼岸关联模式，在罗摩奴阇"制限不二论"主导下的人格主义的派别中，确实另有不同模式，这将在本书最后一章另作讨论。

第四节　难题与挑战：唯心及避世

印度教向内寻求真我，认为那是通向解脱—彼岸的途径。这样一种寻求方式，所被诟病者主要有两点：一是其唯心倾向，二是其避世态度。

首先是唯心倾向。传统印度教以精神本体梵为唯一实在，以物质世界为非实有的摩耶（maya，意为"幻"），自然很容易归于唯心主义。

商羯罗就把这个世界比作一个梦，只有尚未觉悟、仍然无知的人才会以为这个世界是真实的，人一旦醒悟，就不会再觉得世界真实。商羯罗又把世界比作"牡蛎壳银光的幻影"③。从人本身来看，肉体（粗身）是从五个精微元素而来的，本质上没有实在性；精身不过是五大精微元素的进一步细分和相互结合，也是非实在。只是由于无明的作用，它们才会被不加分辨地误认为是真实自我。其实它们如同泡沫一样，是易坏的，不持久的，只有阿特曼是纯洁的，永恒而纯粹。

从人的意识状态而言，心理意识有四位：醒位、睡位、熟睡位、第四位（Turya）。醒位被认为最不真实，因为其经验世界是由通过物质感官接触的感官对象构成的。睡位由于意识是在自身中接触精神现象，真

---

① 徐梵澄译：《五十奥义书》，第194页。
② [印]商羯罗：《自我知识》2，见《智慧瑜伽》，第205页。
③ [印]商羯罗：《自我知识》6—7，见《智慧瑜伽》，第206页。

实性有所提高。在熟睡位,意识则不再接触内外对象,处于静止状态,意识在此位达到了至高的光辉境界。但只有第四位才是绝对的超验境界,因为完全摆脱了经验世界的因果制约,才能够如实地观察世间一切现象或变化。①

从梵和世界的关系来说,印度教认为梵是唯一,世界所呈现的"多"是出于幻觉,就如一个生眼病的人以昏花的眼睛看月亮,看到多个月亮,而实际上月亮始终只有一个。②

所以在印度吠檀多哲学家看来,世界就如梦境和幻象:

> 吠檀多论哲学家,
> 如是观察此世界:
> 如见梦境与幻象,
> 如见乾达婆城楼。③

既然世界是如梦幻不真实的,自然没有必要认真对待,这就导致印度教的避世态度。解脱不但是终极目标,也可以说是唯一要务,没有什么可与之相提并论,更不用说有比它重要的事。印度教传统的人生四行期虽然为俗务的实践保留了一个"居家期",但贯穿人一生的主线索始终是出世,是以解脱为人生目标的。历史上,诸多印度精英纷纷避世,在森林里,在恒河边,专事修行,务求解脱,此外心无旁骛。所谓仙人和圣者对于世界是保持着某种超然的淡漠的,面对围着死者哭泣的人群,他们由于其慧眼只看到不死的灵魂而对人们的悲伤不抱同情,反而斥其愚昧。

尽管传统上也有行动瑜伽及达磨观念对此种避世态度有所平衡,但一直到近现代,由于时势的催迫,印度教在19世纪进入改革,这种情势才开始真正有所改观。在近代,由于英国人的入侵和殖民统治,印度民族主义意识苏醒,同时也由于世界范围内东西方文化的相互冲击和影响,

---

① 参见[印]乔荼波陀《圣教论》,巫白慧译,Ⅰ及Ⅱ。
② 参见[印]商羯罗《示教千则》Ⅱ,1,40,孙晶译,第403页。
③ [印]乔荼波陀:《圣教论》,巫白慧译,Ⅱ,31。

印度涌现大批顺应时代形势的新型哲学家、思想家，他们在传统内部对时代挑战作出一系列创造性的回应，有力地改变了印度教的传统面貌，因而被视为新吠檀多思潮的推动者。代表人物有罗姆摩罕·罗易、罗摩克里希那、斯瓦米·维韦卡南达（辨喜）、提拉克、甘地、奥罗宾多、泰戈尔、薄伽万·达斯、薄泰恰里耶等。他们思想上的一个共同特征是，首先否弃了传统的"摩耶论"，也即"世界虚幻说"，他们主张，梵所创造的世界同样是真实的，而非虚无缥缈的幻境。像罗易就明确地说："梵是世界的基础，世界的产生、存在和毁灭都靠梵来控制。"[1]

新吠檀多哲学家们由此也主张人们应当生活在现实世界，履行自己应尽的社会义务和责任。他们重新解释印度教经典《博伽梵歌》，大力倡导业报瑜伽，号召积极行动和介入社会，甚至提出"政治吠檀多"，主张宗教需要与民族独立的政治行动结合在一起。其中，提拉克颇有创见地提出："如果一人寻求与神相结合，他必须也寻求与他周围的世界相结合，并为这个世界工作；如果不是这样，那么他和神的结合是不完善的，因为在三个素中只有两个因素（人和神）的结合，而把第三个因素世界遗忘了……为世界服务，同样也是为神的意志服务，这是最可靠的解脱之道。这种解脱只能在这个世界上才能达到，而不是抛弃这个世界。"[2]

印度教在近现代的改革注意到了传统在诸多方面的弊端而力加匡正，在价值观上也更加向现代性靠近，这是非常显著的，然而，如果我们从印度教在此岸—彼岸的关联模式上来看，却没有看到根本性的改动，仍为内证模式，也即仍然强调从内在与本体梵的合一。这一点，即便在如政治活动家甘地那里也没有改变，甘地深信每一个人内在的神性（梵），认为人一旦证悟到自己内在的神性，就会产生巨大的精神力量，甘地的非暴力学说也正是基于这一理解而试图以非暴力去感化他人内在的善性的。[3]

对于印度教的内证模式，更根本的挑战有两个：一是来自佛教，一

---

[1] B. C. Robertson, *Raja Pammohan Roy——The Father of Modern India*, Delhi: Oxford University Press, 1995, p. 168.
[2] *Speeches and Writtings of B. G. Tilak*, Madras, 1922, pp. 260–261.
[3] 参见［印］甘地《自传——我体验真理的故事》，杜危、吴耀宗译，商务印书馆 1959 年版。

是来自现代认识论。佛教针对印度教的"有我（阿特曼）论"，提出"无我论"，否定任何实体论的理解。印度教的传统圣句"你是那"，是在"你"也即主体"我"实有的前提下展开与彼（梵）的认同的，所以"我"之实有对印度教而言可谓根基中的根基。而佛教恰恰对"我"之实有提出根本质疑。佛教的这一批判和质疑，我们将在下一章关于佛教的论述中一并展开。

另一挑战来自现代认识论，现代认识论对宗教中不依靠任何中介的神秘经验之可能性提出质疑。现代认识论认为，所有认知性的意识都是一种"体验为"的方式，是根据一定的概念和意义模式进行的，而且这些概念和意义模式也因具体文化和历史时代而异，宗教神秘主义却声称能够直接意识到终极者本身，而不是借助某种特定的思维形式进行思考和体验，这超出认识论范式。当代宗教多元论学者约翰·希克也从他的观察中提出质疑：如果照神秘主义者的宣称，所有神秘体验都应该是一样的，都是对终极者的直接意识，但是实际上不同传统的神秘主义者的体验内容是有差异的，并没有脱离其文化的限制，这说明"他们仍然是具体的人，都植根于他们的时代与处境"[①]。

说到底，印度教内证模式之成立条件仍是悬疑的：一是内证之主体的问题，这一主体究竟怎样，是不是实体，是否可依赖；二是内证之方式的问题，"直接"的证悟究竟是否可能。

---

① ［英］约翰·希克：《宗教之解释》，王志成译，第346页。

第 五 章

佛教:以涅槃为彼岸

正如基督教之于犹太教,佛教之于印度教也是承袭有之,批判性创新有之。在彼岸愿景上,佛教与印度教一样,都谓之解脱,然而其展示和追求方式却大异其趣。由于佛教传统本身之庞杂和丰富,我们同样只能限于选取有限的资料和信息,并主要集中于原始佛教,而不多扩及佛教其余阶段和分支,这一方面是因为笔者能力所限,另一方面也是因为笔者认为后世佛教在彼岸愿景的理解以及此岸—彼岸的关联模式上都有了更加多元的发展,为了展示更具初始佛教之特色的彼岸观以及此岸—彼岸的关联模式,故而也自作此限制。

第一节 绝对的彼岸:涅槃

首先可以明确的是,佛教以解脱/涅槃为彼岸,如《法句经·不放逸品》所言:"解脱得安隐,证无上涅槃。"① 佛陀乔达摩·悉达多本人自年少时就敏感于人生之苦而渴求解脱,终于在年29岁(一说19岁)时毅然抛别父母和娇妻幼子而出家求道。当他临终即将入涅槃之际,佛陀对弟子的最后教导也是极力勉励他们"当勤精进,早求解脱"②。他也曾明确说:"我求无老、无死、无愁忧慼、无秽污无上安隐涅槃。"③

---

① 《法句经》,23。译文参考的是法增比丘译,《南传法句经新译》,下同。
② 《佛遗教经》,见《大正新修大藏经》第12册,No.389,《佛垂般涅槃略说教诫经》(1卷),姚秦鸠摩罗什译,第1卷。
③ 《中阿含》第204经,见《大正新修大藏经》第1册,No.26,《中阿含经》(60卷),东晋 瞿昙僧伽提婆译,第56卷。

然而与其他众多宗教不同的是，佛教（特别是早期佛教）对于其所追求的彼岸不大有直接的正面描述，而且从佛陀来说，他似乎也是有意如此。因此，在这里我们首先要费些笔墨探究一番，佛陀这样做究竟是出于什么原因。

涅槃（nirvana），字面意思为"熄灭"，作为彼岸之境界，它的描述多是消极方式的，主要与苦和烦恼的解除联系在一起，"令苦寂灭、解脱一切苦"（《法句经》191、192），"寂静安乐，诸行解脱"（《法句经》，368、381），"清凉无烦恼"（《法句经》，418）。《杂阿含经》第490经在论及涅槃时说："涅槃者，贪欲永尽，嗔恚永尽，愚痴永尽，一切诸烦恼永尽，是名涅槃。"我们所能看到的正面描述，至多是说它指向一种快乐，而且被描述为"最上乐"（《法句经》204）。例如以下所说：

我等实乐生，憎怨中无憎。于憎怨人中，我等无憎住。

我等实乐生，疾病中无病。于疾病人中，我等无病住。

我等实乐生，贪欲中无欲。于贪欲人中，我等无欲住。

我等实乐生，我等无物障，我等乐为食，如光音天人。[①]

但是，除此之外，没有更多的正面描述。为此，佛陀当年屡屡被人追问，特别是，联系到轮回再生的观念，常常有人在佛陀本人面前提出这个问题：解脱了的人（包括阿罗汉以及佛陀本人）死后的命运如何，他们将会去到哪里？在早期佛经中有一段对话，有一位名叫婆蹉氏的外道向佛陀追问这一问题。

"而，乔达摩先生！这样心解脱的比丘，再生于何处呢？"
"婆蹉！'再生'不适用。"
"那么，乔达摩先生！不再生吗？"

[①] 《法句经》197—200。

> "婆蹉！'不再生'不适用。"
> "那么，乔达摩先生！再生且不再生吗？"
> "婆蹉！'再生且不再生'不适用。"
> "那么，乔达摩先生！既非再生也非不再生吗？"
> "婆蹉！'既非再生也非不再生'不适用。"①

逻辑所能穷尽的四种描述都不适用：再生，不再生，既再生又不再生，既非再生又非不再生。为了让婆蹉氏明白他自己所提问题的性质，佛陀反过来向他提了一个问题。

> "那样的话，婆蹉！就这情况我要反问你，就依你认为妥当的来回答。婆蹉！你怎么想：如果火在你前面燃烧，你会知道：'这火在我前面燃烧。'吗？"
> "乔达摩先生！如果火在我前面燃烧，我会知道：'这火在我前面燃烧。'"
> "又，婆蹉！如果这么问你：'这在你前面燃烧的火，是缘于什么而燃烧的呢？'婆蹉！当被这么问时，你应该怎么回答？"
> "乔达摩先生！如果这么问我：'这在你前面燃烧的火，是缘于什么而燃烧的呢？'乔达摩先生！当被这么问时，我会这么答：'这在我前面燃烧的火，缘于草薪燃料而燃烧。'"
> "如果火在你前面熄灭了，你会知道：'这在我前面的火熄灭了。'吗？"
> "乔达摩先生！如果我前面的火熄灭了，我会知道：'我前面的火熄灭了。'"
> "又，婆蹉！如果这么问你：'这在你前面熄灭了的火，之后往哪个方向走了呢？或东、或南、或西、或北呢？'婆蹉！当被这么问时，你应该怎么回答？"

---

① 《中部》72。译文出自庄春江工作室所译，见"庄春江工作室"网站：http://agama.buddhason.org/index.htm。以下除另外注明的，南传佛教经典包括《相应部》《长部》《中部》和《增支部》四部《阿含经》及《优陀那》《如是语经》的译文均出自该网站。

"乔达摩先生！那不适用；乔达摩先生！这火缘草薪燃料而燃烧，它的耗尽，其它的［燃料］又不带来，没了食物，那只名为熄灭了。"①

从该相似问题的恰当回答，佛陀揭示如来死后命运问题之所以不适合以逻辑上的可能选项来进行回答的原因。

> 同样的，婆蹉！当凡以色安立如来时，能安立那如来的色已被舍断，根已被切断，就像无根的棕榈树，成为非有，为未来不生之物，婆蹉！从色的灭尽而解脱的如来是甚深的、不能计量的，难被深入了解的，犹如大海，"再生"不适用，"不再生"不适用，"再生且不再生"不适用，"既非再生也非不再生"不适用。
>
> 当凡以受安立如来时，能安立那如来的受已被舍断，根已被切断，就像无根的棕榈树，成为非有，为未来不生之物，婆蹉！从受的灭尽而解脱的如来是甚深的、不能计量的，难被深入了解的，犹如大海，"再生"不适用，"不再生"不适用，"再生且不再生"不适用，"既非再生也非不再生"不适用。
>
> 当凡以想安立如来时，能安立那如来的想已被舍断，根已被切断，就像无根的棕榈树，成为非有，为未来不生之物，婆蹉！从想的灭尽而解脱的如来是甚深的、不能计量的，犹如大海，"再生"不适用，"不再生"不适用，"再生且不再生"不适用，"既非再生也非不再生"不适用。
>
> 当凡以行安立如来时，能安立那如来的行已被舍断，根已被切断，就像无根的棕榈树，成为非有，为未来不生之物，婆蹉！从行的灭尽而解脱的如来是甚深的、不能计量的，难被深入了解的，犹如大海，"再生"不适用，"不再生"不适用，"再生且不再生"不适用，"既非再生也非不再生"不适用。
>
> 当凡以识安立如来时，能安立那如来的识已被舍断，根已被切断，就像无根的棕榈树，成为非有，为未来不生之物，婆蹉！从识

---

① 《中部》72。

的灭尽而解脱的如来是甚深的、不能计量的，难被深入了解的，犹如大海，"再生"不适用，"不再生"不适用，"再生且不再生"不适用，"既非再生也非不再生"不适用。①

这是说，"安立"（描述）一个普通的个体生命一般所用的"色、受、想、行、识"这五个方面的范畴，在完全解脱涅槃的如来那里已经被舍断，其根基也已经被切断，所以不能再通过这些范畴来描述和认识如来。《经集》中有一段对话也简洁地表达了这个观点：

>乌波湿婆：他是消失了，还是不存在，还是永远健康地存在？请向我解释，牟尼啊！因为你知道这个法门。
>世尊说道："乌波湿婆啊！这样的人消失后，形量不存在，人们谈论他的依据不存在；当一切现象消失时，一切谈论方式也消失了。"②

这乍看之下似乎是一种不可知论的立场，然而实际并非如此，因为我们还可以看到如下这样对彼岸的真实性表示明确肯定的经文：

>比丘们！有无出生、无生成、无作、无为，
>比丘们！如果没有无出生、无生成、无作、无为，
>这里，出生、生成、已作、有为的出离不会被了知，
>比丘们！但因为有无出生、无生成、无作、无为，
>因此，出生、生成、已作、有为的出离才被了知。③

这是肯定，涅槃作为生成、作为的维度之外的超越维度，不仅真实，而且是借着它，才能够知道，对那个生成维度的出离和超越意味着什么。

在很多经文中，涅槃也被称为"不死"或"不死界"，是修道者所能

---

① 《中部》72。
② 《经集》5:7，见郭良鋆译《经集》，中国社会科学出版社1998年版，第176—177页。
③ 《优陀那》73。

证悟的终极之境：

> 他使心从那些法脱离后，心集中于不死界："这是寂静的，这是胜妙的，即：一切行的止、一切依着的断念、渴爱的灭尽、离贪、灭、涅槃。"当他在那里住立时，到达诸烦恼的灭尽。如果因为那法贪、那法喜而没达到诸烦恼的灭尽，则以五下分结的灭尽而为化生者，在那里入了究竟涅槃，为不从彼世转回者。①

这是对如来出离尘俗事物的限制而获得无限自由的描述：

> 载运！十法被如来出离、离缚、脱离，以离被限制之心而住，哪十个呢？载运！色被如来出离、离缚、脱离，以离被限制之心而住；载运！受……（中略）载运！想……载运！行……载运！识……载运！生……载运！老……载运！死……载运！苦……载运！杂染被如来出离、离缚、脱离，以离被限制之心而住，载运！犹如青莲，或红莲，或白莲生于水中，长于水中，而高出于水面，不被水所污染而立。同样的，载运！这十法被如来出离、离缚、脱离，以离被限制之心而住。②

从以上我们可以看到，一方面，涅槃之真实性被认为是确凿无疑的，其胜妙之处也时有提示；另一方面，所有对于涅槃的描述都保持了最大的克制，而且几乎都采用了否定式。

以下这段经文则以一种悖论的方式讲到对涅槃的知与不知：

> 比丘们，有此情形，一位寡闻的凡夫……感知涅槃为涅槃。在感知涅槃为涅槃时，他构想涅槃之事、他构想涅槃内之事、他构想来自涅槃之事、他构想涅槃为"我的"、他欣喜于涅槃。为什么？我告诉你们，因为他还不曾理解它……

---

① 《增支部》9：36。
② 《增支部》10：81。

一位阿罗汉比丘，灭尽心漏——修证圆满、完成任务、放下重负、达到真正目标、摧毁了缘起的束缚、以正智解脱……直证涅槃而知涅槃。既由直证涅槃而知涅槃，他不构想涅槃之事、不构想涅槃内部之事、不构想来自涅槃之事、不把涅槃构想为"我的"、不欣喜于涅槃。为什么？我告诉你们，因为他已理解了它。①

这是说，对涅槃的真正知道，不是来自对它的概念性构想，而是来自直接的经验证知。

之所以克制对于像涅槃这类与终极问题相关的话题的谈论，除了以上所说认知上的原因，我们还可以看到另外一个重要的理由。

在佛经的另一段对话中，佛陀指出了他为什么不执持"世界是永恒的还是不永恒""世界是有边的还是无边的""生命与身体是不是同一""如来死后是否存在"这一类问题：

> 婆蹉！"世界是常恒的"，这是恶见；丛林之见；荒漠之见；歪曲之见；动摇之见；结缚之见，有苦、有恼害、有绝望、有恼热，而不导向厌、离贪、灭、寂静、证智、正觉、涅槃。
>
> 婆蹉！"世界是非常恒的"……婆蹉！"世界是有边的"……婆蹉！"世界是无边的"……婆蹉！"命即是身体"……婆蹉！"命是一身体是另一"……婆蹉！"死后如来存在"……婆蹉！"死后如来不存在"……婆蹉！"死后如来存在且不存在"……婆蹉！"死后如来既非存在也非不存在"，这是恶见；丛林之见；荒漠之见；歪曲之见；动摇之见；结缚之见，有苦、有恼害、有绝望、有恼热，而不导向厌、离贪、灭、寂静、证智、正觉、涅槃。
>
> 婆蹉！当见到了这个过患时，这样，我不接受这一切恶见。②

---

① 《中部》1，转引自［美］坦尼沙罗《"巴利经文"的真实性》，https://mp.weixin.qq.com/s/cIqnGwVD3WWcbMxyIKMGQQ，2021年8月11日，同时采用了此文对所引经文的翻译，略有改动。

② 《中部》1，转引自［美］坦尼沙罗《"巴利经文"的真实性》，https://mp.weixin.qq.com/s/cIqnGwVD3WWcbMxyIKMGQQ，2021年8月11日，同时采用了此文对所引经文的翻译，略有改动。

在这段文本中，佛陀清楚地表明了他对这类问题的见解和态度：这类问题是"恶见"，是"歪曲之见""结缚之见"，并不导向涅槃、解脱，因而在他是已被舍弃的、不被执持的。这是一种非常务实的态度，认为这些终极问题对追求解脱来说无益而有害，故明确而坚定地排斥对它们的讨论。这一态度在另一段经文中表露得更是清楚明白，在这个文本中，有位弟子执意要佛陀对这些终极问题亮明直接的答案，甚至不惜以放弃修行而还俗为威胁，而佛陀在斥责了对方的无理要求之后，以一个受箭伤的男子的发问为喻，说明他之所以对这些问题不予记说的原因：

> 犹如男子被涂有厚厚毒药的箭射穿，他的朋友、同僚、亲族、亲属会雇用箭医。如果他这么说："只要我不知道那位射穿'我'的男子是刹帝利或婆罗门或毘舍或首陀罗，我将不取出这支箭。"如果他这么说："只要我不知道那位射穿'我'的男子是这样的名字、这样的姓氏等，我将不取出这支箭。"如果他这么说："只要我不知道那位射穿'我'的男子是高或矮或中等，我将不取出这支箭。"如果他这么说："只要我不知道那位射穿'我'的男子是黑或褐或金黄色皮肤，我将不取出这支箭。"如果他这么说："只要我不知道那位射穿'我'的男子是在像哪样的村庄或市镇或城市，我将不取出这支箭。"如果他这么说："只要我不知道那射穿'我'的弓是长弓或十字弓，我将不取出这支箭。"如果他这么说："只要我不知道那射穿'我'的弓弦是属于牛角瓜树或属于柔软类或筋腱或麻或乳树'皮'，我将不取出这支箭。"如果他这么说："只要我不知道那射穿'我'的箭杆是'来自'竹丛或改良芦，我将不取出这支箭。"如果他这么说："只要我不知道那射穿'我'的箭杆羽毛是属于鹫或苍鹭或兀鹰或孔雀或鹳，我将不取出这支箭。"如果他这么说："只要我不知道那射穿'我'的箭杆匝筋是属于牛或水牛或鹿或猿，我将不取出这支箭。"如果他这么说："只要我不知道那射穿'我'的箭是'一般'箭或蹄尖箭或钩箭或铁箭或小牛齿箭或夹竹桃叶箭，我将不取出这支箭。"玛鲁迦之子！那位男子还没知道这"些"，而那位男子就死了。同样的，玛鲁迦之子！如果谁这么说："只要世尊不为我记说'世界是常恒的'或'世界是非常恒的'……'死后如来既非存

在也非不存在',我将不跟世尊修梵行。"玛鲁迦之子!这还没被如来记说,而那位男子就死了。①

这也就是所谓"生死事大,无常迅速",将解脱视为唯一紧急要务,不肯沉溺于此外任何无关紧要的琐碎事情,即便是那些看上去很高级的形而上学问题。

至此明确的是,在佛陀看来,对彼岸(涅槃)"本身"的揣测属于形而上学,只会导向思想的纠结和混乱,无益于解脱的实践,所以应该放弃。但我们也可以从经文中看到佛陀对于涅槃的一些暗示性描述,如"从色[受、想、行、识]的灭尽而解脱的如来是甚深的、不能计量的、难被深入了解的,犹如大海"。这似乎是暗示解脱/涅槃之境的深不可测、不可理解。可能也正因如此,后世佛教朝这个方向去挖掘和发挥关于涅槃的说法。如《大般涅槃经》(北本)第六卷中说:"若言如来入于涅槃,如薪尽火灭,名不了义;若言如来入法性者,是名了义。"②第四卷则说:"若油尽已,明亦俱尽。其明灭者,喻烦恼灭,明虽灭尽,灯炉犹存。如来亦尔,烦恼虽灭,法身常存。"③这是以一种正面的方式来定义涅槃:它意味着"入法性"。这等于再次引入形而上学,以"法性""法身"来称呼终极实体,但这些是佛陀本人所没有采用过的形而上学词汇。后世佛教这样演绎发展,或许固然有其义理逻辑和历史逻辑可循,但从直接的呈现来看可能确实有悖佛陀当初拒绝形而上学的要旨。

在此,当代跨文化思想家雷蒙·潘尼卡的观点值得引介,潘尼卡在《上帝的沉默》(*The Silence of God*)④一书中对佛陀在形而上学问题上的沉默给出了不同于几种流行解释的理解:并非完全出于实用主义,并非虚无主义,并非不可知论,而是出于对终极问题的深刻洞见,以及作为

---

① 《中部》63。
② 《大正新修大藏经》第12册,No.374,《大般涅槃经》(40卷),北凉昙无谶译,第六卷。
③ 《大正新修大藏经》第12册,No.374,《大般涅槃经》(40卷),北凉昙无谶译,第六卷。
④ Raimon Panikkar, *The Silence of God: The Answer of the Buddha*, Maryknoll: Orbis Books 1989.

与此洞见相一致的实践方式。从对终极问题的考量来说，终极问题的提问者与终极问题本身之间是不相称的：提问者处在此岸，问题却指向彼岸。终极问题是自成一类的问题，它与一般的非终极问题有一个重要区别：后者的答案选项已经包含在问题的逻辑当中，而前者却并非如此。因此，终极问题的提问并不"合法"，也不会有答案。然而这并不意味着不可知论。对终极问题的最好"回答"不是以智性，以逻辑，而是以行动，以实践，对佛陀而言，止息烦恼的沉默是最好的回答，也是最相一致的实践。佛陀在彼岸问题上有着这样的独到智慧：只有在行动中实际地止息此岸烦恼，才能真正到达彼岸，从而也真实呈现彼岸。

后世佛教尝试从正面描述涅槃，比如，几乎与印度教以"存在—智慧—喜乐"（satcitananda）描述"梵我一如"一致，以"常、乐、我、净"作为"涅槃四德"，如《大般涅槃经》（北本）第二十三卷中说："常乐我净乃得名为大涅槃也。"[①] 并解曰："我者即是佛义，常者是法身义，乐者是涅槃义，净者是法义。"[②] 现代佛教大师星云更以平易的方式解说道："常"，是"感到生命的永恒"，"乐"，是"感到生命的喜悦"，"我"，是"感到生命的存在"，"净"，是"感到生命的清静"。[③] 这是对传统描述涅槃的非正面方式的补充，也是后世佛教发展之所需，从这样的角度来看，也有值得肯定的一面。

第二节　通往彼岸之途：八正道

对于如何抵达解脱/涅槃这一彼岸，佛陀的教导非常明确，就是遵循八正道，也即如下八支：正见（samyak drsti），正思惟（samkalpa），正语（vac），正业（karmanta），正命（ajiva），正精进（vyayama），正念（smrti），正定（samadhi）。下面尝试主要根据原始佛教经典《阿含经》

[①] 《大正新修大藏经》第 12 册，No. 374，《大般涅槃经》（40 卷），北凉昙无谶译，第二十三卷。

[②] 《大正新修大藏经》第 12 册，No. 374，《大般涅槃经》（40 卷），北凉昙无谶译，第二卷。

[③] "常乐我净：星云大师点出涅槃的真义"，https：//xw.qq.com/cmsid/20180704A139D200，2021 年 3 月 21 日。

对它们分别作详解。

作为八正道的第一支，正见是指对四圣谛的深刻理解和领悟。在通往彼岸的旅途上，要以四圣谛作为知见上的导航。《大念处经》（又译作《念住大经》）中，佛陀对弟子们这样解释"正见"也即四圣谛的内容：

> 诸比丘！如实知苦、知苦之集、知苦之灭、知至苦灭之道，诸比丘！此名为正见。①

知苦，也即知道苦，这是苦圣谛也即四圣谛之第一谛的内容。首先要了知苦的事实：

> 比丘们！什么是苦圣谛呢？生是苦，老也是苦，死也是苦，愁、悲、苦、忧、绝望也是苦，与不爱的结合是苦，与所爱的别离是苦，所求不得也是苦，总括之，五取蕴是苦。②

生、老、病、死、与不爱者的结合，与所爱者的别离，所求不得，愁，悲，苦，忧，绝望，这些都是众生会遭遇的苦境。

> 而，比丘们！什么是生呢？所有众生中，关于每一种众生类的生、出生、进入［胎］、生出、诸蕴显现、得诸处，比丘们！这被称为生。
>
> 而，比丘们！什么是老？所有众生中，关于每一种众生类的老、老衰、齿落、发白、皮皱、寿命的衰退、诸根的退化，这被称为老。
>
> 而，比丘们！什么是死？所有众生中，由于每一种众生类的过世、灭亡、崩解、消失、死亡、寿终、诸蕴的崩解、尸体的舍弃，命根断绝，比丘们！这被称为死。
>
> 而，比丘们！什么是愁？比丘们！凡具备（遭遇）某些不幸、

---

① 《大念处经》，CBETA《汉译南传大藏经》第7册，No.4，《长部》经典，通妙译，第22卷。

② 《长部》22。

接触某些苦法者有愁、悲伤、忧愁、内部的愁、内部的悲哀，比丘们！这被称为愁。

而，比丘们！什么是悲？比丘们！凡具备（遭遇）某些不幸、接触某些苦法者有悲叹、悲泣、哭泣、恸哭、悲叹的状态、悲泣的状态，比丘们！这被称为悲。

而，比丘们！什么是苦？比丘们！凡身体的苦、身体的不合意，身触所生的不合意苦被感受，比丘们！这被称为苦。

而，比丘们！什么是忧？比丘们！凡心的苦、心的不合意，意触所生的不合意苦被感受，比丘们！这被称为忧。

而，比丘们！什么是绝望？比丘们！凡具备（遭遇）某些不幸、接触某些苦法者的忧恼、绝望、忧郁、恼愁、忧恼的状态、绝望的状态，比丘们！这被称为绝望。

而，比丘们！什么是与不爱的结合是苦？这里，凡那些是不喜好的、不想要的、不合意的色、声、气味、味道、所触、法，或凡那些是对他乐于无利益、不利、不安乐、不离轭安稳者，与那些一起会合、聚集、集合、合一，比丘们！这被称为与不爱的结合是苦。

而，比丘们！什么是与所爱的别离是苦？这里，凡那些是喜好的、想要的、合意的色、声、气味、味道、所触、法，或凡那些是对他乐于利益、有益、安乐、离轭安稳的母亲、父亲、兄弟、姊妹、朋友、同事、亲族、血亲者，与那些一起不会合、不聚集、不集合、不合一，比丘们！这被称为与所爱的别离是苦。

而，比丘们！什么是所求不得是苦？比丘们！生法的众生生起这样的欲求："啊！愿我们没有生法！愿我们的生不来！"但这不以欲求而能得到，这是所求不得是苦。比丘们！老法的众生生起这样的欲求："啊！愿我们没有老法！愿我们的老不来！"但这不以欲求而能得到，这是所求不得是苦。比丘们！病法的众生生起这样的欲求："啊！愿我们没有病法！愿我们的病不来！"但这不以欲求而能得到，这是所求不得是苦。比丘们！死法的众生生起这样的欲求："啊！愿我们没有死法！愿我们的死不来！"但这不以欲求而能得到，这是所求不得是苦。比丘们！愁、悲、苦、忧、绝望法的众生生起这样的欲求："啊！愿我们没有愁、悲、苦、忧、绝望法！愿我们的愁、悲、苦、忧、绝望法不来!"但这不以欲求而能得到,这是所求不得是苦。

而,比丘们!什么是总括之,五取蕴是苦?即:色取蕴、受取蕴、想取蕴、行取蕴、识取蕴,比丘们!这被称为总括之,五取蕴是苦。

比丘们!这被称为苦圣谛。①

佛陀对"苦"的描述非常直观。只要诚实地面对,几乎每个人都会承认,这些确实是我们生来就会遭逢的种种痛苦,它们贯穿在每一个生命的始终,弥漫在每一个生命瞬间,无处可避。这不只是泛泛的抱怨,而是诚实、冷静的直视,因而在佛陀那里,这是以"圣谛"命名的智慧,是人生觉醒性的智慧的开始。有人也许会尝试给"苦"(dukkha)这个字眼作更富有"哲理"的解释,倾向于以"不满意""不安稳"等来赋予"苦"某种似乎更究竟、更深刻的含义。然而我们应该注意到,佛陀本人没有这样做。在他那里,苦的真实存在是可以直接诉诸人们的直观经验来领会的,是每一个有觉识的生命都能当下明白和接受的。

然而苦圣谛当中还包含了对这些痛苦的分析,即把它们的实质归结于五取蕴。相比较而言,这似乎是不易理解或不好接受的部分。

而,比丘们!什么是总括之,五取蕴是苦?即:色取蕴、受取蕴、想取蕴、行取蕴、识取蕴,比丘们!这被称为总括之,五取蕴是苦。②

事实上,我们可以发现,佛陀在这里也没有讲深奥难解的理论,而只是分析这些苦在人的身心体验的几个方面(色、受、想、行、识五蕴)现起的状况。在佛经中有一段,舍利弗替佛陀为人讲解五取蕴的过程,我们可以从中看到关于五取蕴之苦的更具体的解释。首先,色取蕴是这

---

① 《长部》22。
② 《大念处经》,CBETA《汉译南传大藏经》第7册,No.4,《长部》经典,通妙译,第22卷。

样的：

> 认为色是我，或我拥有色，或色在我中，或我在色中，他有"我是色、色是我所"的缠缚；当他有"我是色、色是我所"的缠缚时，那个色变易、变异，以色的变易、变异而生起愁、悲、苦、忧、绝望。①

同样，受取蕴、想取蕴、行取蕴、识取蕴也是类似的道理：

> 他认为受是我，或我拥有受，或受在我中，或我在受中，他有"我是受、受是我所"的缠缚；当他有"我是受、受是我所"的缠缚时，那个受变易、变异，以受的变易、变异而生起愁、悲、苦、忧、绝望。
>
> 他认为想是我，或我拥有想，或想在我中，或我在想中，他有"我是想、想是我所"的缠缚；当他有"我是想、想是我所"的缠缚时，那个想变易、变异，以想的变易、变异而生起愁、悲、苦、忧、绝望。
>
> 他认为行是我，或我拥有行，或行在我中，或我在行中，他有"我是行、行是我所"的缠缚；当他有"我是行、行是我所"的缠缚时，那个行变易、变异，以行的变易、变异而生起愁、悲、苦、忧、绝望。
>
> 他认为识是我，或我拥有识，或识在我中，或我在识中，他有"我是识、识是我所"的缠缚；当他有"我是识、识是我所"的缠缚时，那个识变易、变异，以识的变易、变异而生起愁、悲、苦、忧、绝望。②

在另一段经文中，佛陀解释了生、老、病、死与色、受、想、行、识的关联：

---

① 《相应部》22：1。
② 《相应部》22：1。

比丘们！凡色的生起、存续、生出、显现，即苦的生起、病的存续、老死的显现。

凡受的……凡想的……凡行的……凡识的生起、存续、生出、显现，即苦的生起，病的存续，老死的显现。①

也就是说，佛陀观察众苦在个体生命中现起的情况，发现它们首先可以归结为在色、受、想、行、识这五个方面所产生的身心体验之流（"五蕴"），然后是个体对这五方面的身心体验的认同和执取（"五取蕴"）。所以这里需要分两个层面来说：一是"五蕴"，另一是"五取蕴"。

首先是被称为色、受、想、行、识的"五蕴"。"蕴"是"集合"的意思，这个字眼在佛经中不唯独用于五蕴，凡是集合的事物都可以称"蕴"，比如"戒蕴""定蕴""慧蕴"等。② 在《阿含经》中，关于色、受、想、行、识的解释分别如下：

而，比丘们！什么是色？四大与四大之所造色，比丘们！这被称为色。

又，比丘们！什么是受？比丘们！有六类受：眼触所生受……意触所生受，比丘们！这被称为受。

又，比丘们！什么是想？比丘们！有六类想：色想、声想、气味想、味道想、所触想、法想，比丘们！这被称为想。

又，比丘们！什么是行？比丘们！有六类思：色思、声思、气味思、味道思、所触思、法思，比丘们！这些被称为行。

又，比丘们！什么是识？比丘们！有六类识：眼识、耳识、鼻

---

① 《相应部》22：30。
② 参见《如是语经》59。

识、舌识、身识、意识，比丘们！这被称为识。①

色，被认为包括地、水、火、风这四大基本元素以及由这四大元素所构成的一切。受，则包括了由眼触、耳触、鼻触、舌触、身触、意触所产生的生理反应和心理感觉。这是基于六根（眼、耳、鼻、舌、身、意）与境的接触，其实质在于通过感知领纳接收刺激。想，是对色、声、香、味、触、法的攀缘思虑。行，是内心作意（即"思"），并且以至于造作、发动为外显的行为，包括在色、声、香、味、触、法这六处上面的行。识，是了别和认知所缘所对的事物，包括对色、声、香、味、触、法等种种境界的"识"。②总的来说，我们认为可以把五蕴简单地视为个体生命在身心结构的五个方面的"体验之流"。可以看到，在佛陀对五蕴的解释里，并没有作十分严格的抽象化界定，倒是我们每个人对照自己的身心体验就可以从经验上直观到的。③

佛陀接着观察五蕴，发现五蕴都是无常的、苦的、无我的，而且正因如此，执取五蕴也即五取蕴是苦。首先确定无疑的是，五蕴是无常的：

比丘们！色是无常的，受是无常的，想是无常的，行是无常的，识是无常的。④

仔细观察，色、受、想、行、识都不是恒常的，都是变化不定的。对此，我们现代人在经验认知上也不难认同。更深入一点来说，诸蕴由于是因缘法，所以是无常的，它们随因缘性条件的具备而生成，也将随着因缘性条件的破坏而被灭：

此形体不被自我作，此痛苦不被其他所作，

---

① 《相应部》22：57。
② 此处关于五蕴的解释参考了以下文章：思和、虩侗：《五蕴学说初探——五蕴界说及其三重结构管窥》，载《中国佛学》2017年第1期。
③ 色、受、想、行、识，这些名词和概念，可以看成佛陀为方便说法而施设的。这也符合佛教内部的一般看法。
④ 《相应部》22：12。

缘于因所生成，以因的破坏而被灭。
如同某颗种子，被播种在田中而生长，
由于土地的作用，与湿润这两者。
同样的，以蕴与界，以及这些六处，
缘于因所生成，以因的破坏而被灭。①

正因为诸蕴是无常的，它们生起之后，总归会灭去，所以其命运可谓"苦"。在《阿含经》中，"苦"往往是直接承接着"无常"说的："色（受／想／行／识）是无常的，凡无常者都是苦的。"②

诸蕴不仅无常、苦，也是无我的：

> 比丘们！色是无我。比丘们！因为，如果这个色是我，这个色不会导致疾病，也会在色上得到："我的色要这样；我的色不要这样。"但，比丘们！因为色是无我，因此，色导致疾病，也在色上得不到："我的色要这样；我的色不要这样。"
>
> 比丘们！受是无我。比丘们！因为，如果这个受是我，这个受不会导致疾病，也会在受上得到："我的受要这样；我的受不要这样。"但，比丘们！因为受是无我，因此，受导致疾病，也在受上得不到："我的受要这样；我的受不要这样。"比丘们！想是无我……比丘们！行是无我。比丘们！因为，如果这个行是我，这个行不会导致疾病，也会在行上得到："我的行要这样；我的行不要这样。"但，比丘们！因为行是无我，因此，行导致疾病，也在行上得不到："我的行要这样；我的行不要这样。"比丘们！识是无我。比丘们！因为，如果这个识是我，这个识不会导致疾病，也会在识上得到："我的识要这样；我的识不要这样。"但，比丘们！因为识是无我，因此，识导致疾病，也在识上得不到："我的识要这样；我的识不要这样。"③

---

① 《相应部》5：9。
② 《相应部》22：15。
③ 《相应部》22：59。

这段经文的意思是说，就"我"有"主宰""自在""主体"之义而言，诸蕴如果是"我"，它们应该不会导致疾患，而应该能够主宰，能够随心所欲，可以按照自己的意思要求这样或那样，然而实际上，五蕴会导致疾患，也不能够自由自在，所以它们是无我的。这个"我"的含义，是顺承着印度教的阿特曼概念来说的。印度教认为每一个生命都有一个永恒、不死、自由的真我，也即阿特曼。佛陀在此指出，五蕴并非这样的真我。

正因为五蕴有无常、苦、无我的特点，所以执取五蕴必然是苦的，此即谓"五取蕴之苦"。在这里，"五蕴"与"五取蕴"是有区分的：

> 而，比丘们！什么是五蕴？
>
> 比丘们！凡任何色，不论过去、未来、现在，或内、或外，或粗、或细，或下劣、或胜妙，或远、或近，这被称为色蕴。
>
> 凡任何受……凡任何想……凡任何行，不论过去、未来、现在，或内、或外，或粗、或细……这被称为行蕴。凡任何识，不论过去、未来、现在，或内、或外，或粗、或细，或下劣、或胜妙，或远、或近，这被称为识蕴。
>
> 比丘们！这些被称为五蕴。
>
> 而，比丘们！什么是五取蕴？
>
> 比丘们！凡任何色，不论过去、未来、现在……或远、或近，有烦恼的、会被执取的，这被称为色取蕴。
>
> 凡任何受……或远、或近，有烦恼的、会被执取的，这被称为受取蕴。凡任何想……或远、或近，有烦恼的、会被执取的，这被称为想取蕴。凡任何行……有烦恼的、会被执取的，这被称为行取蕴。凡任何识，不论过去、未来、现在……或远、或近，有烦恼的、会被执取的，这被称为识取蕴。
>
> 比丘们！这些被称为五取蕴。[1]

尽管五蕴本身是无常、苦、无我，但作为生命身心结构中的基本构成和

---

[1] 《相应部》22：48。

自然反应，五蕴本身没有直接造成人生诸苦，只有当它们被人执取时，才造成了人所尝受的苦，才成了烦恼。正如之前所引经文中舍利弗与佛陀所说，当人将诸蕴执取为是我，或我拥有它，或它在我中，或我在它中，也就是把它视为"我""我的"，而由于诸蕴本身的无常变易，当诸蕴变易时，就会示现生老病死，就会生起烦恼。下面的经文中也讲述了由执取五蕴而生起愁、悲、苦、忧、绝望的道理：

> 而，比丘们！怎样是经由执取而战栗？
> 比丘们！这里，未听闻的一般人认为色："这是我的，我是这个，这是我的真我。"他的那个色变易、变异，以色的变易、变异而生起愁、悲、苦、忧、绝望。
> 他认为受："这是我的……。"他认为想："这是我的……"他认为行："这是我的……"他认为识："这是我的，我是这个，这是我的真我。"他的那个识变易、变异，以识的变易、变异而生起愁、悲、苦、忧、绝望。
> 比丘们！这样是经由执取而战栗。[①]

至此，我们看到，对于生老病死、求不得、忧悲苦恼闷等人生诸苦，佛陀不仅作出了经验上的直观描述，也经由观察和分析而对苦的实质进行了探究。这构成了苦圣谛。作为八正道之首"正见"的一部分，它意味着在知见上提出这样的要求：应该这样知道苦，认识苦，"于苦如实知"。对苦的这一认识是富于佛家特色的，从更广泛来说，似乎也与印度教传统保持一致：从个人的、内在的层面，而非从社会的、外在的方面，来寻找和认识人生痛苦的真相。然而细审之下，我们可以发现，实际上，这两者在相似性表面底下隐藏着一个根本的歧异：印度教径直朝内，朝向生命最内在的核心去寻找，最终把人生的苦归结于个体灵魂的幻觉；而佛陀却着眼于苦实际发生之处即五蕴来分析，得出苦在于执取五蕴，就此而言，苦不在"外"，也不在"内"，而在内外交接之处，也即对五蕴经验的执取。需要特别指出的是，佛陀在这里没有说到"执取者"，而

[①]《相应部》22：8。

仅仅关注"执取"这一动作。正如我们之后讨论"十二缘起"将会说到的，佛陀认为，要问"谁执取"这一类的问题，是不适当的，他关注的只是"执取"的发生本身。[①] 所以可以说，在佛陀看来，人生种种苦，都只要从个人当下的身心经验去考察，而无须牵涉有关"经验者"、经验主体的讨论。这一点非常重要！往后可以继续看到，佛陀对苦和苦的解决之道的探索，在方向和路径上的确与印度教分道扬镳了。佛教与印度教的这一歧异，在过去可能没有得到明确的认识，乃至于完全被忽略了，这是甚为遗憾的。

圣谛的第二部分是集谛，也即关于苦的原因的真理。前面的苦谛实际上已经从五蕴的执取作出了初步的分析，而集谛进一步探究苦的原因：

> 而，比丘们！什么是苦集圣谛？是这导致再生、伴随欢喜与贪、到处欢喜的渴爱，即：欲的渴爱、有的渴爱、虚无的渴爱。
>
> 而，比丘们！这渴爱当生起时，在哪里生起呢？当安住时，在哪里安住呢？凡在世间中的可爱样子、合意样子，这渴爱当生起时，在这里生起，当安住时，在这里安住。
>
> 而，什么是在世间中的可爱样子、合意样子呢？眼是在世间中的可爱样子、合意样子，这渴爱当生起时，在这里生起，当安住时，在这里安住；耳是在世间中……鼻是在世间中……舌是在世间中……身是在世间中……意是在世间中的可爱样子、合意样子，这渴爱当生起时，在这里生起，当安住时，在这里安住。色是在世间中……声是在世间中……气味是在世间中……味道是在世间中……所触是在世间中……法是在世间中的可爱样子、合意样子，这渴爱当生起时，在这里生起，当安住时，在这里安住。眼识是在世间中……耳识是在世间中……鼻识是在世间中……舌识是在世间中……身识是在世间中……意识是在世间中的可爱样子、合意样子，这渴爱当生起时，在这里生起，当安住时，在这里安住。眼触是在世间中……耳触是在世间中……鼻触是在世间中……舌触是在世间中……身触是在世间中……意触是在世间中的可爱样子、合意样子，这渴爱当生起时，

---

① 参见《相应部》12：35。

在这里生起，当安住时，在这里安住。眼触所生受是在世间中……耳触所生受是在世间中……鼻触所生受是在世间中……舌触所生受是在世间中……身触所生受是在世间中……意触所生受是在世间中的可爱样子、合意样子，这渴爱当生起时，在这里生起，当安住时，在这里安住。色之想是在世间中……声之想是在世间中……气味之想是在世间中……味道之想是在世间中……所触之想是在世间中……法之想是在世间中的可爱样子、合意样子，这渴爱当生起时，在这里生起，当安住时，在这里安住。色之思是在世间中……声之思是在世间中……气味之思是在世间中……味道之思是在世间中……所触之思是在世间中……法之思是在世间中的可爱样子、合意样子，这渴爱当生起时，在这里生起，当安住时，在这里安住。色之渴爱是在世间中……声之渴爱是在世间中……气味之渴爱是在世间中……味道之渴爱是在世间中……所触之渴爱是在世间中……法之渴爱是在世间中的可爱样子、合意样子，这渴爱当生起时，在这里生起，当安住时，在这里安住。色之寻是在世间中……声之寻是在世间中……气味之寻是在世间中……味道之寻是在世间中……所触之寻是在世间中……法之寻是在世间中的可爱样子、合意样子，这渴爱当生起时，在这里生起，当安住时，在这里安住。色之伺是在世间中……声之伺是在世间中……气味之伺是在世间中……味道之伺是在世间中……所触之伺是在世间中……法之伺是在世间中的可爱样子、合意样子，这渴爱当生起时，在这里生起，当安住时，在这里安住。

比丘们！这被称为苦集圣谛。[1]

在这段经文中，佛陀先总说苦的集起在于"渴爱"，因为是渴爱导致了再生，伴随着对渴爱对象的欢喜之情与贪执之念，这种渴爱到处寻求满足，包括对各种欲望的满足（"欲的渴爱"），对要求存有的满足（"有的渴爱"），对要求断灭的满足（"虚无/非有的渴爱"）。接着具体分析了这种渴爱在哪里生起和安住：就在眼、耳、鼻、舌、身、意，色、声、香、

---

[1] 《长部》22。

味、触、眼识、耳识、鼻识、舌识、身识、意识、眼触、耳触、鼻触、舌触、身触、意触，色之想/思/渴爱/寻/伺、声之想/思/渴爱/寻/伺、香之想/思/渴爱/寻/伺、味之想/思/渴爱/寻/伺、触之想/思/渴爱/寻/伺、法之想/思/渴爱/寻/伺当中生起和安住，也就是说，这些渴爱是随着我们五蕴经验的展开随时滋生，并且无时不是弥漫和渗透在其中的。同样，佛陀在此延续了观察实际经验之流而不作抽象化的做法，观察渴爱在每一处的生起和安住，洞见到苦在处处集起。渴爱实际上可以看作对"执取"之实质的解释和说明。佛陀在这里并没有进一步说明这种渴爱的"来源"。

对于苦的原因的解释，除了归结于渴爱，我们还可以看到另一个版本，那就是缘起论，由于包含十二支又称"十二缘起"：

> 比丘们！什么是缘起呢？比丘们！以无明为缘而有行；以行为缘而有识；以识为缘而有名色；以名色为缘而有六处；以六处为缘而有触；以触为缘而有受；以受为缘而有渴爱；以渴爱为缘而有取；以取为缘而有有；以有为缘而有生；以生为缘而老、死、愁、悲、苦、忧、绝望生起，这样是这整个苦蕴的集，比丘们！这被称为缘起。[1]

学术界一般都认为，十二缘起是后来成立的，是佛陀晚年为进一步解释苦的原因而发展的理论。在这个版本的解释中，提出了"无明"，并把"无明"放在整个缘起之链的起点。"无明"的字面意思是无知、没有智慧，但它在《阿含经》中是特指对于四圣谛的无知：

> 而，比丘们！什么是无明？比丘们！凡在苦上的无知、在苦集上的无知、在苦灭上的无知、在导向苦灭道迹上的无知，比丘们！这被称为无明。[2]

---

[1] 《相应部》12：1。
[2] 《相应部》12：2。

也是对四圣谛所包含的关于常与无常、永恒与非永恒以及出离之可能等问题在认知上的不明：

> 当这么说时，世尊对巴迦梵天这么说："唉！先生！巴迦梵天进入了无明，唉！先生！巴迦梵天进入了无明，实在是因为他将无常的说成常的，不坚固的说成坚固的，非永恒的说成永恒的，非全部的说成全部的，衰变法说成不衰变法，而且，将他被生、老、死、去世、再生之处，那样说：'确实，这是他不被生、不老、不死、不去世、不再生"之处"。'又，将存在着其它超越出离者说成：'没有其它超越出离者。'"①

无明并没有被抽象化为某种在先的、独立的东西，而仅仅是无知而已。学界对于佛教认为苦的原因究竟在于渴爱（欲望）还是无明是有争论的②，而佛教后来发展的缘起论主流认为苦的原因是无明，有学者解释其中缘由：

> 因为如果苦的最终根源是"渴爱"，那么解脱的途径就是"欲望的止灭"，这就与耆那教的苦行主义、禁欲主义没有区别。只有如十二支缘起那样把"无明"而不是把"欲望"设定为第一支，并且把"无明"界定为对缘起及整个佛教的无知，才能确立佛教思想的独特性，也才能把佛教与耆那教等区别开来。③

在此我们认为这个解释是牵强的。根据从苦圣谛到苦圣集谛的理路逻辑，人生诸苦被归结于对五蕴的执取即五取蕴，对五蕴的执取又表现为渴爱，到苦灭圣谛那里（正如我们后面会说到的），自然会得出止灭渴爱即可灭苦的论断，这在逻辑上是顺畅而连贯的。至于说到渴爱如何止灭的问题，

---

① 《相应部》6：4。
② 参见张文良《日本佛教界对"根本佛教"的探求——以松本史朗的"缘起说"为中心》，《华东师范大学学报》（哲学社会科学版）2010年第2期。
③ 张文良：《日本佛教界对"根本佛教"的探求——以松本史朗的"缘起说"为中心》，《华东师范大学学报》（哲学社会科学版）2010年第2期。

佛教是否必定采取禁欲主义路径，那是另一回事。而实际上完全可以采取另一种方式，正如我们将在下文要谈到的。另外，无明与渴爱在理上是相通的，庄春江居士对此有一个很好的解释：

> 这是因为爱从来没有能不与自我相连，自我感是爱的根源，爱是自我感的具体展现，而自我感正是无明的最主要内容。①

所以，苦的原因是无明或是渴爱，我们认为在佛教中完全是可以并置和相互补充的，并不会造成两相冲突，更不用作非此即彼的选择。

苦的原因最后被归结于无明，而且以更长的缘起链来解释，可能更深的缘由在于对"苦是自作还是他作"这个问题的回答。只是说苦的原因在于渴爱，可能会让人误以为一个人的苦完全是由自己的渴爱造成的，也就会倾向于得出"苦是自作"这样一个实际上包含"身见"和"常见"的错误结论。在佛经中有一段阿支罗迦叶与佛陀之间的对话，很能说明这个问题：

> "瞿昙！苦是自作耶？如何？"
> 世尊曰："迦叶！并不然！"
> "瞿昙！苦是他作耶？如何？"
> 世尊曰："迦叶！并不然！"
> "瞿昙！苦是自作而他作耶？"
> 世尊曰："迦叶！并不然！"
> "瞿昙！苦非自作、非他作、是无因生耶？如何？"
> 世尊曰："迦叶！并不然！"
> "瞿昙！苦是无耶？如何？"
> 世尊曰："迦叶！苦非无，迦叶！苦是有。"
> "然则，尊者瞿昙，不知苦，不见苦耶？"
> "迦叶！我非不知苦，非不见苦；迦叶！我知苦；迦叶！我

---

① 庄春江：《学佛的基本认识》，http://www.fjdh.cn/wumin/2013/10/170101301692.html，2021年8月14日。

见苦。"

"'瞿昙！苦是自作耶？如何？'之问，沙门答云：'迦叶，不然。''瞿昙！苦是他作耶？'如何？之问，沙门答云：'迦叶！并不然。''瞿昙！苦是自作而他作耶？如何？'之问，沙门答云：'迦叶！并不然。''瞿昙！苦是非自作、非他作、无因生耶？如何？'之问，沙门答云：'迦叶！并不然。''瞿昙！苦是无，如何？'之问，沙门答云：'迦叶！苦非无、苦是有。''然则，尊者瞿昙乃不知苦、不见苦耶？'之问，沙门答云：'迦叶！我非不知苦；迦叶！我非不见苦；迦叶！我知苦；迦叶！我见苦。'大德！世尊请以苦示我。大德！世尊请以苦说示于我。"

"迦叶！如作者与受者是同一，汝先以苦是自作者，如是之所说者，是堕于常见者。

迦叶！如作者与受者是相异，于受重压者苦是他作者，如是之所说者，是堕于断见者。

迦叶！如来说：离此等两极端之法。缘无明而有行，缘行而有识……如是则 为全苦蕴之集。由无明之无余、离贪灭，乃行灭，由行灭乃识灭……如是则是全苦蕴之灭。"①

苦既不是自作（一个连续同一的主体在作又在受），也不是他作（没有一个连续同一的主体在作在受，只有一系列偶然的事件在发生）②，也不是自作和他作的结合，也不是无因的（在此可以联系前文所说"苦不在'外'，也不在'内'，而在内外交接之处，也即对五蕴经验的执取"），而是由整个苦蕴的"集"而产生，这就是十二缘起所说的。

但对十二缘起的解释，佛教内有多种说法，日本佛教学者水野弘元曾说：

---

① 《汉译南传大藏经》第14册，No.6《相应部》经典（第12卷至第21卷）（10卷），云庵译，第12卷，17。

② "苦是他作"这样的观点很接近当今物理主义的主张，后者观点参见叶峰《为什么相信还原的物理主义》，《学术月刊》2017年第2期。

> 由于原始经典本身，对十二缘起没有一定的明确解说，且部派佛教以低俗的形式误传，所以今日不论是西洋学者之间，或东方佛教学者之间，对十二缘起设有一定的解释，而产生种种说法，甚至曾在学界中展开热烈的论战。①

我们在此部分择取了中国台湾佛教界人士随佛法师和美国佛教学者坦尼沙罗（Thanissaro Bhikkhu）的解释②，认为他们的解释可能更贴近原始佛教经法原意，不过当然，仍然可以向进一步的讨论保持开放。据随佛法师所言，也与吕徵等佛教学者一致③的一个观点是，当初为记诵和传播方便，佛陀的经法有很多内容采取了提要句颂的形式，也即类似于口诀，其具体含义需要结合经文来进行解释，而不宜望文生义，按照字面来直接解说。十二缘起说也正是这样的情况。但与随佛法师稍有不同的是，我们认为还是要最大程度尊重十二缘起的表达本身，特别是十二支之间的连接次序，在此基础上需要结合对应经文作相应的详解和补足。以下是我们所尝试的对十二缘起（又叫"十二因缘"）的解释：

第一支是无明。什么是"无明"？

> 那时，某位比丘去见世尊。……在一旁坐好后，那位比丘对世尊这么说：
>
> "大德！被称为'无明、无明'，大德！什么是无明？而什么情形是进入了无明？"

---

① ［日］水野弘元《原始佛教的特质》，http：//read. goodweb. net. cn/news/news_view. asp? newsid＝79039，2021 年 4 月 28 日。

② 因未能获得随佛法师已公开出版的纸质文献，在此所据的主要是以下一些网络资料：参见随佛法师《原始佛教十二因缘经法原说略讲③》http：//blog. sina. com. cn/s/blog_529e8f4f0102y7fr. html；随佛法师：《原始佛教十二因缘经法原说略讲④》 http：//blog. sina. com. cn/s/blog_529e8f4f0102y7fz. html；包括以下网址所列视频：https：//v. qq. com/x/search/? q=%E5%8D%81%E4%BA%8C%E5%9B%A0%E7%BC%98%E7%BB%8F%E6%B3%95%E5%8E%9F%E8%AF%B4%E7%95%A5%E8%AE%B2&stag=0&smartbox_ab＝坦尼沙罗关于缘起的解释主要见于他的《苦的形状——缘起的研究》（*The Shape of Suffering——A Study of Dependent Co-arising*）一书，https：//holybooks-lichtenbergpress. netdna-ssl. com/wp-content/uploads/Shape-of-Suffering. pdf，2021 年 7 月 1 日。

③ 参见吕徵《印度佛学源流略讲》，上海人民出版社 2018 年版，第 14—15 页。

> "比丘！这里，未听闻的一般人不如实了知集法之色为'集法之色'；不如实了知消散法之色为'消散法之色'；不如实了知集与消散法之色为'集与消散法之色'。不如实了知集法之受为'集法之受'；不如实了知消散法之受为'消散法之受'；不如实了知集与消散法之受为'集与消散法之受'。集法之想……不如实了知集法之行为'集法之行'；不如实了知消散法之行为'消散法之行'；不如实了知集与消散法之行为'集与消散法之行'。不如实了知集法之识为'集法之识'；不如实了知消散法之识为'消散法之识'；不如实了知集与消散法之识为'集与消散法之识'，比丘！这被称为无明，而这个情形是进入了无明。"[1]

比较明确，就是对于色、受、想、行、识这五蕴的集与灭的无知。具体来说，就是不明白色等五蕴本身并无本质，都是由于条件集起而产生，也会随着条件的消散而灭去。简言之，就是对因缘法的无知，不懂得以因缘观来看待这一切。

而这样的无明（无知）并不是一个独立的先在原因，所以经文上又会问，无明是怎么产生的？也就是说，无明的原因是什么？《阿含经》上的解释是：

> 何等无明因、无明缘、无明缚？谓无明不正思惟因、不正思惟缘、不正思惟缚，不正思惟有因、有缘、有缚。[2]

不正思惟（或译为"不如理作意"）是造成无明的原因。那么，不正思惟是怎么产生的呢？

> 何等不正思惟因、不正思惟缘、不正思惟缚，谓缘眼、色，生

---

[1] 《相应部》22：126。
[2] 《杂阿含》第334经，见《大正新修大藏经》第2册，No.99《杂阿含经》（50卷），刘宋求那跋陀罗译，第13卷。以下《杂阿含》经文均引自《大正新修大藏经》。

不正思惟，生于痴。①

这也是一个直接的、落在经验层面的回答：是在眼等六入处不如理作意，故而生起了愚痴，"彼痴者是无明"②，这种愚痴就是无明。

在另外的经文中，佛陀则以滋养物（食物）来比喻事物所赖以维持的条件，来追溯无明之所以产生的"特定条件"：

"无明之最初点，像这样：在之前，无无明，而之后，它存在，是不被了知的。"但，"无明之特定条件"则被了知。

比丘们！我说：无明是有食物的，非无食物的，而什么是无明之食物呢？应该回答："五盖。"比丘们！我说：五盖是有食物的，非无食物的，而什么是五盖之食物呢？应该回答："三恶行。"比丘们！我说：三恶行是有食物的，非无食物的，而什么是三恶行之食物呢？应该回答："根的不自制。"比丘们！我说：根的不自制是有食物的，非无食物的，而什么是根的不自制之食物呢？应该回答："无念与不正知。"比丘们！我说：无念与不正知是有食物的，非无食物的，而什么是无念与不正知之食物呢？应该回答："不如理作意。"比丘们！我说：不如理作意是有食物的，非无食物的，而什么是不如理作意之食物呢？应该回答："无信。"比丘们！我说：无信是有食物的，非无食物的，而什么是无信之食物呢？应该回答："不听闻善法。"比丘们！我说：不听闻善法是有食物的，非无食物的，而什么是不听闻善法之食物呢？应该回答："不亲近善人。"

比丘们！像这样，不亲近善人遍满者使不听闻善法充满；不听闻善法遍满者使无信充满；无信遍满者使不如理作意充满；不如理作意遍满者使无念与不正知充满；无念与不正知遍满者使根的不自制充满；根的不自制遍满者使三恶行充满；三恶行遍满者使五盖充

---

① 《杂阿含》第334经，见《大正新修大藏经》第2册，No.99《杂阿含经》（50卷），刘宋求那跋陀罗译，第13卷。

② 《杂阿含》第334经，见《大正新修大藏经》第2册，No.99《杂阿含经》（50卷），刘宋求那跋陀罗译，第13卷。

满；五盖遍满者使无明充满，无明这样有食物，这样完成。①

所以可以说，"尽管无明被列在缘起诸支因缘的首位，但它不是独立自存的原因。像其他因缘一样，它有它的滋养物和条件"②。它的滋养物包括一系列心理和社会因素，这些因素可以追溯到一个直接而重要的原因："不亲近善人。"

这里需要额外费点笔墨来探究一下：既然"无明"仍然可以追溯到其他原因上，为什么十二缘起坚持把它放在首位？我们在此赞成坦尼沙罗的解释：

> 不是因为这种无知对于这个系统是一个独立自存的原因，而是因为可以操作它，把它转变为一组新的、可以导致整个系统瘫痪的参数值。这就是为什么关于苦迫结束的标准描述总是把苦迫的结束描述为切断了第一个环节——无明。只有这样，其他条件才会停止。③

也就是说，在整个缘起系统中，无明是一个关键性的因素，它事实上潜藏在缘起的所有其他各支之下。当无明止息，或者当缘起的其他任一支不再受无明的制约，整个缘起链就彻底断裂和崩塌。从这里我们也可以看出，佛陀以十二缘起来解释苦的原因时，不是停留于一种解释性理论，而是最终为了在实践上令苦止息。所以，之所以把无明放在首支，只是因为从实践来说，无明这一参数的改变是能够彻底影响整个苦集起的缘起系统而令其瓦解的。④

第二支是"行"。"以无明为缘而有行"，这里的"行"可以从不同的角度解释。

行（saṅkhāre），也常译为"造作"，表示有意地塑造身心状态的过

---

① 《增支部》10∶61。
② Thanissaro Bhikkhu：The Shape of Suffering，p. 58.
③ Thanissaro Bhikkhu：The Shape of Suffering，pp. 22–23.
④ 上面把"无明"的原因追溯到"不亲近善人"，也是可以从此角度来理解的，因为在实践中，"亲近善人"是获得知识以消除无知（无明）的启动性的一步。

程。从最广泛来说，色、受、想、行、识这五蕴，每一蕴都是一种"行"：

> 为什么你们称它为行？比丘们！"作被作的"，因此被称为"行"，作什么被作的呢？以色的特性而作被作的色；以受的特性而作被作的受；以想的特性而作被作的想；以行的特性而作被作的行；以识的特性而作被作的识，比丘们！"作被作的"，因此被称为"行"。①

这种塑造的背后，有一种动力在推动：

> 愚痴无闻凡夫，于色见我，若见我者，是名为行。②

"见我"可谓"行"的内在动力。正因为在其中设定了"我"，所以塑造了色等诸蕴。

无明众生对五蕴色、受、想、行、识生起妄见，以为五蕴是我，这叫"行"。所以，这个"行"从内在实质来说，指的是"我见"。《阿含经》详细地描述了这种"我见"：愚痴无闻凡夫把色、受、想、行、识看作与我一体的（"是我"），或是与我分离的（"异我"），或者我在色（受、想、行、识）里面（"我在色[受、想、行、识]"），或者色（受、想、行、识）在我里面（"色[受、想、行、识]在我"）。③

这种"我见"或"行"也是在具体的经验之流中产生的：

> 而那行，什么是其因？什么是其集？什么是其生？什么是其根源？
>
> 比丘们！当被无明触所生的感受接触时，未听闻的一般人的渴爱生起，那行因而被生。

---

① 《相应部》22：79。
② 《杂阿含》第57经。
③ 参见《杂阿含》第109经。

>这样，比丘们！那行也是无常的、有为的、缘所生的。①

在眼、耳、鼻、舌、身、意六处生无明，简称"无明触"。因为对"无明触"所生的感受生起渴爱，所以导致"行"，也就是"我见"。

既有了"我见"和渴爱的生起，"以渴爱为缘而有取"。"取"是"取著"，是"执取"之意，"愚痴无闻凡夫于色见是我、异我、相在，见色是我、我所而取"②。从经验的发生来说，从无明到渴爱，到行，到取，是同时的。爱、行、取都是缘无明而起。所以可以把第八支"爱"和第九支"取"提前到这里来讲，把缘起的第二链补足为"以无明为缘而有爱、行和取"。随佛法师认为值得特别指出的是，提句要颂形式的十二缘起中说"以受为缘而有渴爱"，这并不是严谨的说法。在笔者看来，这是有道理的，如果非要直接说"受缘爱"，也应该按经文补全说，那是缘"无明触所生的受"而生渴爱。

第三支是"识"。所谓"以行为缘而有识"。此处的"识"确切来说不是指六识，而是指"识食"，也就是"以识为食"。佛经上讲到众生有"四食"③，也就是滋养生死轮回的四种食物，其中"识食"就是其一，是推动生死轮回的重要资助力。"识食是为了未来再有的出生之缘。"④ 以识为食，就是对六识有喜贪，也即爱上了识。六根（眼、耳、鼻、舌、身、意）与六境（色、声、香、味、触、法）相缘而生六识，众生对六识起贪爱，并进一步陷入以六根追逐六境的无穷不断的努力中：

>六入处集是触集，触集是受集，受集是爱集，爱集是食集，食集故未来世生、老、病、死、忧、悲、恼、苦集，如是纯大苦聚集。⑤

对识的这种喜贪是缘"行"而来，也可以说是缘"爱"而生：

---

① 《相应部》22∶81。
② 《杂阿含》第43经。
③ 《杂阿含》第371经。
④ 《相应部》12∶12。
⑤ 《杂阿含》第371经。

此四食何因、何集、何生、何触？谓此诸食爱因、爱集、爱生、爱触。①

第四支是"名色"。"以识为缘而有名色"。这里的"识"同样理解为"爱识"，也就是对识的贪爱。"名色"是"名"与"色"的合称，"名"是受、想、行的合称，"名色"实际上也就是色、受、想、行四蕴。事实上，"识缘名色"是一个双向循环的表达，也就是"识缘名色、名色缘识"，说的是这样一个无尽的双向循环的过程：对六识的贪爱导致对名色的攀缘，而对名色的攀缘反过来又会增益对六识的贪爱。

众生于六识生贪：

眼流者，眼识起贪，依眼界贪欲流出，故名为流。耳、鼻、舌、身、意流者，谓意识起贪，依意界贪识流出，故名为流。②

这种欲贪就如绳结，将眼耳鼻舌身意六根与色声香味触法六境绑在一起：

尔时，世尊告诸比丘："我今当说结所系法及结法。云何结所系法？眼色、耳声、鼻香、舌味、身触、意法，是名结所系法。云何结法？谓欲贪，是名结法。"③

比丘们！我将教导会被结缚的法与结，你们要听！
而，比丘们！哪些是会被结缚的法，哪个是结呢？比丘们！色是会被结缚的法，凡在那里有欲、贪者，在那里则有结；受……想……行……识是会被结缚的法，凡在那里有欲、贪者，在那里则有结，比丘们！这些被称为会被结缚的法，这个是结。④

---

① 《杂阿含》第 371 经。
② 《杂阿含》第 551 经。
③ 《杂阿含》第 239 经。
④ 《相应部》22：120。

识住于色、受、想、行，由于贪欲的作用，识与此四者相互攀缘、增益：

> 于色中识住，攀缘色，喜贪润泽，生长增广；于受、想、行中识住，攀缘受、想、行，贪喜润泽，生长增广。①

识与名色由此形成一个相生相依的关系：

> 以名色集而有识集；以名色灭而有识灭。②

第五支是"六处"："以名色为缘而有六处。"

> 愚痴无闻凡夫无明覆、爱缘系，得此识身。内有此识身，外有名色，此二因缘生触。此六触入所触，愚痴无闻凡夫苦乐受觉，因起种种。云何为六？眼触入处，耳、鼻、舌、身、意触入处。③

也就是说，愚痴无闻的凡夫被无明盖覆，被爱缘系缚，而得此有意识的身体。在内有有意识的身体，在外有名色的存在，就由这二者的因缘而生起觉触的作用。这六触涉入所觉触的现象中，愚痴无闻的凡夫因而生起种种苦乐的感受。是哪六种触入处呢？就是眼触入处，以及耳、鼻、舌、身、意等触入处。

如稍早所述，无明本身并不是某种在先的、抽象的东西，它就生于六入处，也就是说，就在眼、耳、鼻、舌、身、意六处生无明，简称"无明触"。《阿含经》中对"触"的解释是，缘于眼与色而生起眼识，缘于耳与声而生起耳识，缘于鼻与香而生起鼻识，缘于舌与味而生起舌识，缘于身与触而生起身识，缘于意与法而生起意识，三者会合而有触，也就是根、境、识俱足谓之"触"。④ 如此有六触，也可称"六入触"。

---

① 《杂阿含》第39经。
② 《相应部》22：56。
③ 《杂阿含》第294经。
④ 参见《杂阿含》第68、214经；《相应部》35：93，107。

这也就是所谓"以六处为缘而有触"。这里说到了第六支"触"。

第七支是"受","以触为缘而有受",但实际上不只有受,还有想和行。所以补足了来说,应该是"以触为缘而有受、想和行"。由六入触而产生情绪活动(受)、认识活动(想)和意志活动(行)。而触本身就包含了"识"。总的来说,就是从根与境的因缘生起了受、想、行、识这各方面的经验。《阿含经》上可以找到这样解释的经文依据:

> 云何受如实知?有六受身——眼触生受,耳、鼻、舌、身、意触生受,是名受,如是受如实知。云何受集如实知?触集是受集,如是受集如实知。……
>
> 云何想如实知?谓六想身。云何为六?谓眼触生想,耳、鼻、舌、身、意触生想,是名想,如是想如实知。云何想集如实知?谓触集是想集,如是想集如实知。……
>
> 云何行如实知?谓六思身——眼触生思,耳、鼻、舌、身、意触生思,是名为行,如是行如实知。云何行集如实知?触集是行集,如是行集如实知。……
>
> 云何识如实知?谓六识身——眼识身,耳、鼻、舌、身、意识身,是名为识身,如是识身如实知。云何识集如实知?谓名色集,是名识集,如是识集如实知。……[①]

缘六入触而生受、想、行、识,总共有六组,也就是眼、耳、鼻、舌、身、意触分别所生的受、想、行、识。

第八支"爱","缘受而有爱",以及第九支"取","缘爱而有取",我们已提前在第二支"行"那里一起讲了。可以简单地说,"缘受而有爱"实际上是"缘无明触所生的受而有贪爱",或者也可以更广泛地说,以受为代表的五蕴经验的发生又让心进一步生出渴爱。然后是"缘爱而有取",由渴爱而生起取着之心。

第十支"有","缘取而有有"。《阿含经》上说道:

---

① 《杂阿含》第41经。

> 缘取故有有，能招当来有触生是名有，有六入处，六入处缘触，触缘受，受缘爱，爱缘取，取缘有，有缘生，生缘老、病、死、忧、悲、恼、苦。①

这是说，此"有"能招未来的六触生，六触也即根、境为缘生识。这样，从六入触起，紧接着召来后面的生死轮回进程。这个"有"也被称为"有结""有身"：

> 云何有身？谓五受阴。云何为五？色受阴，受、想、行、识受阴，是名有身。云何有身集？当来有爱，贪、喜俱，彼彼染着，是名有身集。②

其中所说"五受阴"也即"五蕴"。

> 比丘们！而什么是有身？应该回答："五取蕴。"哪五个呢？即：色取蕴、受取蕴、想取蕴、行取蕴、识取蕴，比丘们！这被称为有身。
>
> 比丘们！而什么是有身的集？凡是渴爱：导致再生……欲的渴爱、有的渴爱、虚无的渴爱，比丘们！这被称为有身的集。③
>
> 懈怠苦住，能生种种恶不善法，当来有结，炽然增长，于未来世生、老、病、死，退其大义故。④

也就是说，对五蕴的贪喜和执着仿如绳结，束缚众生的心，将之与未来进一步的生死轮回之流联系在一起。或者也可以说，这种渴爱就好像自动集起了五蕴之"身"。

---

① 《杂阿含》第 371 经。
② 《杂阿含》第 71 经。
③ 《相应部》22∶105。
④ 《杂阿含》第 348 经。

第十一支"生","以有为缘而有生"。"生"的含义我们已在苦圣谛关于苦的论说中讲到了,泛指一切众生的"生、出生、进入[胎]、生出、诸蕴显现、得诸处"①,也就是生命的展开和显现,开启了新一轮的生之流程。

第十二支"老死","以生为缘而有老死",或者更详尽地表述为"以生为缘而老、死、愁、悲、苦、忧、绝望生起"。生既然展开了,不可避免地,就要一一尝受人生诸苦了。

如此,十二缘起解释了众生是怎样不由自主地卷入充满烦恼的生死轮回而不得脱离的。值得注意的是,在这十二支当中,每一支都是后一支的"近因"。"近因"是如"此有故彼有,此起故彼起"这样的缘起法则所指的引起一个事物产生的"直接因",而不是"充分条件"意义上的原因。《阿含经》中以雨水汇聚使大小水池和河流海洋充满的比喻来讲说缘起中各支前后结集而造成的越来越显著的影响和结果:

> 犹如当天下雨时,大雨下在山上,向下流的雨水使山洞、裂缝、溪流充满;山洞、裂缝、溪流遍满者使小水池充满;小水池遍满者使大水池充满;大水池遍满者使小河充满;小河遍满者使大河充满;大河遍满者使大海洋充满。②

这个比喻很能够让人从经验感知的角度比较容易地领会缘起法的运行方式。同样,苦集起的方式并不神秘,是可以从当下的经验中观察、分析和领会的。无明并非由"无始业障"而来,它是由于我们在面对六根境时"不如理作意""不正思惟"产生的,也即不以因缘观来看待,视之为无常的、苦的、无我的,反而以为是常的、乐的、我的。由于不正确的思维而以为五蕴是"我""我的",并进而对五蕴生起贪爱和执取之心。这种贪爱和执取成了滋养和推动轮回的养料和动力,使众生更加陷入以六根追逐六境的无穷努力之中。这种无止境的努力,反过来又增益众生对六识的贪喜。而这样得到了滋润和增长的贪喜又更进一步支持六根逐

---

① 《长部》22。
② 《相应部》12∶23。

六境的活动。由此形成了一个不断增强而停不下来的、无限来回往复的循环。这样的循环就在眼耳鼻舌身意六处时刻发生着，而六入触又引起各样丰富的情感、意志和认知上的活动。在这样的活动中，又进一步生起贪爱和执取之心。这继而又召来未来以六触为内容的生命经验之流，众生也就一再尝受着包括老死等在内的难以避免的人生诸苦了。

在十二缘起所罗列的十二个环节中，实际上并没有一个稳固不变的生命主体贯穿其中，而无非由渴爱和无明所推动的一系列连环反应。这似乎形成了一个生存闭环，前推后进，使众生尝受着永无止境的轮回之苦。然而佛陀指出，这个闭环其实可以被打破，众生可以跃出轮回，这就是第三谛所要说的。

第三谛是灭谛，认为苦的消灭就在于止灭渴爱，那样就可以绝对消灭苦。这是基于第二谛关于苦之原因的洞见而得出的结论：既然苦是由渴爱所带来的，而此种渴爱又是虚妄的，是无明，那么，舍弃这种渴爱，自然就可以使"苦"终止。

而，比丘们！什么是苦灭圣谛？就是那渴爱的无余褪去与灭、舍弃、断念、解脱、无依住。

而，比丘们！这渴爱当被舍断时，在哪里被舍断呢？当被灭时，在哪里被灭呢？凡在世间中的可爱样子、合意样子，这渴爱当被舍断时，在这里被舍断，当被灭时，在这里被灭。

而，什么是在世间中的可爱样子、合意样子呢？眼是在世间中的可爱样子、合意样子，这渴爱当被舍断时，在这里被舍断，当被灭时，在这里被灭；耳是在世间中……鼻是在世间中……舌是在世间中……身是在世间中……意是在世间中的可爱样子、合意样子，这渴爱当被舍断时，在这里被舍断，当被灭时，在这里被灭。色是在世间中……声是在世间中……气味是在世间中……味道是在世间中……所触是在世间中……法是在世间中的可爱样子、合意样子，这渴爱当被舍断时，在这里被舍断，当被灭时，在这里被灭。眼识是在世间中……耳识是在世间中……鼻识是在世间中……舌识是在世间中……身识是在世间中……意识是在世间中的可爱样子、合意样子，这渴爱当被舍断时，在这里被舍断，当被灭时，在这里被灭。

眼触是在世间中……耳触是在世间中……鼻触是在世间中……舌触是在世间中……身触是在世间中……意触是在世间中的可爱样子、合意样子，这渴爱当被舍断时，在这里被舍断，当被灭时，在这里被灭。眼触所生受是在世间中……耳触所生受是在世间中……鼻触所生受是在世间中……舌触所生受是在世间中……身触所生受是在世间中……意触所生受是在世间中的可爱样子、合意样子，这渴爱当被舍断时，在这里被舍断，当被灭时，在这里被灭。色之想是在世间中……声之想是在世间中……气味之想是在世间中……味道之想是在世间中……所触之想是在世间中……法之想是在世间中的可爱样子、合意样子，这渴爱当被舍断时，在这里被舍断，当被灭时，在这里被灭。色之思是在世间中……声之思是在世间中……气味之思是在世间中……味道之思是在世间中……所触之思是在世间中……法之思是在世间中的可爱样子、合意样子，这渴爱当被舍断时，在这里被舍断，当被灭时，在这里被灭。色之渴爱是在世间中……声之渴爱是在世间中……气味之渴爱是在世间中……味道之渴爱是在世间中……所触之渴爱是在世间中……法之渴爱是在世间中的可爱样子、合意样子，这渴爱当被舍断时，在这里被舍断，当被灭时，在这里被灭。色之寻是在世间中……声之寻是在世间中……气味之寻是在世间中……味道之寻是在世间中……所触之寻是在世间中……法之寻是在世间中的可爱样子、合意样子，这渴爱当被舍断时，在这里被舍断，当被灭时，在这里被灭。色之伺是在世间中……声之伺是在世间中……气味之伺是在世间中……味道之伺是在世间中……所触之伺是在世间中……法之伺是在世间中的可爱样子、合意样子，这渴爱当被舍断时，在这里被舍断，当被灭时，在这里被灭。

比丘们！这被称为苦灭圣谛。[1]

苦灭圣谛的这一论断非常明确。四圣谛常被比作医者对疾病的诊断和治疗：苦谛是对疾患状况的明辨和判断，集谛是对疾病根源的分析，灭谛

---

[1] 《长部》22。

是对疾病能否得到疗救所作的结论,道谛则提供疗治疾病的处方。苦谛"当知",也就是应当坦然地承认苦,清醒地认识苦;集谛"当断",也就是应当舍断、瓦解那些令苦集起的因缘和条件;灭谛"当证",也就是应当通过彻底截断苦的根源而从经验上去亲身证知苦是可灭的;道谛"当修",也就是应当积极地开展具体的修持之道而努力臻达解脱。① 在集谛对苦的根源以及苦集起的整个过程作了非常透彻的分析之后,灭谛得出了充满希望的明确结论:苦可灭,而且灭苦的下手处就在于舍断渴爱。并且做法也是非常直截了当的:渴爱在哪里生起,就在哪里舍断。以上所引经文文本也明确地指出,就在六根、六境、六识处,就在五蕴处,就在这些身心经验活动之处,一一截断这滋养和支持"纯大苦聚"的根本性因素,也即渴爱。如此可以使苦彻底无法生起而止息。

在《相应部》22相应2经中,舍利弗告诉诸比丘,我们的老师所教的最重要的就是贪欲的调伏,也就是对于色、受、想、行、识五蕴,分别教导欲贪的调伏,而这首先是因为对五蕴的欲贪有生起苦的过患:

  道友们!如果对于色未离贪、未离意欲、未离情爱、未离渴望、未离热恼、未离渴爱,以色的变易、变异而生起愁、悲、苦、忧、绝望。
  对于受……对于想……对于行未离贪、未离意欲、未离情爱、未离渴望、未离热恼、未离渴爱,以行的变易、变异而生起愁、悲、苦、忧、绝望。对于识未离贪、未离意欲、未离情爱、未离渴望、未离热恼、未离渴爱,以识的变易、变异而生起愁、悲、苦、忧、绝望。
  看到了这个过患,大师对于色教导欲贪的调伏,对于受……对于想……对于行……大师对于识教导欲贪的调伏。②

对五蕴离贪,则可以有令苦不再生起的效益:

---

① 参见《相应部》56:12。
② 《相应部》22:2。

道友们！如果对于色离贪、离欲、离情爱、离渴、离热恼、离渴爱，以色的变易、变异，他的愁、悲、苦、忧、绝望不生起。

对于受……对于想……对于行离贪、离欲、离情爱、离渴、离热恼、离渴爱，以行的变易、变异，他的愁、悲、苦、忧、绝望不生起。对于识离贪、离欲、离情爱、离渴、离热恼、离渴爱，以识的变易、变异，他的愁、悲、苦、忧、绝望不生起。

看到了这个效益，大师对于色教导欲贪的调伏，对于受……对于想……对于行……大师对于识教导欲贪的调伏。[1]

在另一处经文，众生所渴爱的世间可欲之物被比作一杯色、香、味俱佳却掺了毒的饮料，那些清醒的人会因为看到这饮料的毒害性而拒绝喝下它，也就是会舍断对它的渴爱，从而摆脱对它的"依着"，最终得以解脱生、老、愁等人生诸苦的绑缚：

比丘们！犹如一杯具足容色、芳香、美味的饮料，而它已被掺入了毒，那时，如果来了一位被热压迫、被热折磨、疲累、干透了、口渴的男子，他们会对他这么说："喂！男子！这是一杯具足容色、芳香、美味的饮料，而它已被掺入了毒，如果你愿意，请喝吧，当你喝了它时，它将以颜色、芳香、美味使你喜悦，但喝了后，以其因缘而将遭受死亡，或死亡程度的苦。"

比丘们！那时，那个男子这么想："这渴，我能以水解除，或以生酥解除，或以咸面浆解除，或以咸酸粥解除，但我不会喝它，这会对我有长久的利益与安乐。"经深虑后他不会喝它，他会拒绝，他不以其因缘而死亡或会遭受死亡程度的苦。同样的，比丘们！凡过去世任何沙门或婆罗门认为在此世间中的可爱样子、合意样子为无常的、苦的、无我的、病的、恐怖的者，他们舍断渴爱；凡舍断渴爱者，他们舍断依着；凡舍断依着者，他们舍断苦；凡舍断苦者，他们被生、老、死、愁、悲、苦、忧、绝望释放，我说："他们被从苦释放。"

---

[1] 《相应部》22：2。

> 比丘们！凡未来世的……凡现在任何沙门或婆罗门认为在此世间中的可爱样子、合意样子为无常的、苦的、无我的、病的、恐怖的者，他们舍断渴爱；凡舍断渴爱者，他们舍断依着；凡舍断依着者，他们舍断苦；凡舍断苦者，他们被生、老、死、愁、悲、苦、忧、绝望释放，我说："他们被从苦释放。"①

值得强调指出的是，"灭谛"并非要人通过压制欲望来灭除苦，换言之，它并没有主张一种禁欲主义途径。它只是强调灭苦可以通过"离欲"来实现。这一"离"的方式是佛教的独创性所在，我们在稍后有关佛教此岸—彼岸的关联模式的阐述中将对此展开更具体的讨论。在这里我们可以再次提示的是，作为对苦的原因以及灭苦的条件的说明，"渴爱"与"无明"确实可以相互补充，或者这两者其实是彼此蕴含的：对无常、苦、非我的五蕴经验产生"渴爱"，是由于对它们无常、苦、非我的性质的"无明"、无知；一个人若是消除了无明，也即不再把五蕴经验看作稳固的、可爱乐的、可倚靠的，他/她就自然断除了对它们的渴爱。所以在有些经文中，会并列提到无明的消除与渴爱的切断，作为苦的根除的前提条件：

> "比丘们！这苦圣谛已领悟、已贯通，苦集圣谛已领悟、已贯通，苦灭圣谛已领悟、已贯通，导向苦灭道迹圣谛已领悟、已贯通，有的渴爱已被切断，有之管道已尽，现在没有再生。"
> 这就是世尊所说，说了这个后，善逝、大师又更进一步这么说：
> "由于不如实见四圣谛，
> 就在种种出生中长途轮回。
> 那些'真理'已被看见，有之管道已被根绝，
> 苦的根已被切断，现在没有再生。"②

如果放在十二缘起中，按照"此生故彼生，此灭故彼灭"或者"凡集起

---

① 《相应部》12：66。
② 《相应部》56：21。

法皆是坏灭法"的"还灭"思维来考察灭苦的可能性，就可以得出更具体而清晰的结论：

> 比丘们！当在会被执取的法上住于随观乐味时，则渴爱增长；以渴爱为缘而有取，以取为缘而有有，以有为缘而有生，以生为缘而老、死、愁、悲、苦、忧、绝望生起，这样是这整个苦蕴的集。
>
> 比丘们！犹如能使十车柴、二十车柴、三十车柴、四十车柴燃烧的大火聚，在那里，男子能经常投入干草、干牛粪、干木柴，比丘们！这样，有那食物、那燃料，那大火聚就能长久地燃烧。同样的，比丘们！当在会被执取的法上住于随观乐味时，则渴爱增长；以渴爱为缘而有取……这样是这整个苦蕴的集。
>
> 比丘们！当在会被执取的法上住于随观过患时，则渴爱被灭；以渴爱灭而有取灭，以取灭而有有灭，以有灭而有生灭，以生灭而老、死、愁、悲、苦、忧、绝望被灭，这样是这整个苦蕴的灭。
>
> 比丘们！犹如能使十车柴、二十车柴、三十车柴、四十车柴燃烧的大火聚，在那里，男子不能经常投入干草、干牛粪、干木柴，比丘们！这样，当先前的燃料耗尽了，其它的［燃料］又不带来，无食物，那大火聚就会熄灭了。同样的，比丘们！当在会被执取的法上住于随观过患时，则渴爱灭；以渴爱灭而有取灭……这样是这整个苦蕴的灭。①

也就是说，"当一个人在会被执取的现象上，不滞留于其中的乐味时，则渴爱不会增长；渴爱不增长，捉取的动作就不产生，捉取的动作消灭，'再形成/后有之欲'也消灭；'再形成/后有之欲'消灭，所以没有出生，没有出生，所以老、死、愁、悲、苦、忧、绝望都不生起，这样是这整个苦迫链的瓦解"②。在其中，支持、助长苦恼之火燃烧的是所投入的渴爱等这样的大量燃料，而去除了这些燃料，就可以让苦之大火熄灭。

换一种说法，渴爱是对于滋养轮回的各种"食物"的欢喜和欲贪，

---

① 《相应部》12：52。
② 朱倍贤：《十二因缘》，https：//www.douban.com/note/754786321/，2021年6月2日。

如果没有了对这些"食物"的渴爱，识、名色、行、有就不会相缘而生，也就不会有生、老、死和愁、悲、绝望等苦恼：

> 比丘们！如果在物质食物上没有贪，没有欢喜，没有渴爱，识在那里不确立、不增长；识不确立、不增长之处，在那里没有名色的下生；没有名色的下生之处，在那里没有诸行的生长；没有诸行的生长之处，在那里没有未来再有的出生；没有未来再有的出生之处，在那里没有未来的生、老、死；没有未来的生、老、死之处，比丘们！我说："那不愁，不悲，不绝望。"
>
> 比丘们！如果在触食上……比丘们！如果在意思食上……比丘们！如果在识食上没有贪，没有欢喜，没有渴爱，识在那里不确立、不增长；识不确立、不增长之处，在那里没有名色的下生；没有名色的下生之处，在那里没有诸行的生长；没有诸行的生长之处，在那里没有未来再有的出生；没有未来再有的出生之处，在那里没有未来的生、老、死；没有未来的生、老、死之处，比丘们！我说："那不愁，不悲，不绝望。"①

据佛教学者朱倍贤的辨析：

> "缘起还灭"的"灭"，起码有三种用法。1. 有时"灭"指的是"积极地扑灭、停止某种活动状态"；2. 有时"灭"指的是被动的"灭"——"促生某种现象的因素已被移除，所以被促生的现象也被动地随之停歇"、"污染某种现象的因素已被移除，所以被污染的现象也被动地产生质变"；3. 有时"灭"指的是"厌离、离欲、灭——不再遐想、喜贪某种活动状态"。②

他接着指出，比如对于十二缘起中最关键的两支即"渴爱"和"无明"，可以积极地予以扑灭和停止；对于其他几支，如行、识、六入、触、受

---

① 《相应部》12∶64。
② 朱倍贤：《十二因缘》，https∶//www.douban.com/note/754786321/，2021年6月2日。

等，则不能采取主动终结的办法，而只能使其随着渴爱和无明的铲除而自然停歇；而"灭"还有一种意思，是指由于心理意识上、情绪上产生"厌离"，从而不再参与到环环相扣的缘起链中，最终使得苦迫的轮转"止息消灭"。①

对"灭"的含义作这样的细微区分，我们一方面是赞成的，认为这样确实可以更加精准地阐明缘起链中各支不同的"还灭机制"：渴爱与无明的"灭"是关键性的，对于整个缘起链的拆解是基底性的、根本性的，相当于多米诺骨牌中的第一张，推倒这张牌，就可令其他骨牌自动纷纷倒下，无须额外费力。然而，在另一方面，我们觉得这个区分可以再进一步统摄于"厌离—寂灭"这一根本机制：因为，实际上，即便对"渴爱"和"无明"的"扑灭"，也不是采取硬生生将之直接断除的粗暴方式，而是也包含了这样一个过程：首先观察和明白其过患，然后由此诱发决定要舍断它们的"厌离心"，再进而最后使其发生决定性的"寂灭"——这是一种令事物自动失去动力而归于寂静、止息、消灭的"消极"动作，而绝非那种积极性的、主动性的动作。它不是运用意志强令事物中断、停止的动作执行，而是通过对事物的离弃或不再支持而令其自然止灭的"非直接"动作。

这里面显示了佛陀灭苦的根本原理和机制。从根本原理和机制来说，"渴爱"和"无明"的灭，与其他各支的"灭"，并无不同，所不同的只是"还灭顺序"的先后而已。看到这一点，对于准确理解苦灭圣谛是至关重要的：苦可灭，正在于苦本身就是由一系列条件集起的，而令苦集起的那些条件是可以拆解的。

第四谛道圣谛正是为彻底拆解苦蕴而施设的具体实践方式：可经由八正道的实践而导向苦的消灭。

八正道支被认为"是同时成就的"，"但在修习过程中，有次第引生的意义"。② 上面的正见就是八正道的第一支，下面分说其他七支。

第二支：正思，又称"正思惟"，古译"正志"或"正欲"。这是要将正见作更深入的思维或思虑，并含有一定要将正见所见的内容在日常

---

① 朱倍贤：《十二因缘》，https://www.douban.com/note/754786321/，2021年6月2日。
② 释印顺：《成佛之道》，中华书局2010年版，第150页。

的思虑里面贯彻、落实的"意向"。"正思惟"是随时随地的修习,其核心在于,遵照正见去具体思维五蕴是无常、苦、非我,在意向上决意过"离欲""断欲""向解脱"的生活。《杂阿含经》第 2 经被称为"正思惟经",其文本如下:

> 如是我闻。
>
> 一时。佛住舍卫国祇树给孤独园。
>
> 尔时。世尊告诸比丘:于色当正思惟。色无常如实知。所以者何?比丘。于色正思惟。观色无常如实知者。于色欲贪断。欲贪断者。说心解脱。
>
> 如是受、想、行、识当正思惟。观识无常如实知。所以者何?于识正思惟。观识无常者。则于识欲贪断。欲贪断者。说心解脱。
>
> 如是心解脱者。若欲自证。则能自证。我生已尽。梵行已立。所作已作。自知不受后有。如是正思惟无常。苦、空、非我亦复如是。
>
> 时。诸比丘闻佛所说。欢喜奉行。

也就是说,对于色、受、想、行、识五蕴,不是像一般世人那样依着自己的欲望去爱乐、"依着"、追逐,而是看到它们的无常,不再对它们心怀迷想、谩想,把它们当作安稳的、可落脚的家,而是断除对它们的欲贪,并因着使心不再有贪执的对象而导向心的解脱。

在《阿含经》中,我们可以看到,"离欲"或"出离"总是作为一个经过了反复考量的决定被郑重抉择。比如佛陀自述年轻时在王宫中享受奢华安逸的生活时,想到一个悖谬的事实,那就是人人都难免遭受老、病、死,但人人都厌嫌其他人的老、病、死,以自己暂时享有的健康、年轻和生命为傲,他决定不相跟随而毅然克服这种骄慢,并以"出离"为安稳,走上梵行之道。[①] 在另一经文,佛陀坦诚地承认,在自己未觉悟前,虽然认同"出离"是好的,但他的心却仍没有急于出离,对出离还没有深切的认同和稳固坚定的信心,直到看见了感官欲乐的"过患",并

---

① 参见《增支部》3∶39。

理解了出离的果报之后，出离心才开始变得急切和坚定。①

在《大念处经》中，说到"正思"（正志），除了强调离欲，佛陀还补充加上了"无恶意"和"不加害"：

> 而，比丘们！什么是正志？离欲的意向、无恶意的意向、无加害的意向，比丘们！这被称为正志。②

众生在其一生遭逢中难免会遭遇痛苦和不幸，轻则小小的不快和挫折，重则严重的创伤和极端的逆境，由此不免会生起敌意、忿怒、怨恨等负面情绪，甚至产生试图把自身快乐建立在他人的痛苦上，或乃至加害于人的企图，这也就是所谓"恶意寻"和"加害寻"。在佛经中，"寻"有"意向""思虑"的意思。佛陀教导要对这样的意向和想法善加了知，并作正确的导向：

> 比丘们！我分欲寻、恶意寻、加害寻为一部分，离欲寻、无恶意寻、无加害寻为第二部分。
>
> 比丘们！当我这样住于不放逸、热心、自我努力时，欲寻生起，我这么了知它："我的这欲寻已生起，它导向自己的恼害，导向他人的恼害，导向两者的恼害，是慧的灭者，恼害的伴党，非涅槃的导向者。"比丘们！当我深虑："它导向自己的恼害。"时，它灭没；比丘们！当我深虑："它导向他人的恼害。"时，它灭没；比丘们！当我深虑："它导向两者的恼害。"时，它灭没；比丘们！当我深虑："它是慧的灭者，恼害的伴党，非涅槃的导向者。"时，它灭没，比丘们！每当欲寻已生起时，我就舍断它、除去它、使它作终结。
>
> 比丘们！当我这样住于不放逸、热心、自我努力时，恶意寻生起……加害寻生起，我这么了知它："我的这加害寻已生起，它导向自己的恼害，导向他人的恼害，导向两者的恼害，是慧的灭者，恼害的伴党，非涅槃的导向者。"比丘们！当我深虑："它导向自己的

---

① 参见《增支部》9：41。
② 《长部》22。

恼害。"时，它灭没；比丘们！当我深虑："它导向他人的恼害。"时，它灭没；比丘们！当我深虑："它导向两者的恼害。"时，它灭没；比丘们！当我深虑："它是慧的灭者，恼害的伴党，非涅槃的导向者。"时，它灭没，比丘们！每当加害寻已生起时，我就舍断它、除去它、使它作终结。①

也就是说，面对可能在自己心中生起的欲寻、恶意寻和加害寻，要了知它们的生起，明白它们可能会给自己、给他人带来痛苦，不是智慧的做法，不是通向解脱涅槃的途径，由此就决意舍断这些不善寻，使其终结，不再生起。相反，当离欲寻、无恶意寻、无加害寻生起时，要积极地鼓励这种不会给自己和他人带来痛苦，却具有建设性、能够增长智慧、有助于趋向涅槃的善寻：

> 比丘们！当我这样住于不放逸、热心、自我努力时，离欲寻生起，我这么了知它："我的这离欲寻已生起，它既不导向自己的恼害，也不导向他人的恼害，也不导向两者的恼害，是令慧增长者，无恼害的伴党，涅槃的导向者。"

> 比丘们！当我这样住于不放逸、热心、自我努力时，无恶意寻生起……无加害寻生起，我这么了知它："我的这无加害寻已生起，它既不导向自己的恼害，也不导向他人的恼害，也不导向两者的恼害，是令慧增长者，无恼害的伴党，涅槃的导向者。"②

另外的经文还说到，如果对别人生起"嫌恨"，可以以不同方式努力调伏这种"嫌恨"的心理：

> 比丘们！有这五种嫌恨的调伏，在那里，比丘已生起的嫌恨全都能被调伏，哪五个呢？应该对生出嫌恨的那人修习慈，应该这样

---

① 《中部》19。
② 《中部》19。

伏对那人的嫌恨；应该对生出嫌恨的那人修习悲，应该这样调伏对那人的嫌恨；应该对生出嫌恨的那人修习平静，应该这样调伏对那人的嫌恨；应该对生出嫌恨的那人来到无念、不作意，应该这样调伏对那人的嫌恨；应该对生出嫌恨的那人决意业属自己的性质："这位尊者有自己的业，是业的继承者、业为根源者、业的眷属者、业的所依者，凡他将作的业，善或恶，他将成为其继承者。"应该这样调伏对那人的嫌恨，比丘们！这是五种嫌恨的调伏，在那里，比丘已生起的嫌恨全都能被调伏。①

这一切，就"正志"整体而言，可谓一个修行者在行动导向上的抉择：选择让心与对五蕴经验的欲望脱离开来，不以五蕴经验的享受为满足，而是致力于追求脱离欲望束缚的、更纯粹、更完美的快乐；选择让心跟怨怼模式脱离开来，不陷溺在与他人竞争比较、相互踩踏、相互消耗或乃至彼此加害的消极互动之中，而是积极负担起自己的那部分责任，致力于自身内在建设性的调谐，而最终，这一切都将导向心的解脱。在"正志"里面包含着自我的对话，在与自我的对话中进行着调整，把握着自己确定为正确的、有益的方向，作出决策，确定意向，并施展行动。

一个人是否成功地确立起离欲的意向、无恶意的意向、无加害的意向，就看他/她的心对于恶意和加害的不善寻是否不附随、不认同，而对离脱欲望/怨恨的系缚是否由衷地认同，是否对这样的导向有信心，是否感到踊跃、开心，并产生欢欣鼓舞的感觉：

> 比丘们！这里，当比丘作意欲时，心在欲上不跃入、不明净、不住立、不解脱，但，当他作意离欲时，心在离欲上跃入、明净、住立、解脱，他的心是善去的（善逝的）、善修习的、善升起的、善解脱的、善离被欲所缚的，凡以欲为缘生起的烦恼、恼害、热恼，他从那些脱离，他不感受那个感受，这被说为欲的出离。
>
> 再者，比丘们！当比丘作意恶意时，心在恶意上不跃入、不明净、不住立、不解脱，但，当他作意无恶意时，心在无恶意上跃入、

---

① 《增支部》5：161。

明净、住立、解脱，他的心是善去的、善修习的、善升起的、善解脱的、善离被恶意所缚的，凡以恶意为缘生起的烦恼、恼害、热恼，他从那些脱离，他不感受那个感受，这被说为恶意的出离。

再者，比丘们！当比丘作意加害时，心在加害上不跃入、不明净、不住立、不解脱，但，当他作意无加害时，心在无加害上明净、住立、解脱，他的心是善去的、善修习的、善升起的、善解脱的、善离被加害所缚的，凡以伤害为缘生起的烦恼、恼害、热恼，他从那些脱离，他不感受那个感受，这被说为加害的出离。①

第三、四、五支分别是正语、正业、正命，这些属于戒的范围，要求言语、行动真诚无害，从业、谋生无害。正语是指戒除妄语、两舌、恶口、绮语，正业是指戒除杀生、偷盗、邪淫，正命则是指舍离邪命而以正当的方法谋生。

而，比丘们！什么是正语？比丘们！妄语的戒绝、离间语的戒绝、粗恶语的戒绝、杂秽语的戒绝，比丘们！这被称为正语。

而，比丘们！什么是正业？比丘们！杀生的戒绝、未给予而取的戒绝、非梵行的戒绝，比丘们！这被称为正业。

而，比丘们！什么是正命？比丘们！这里，圣弟子舍断邪命后，以正命营生，比丘们！这被称为正命。②

这些看似伦理教说，在八正道中却是与"解脱"的崇高目标紧密联系在一起的。

《阿含经》中记载佛陀曾严肃告诫说谎的罗睺罗（佛陀出家前生的独子，当时年七岁，已随佛陀出家，成为小沙弥），说谎会导致"沙门性"变成少量、倒立、虚空，要求罗睺罗"即使开玩笑也不说谎"，因为"凡任何无耻故意妄语者，我说无任何恶他不能做的"。佛陀进一步教导幼子，就像对着镜子观察自己一样，要"观察再观察"，如果确定可能会给

---

① 《增支部》5∶200。

② 《相应部》45∶8。

自己和他人造成伤害，会"有苦生起与苦果报"，就"应该竭尽所能"不做这样的身业、语业和意业，只有确定不会给自己和他人造成伤害，并会"有乐生起与乐果报"，才能去做这样的身业、语业和意业。① 这与第二支"正思"决意避免"恶意寻"和"加害寻"的内在逻辑是一致的，也就是说，它们都意味着生存模式或行动导向的抉择。杀生、妄语、偷盗、邪淫等，佛弟子所要戒除的这些事情，无不是出于人们对感官欲乐的执取，在根本上都是受缚于贪、嗔、痴这些"杂染"（kilesā）也即非善巧心理的表现，因此，如果能够戒除这些事情，也就是保证生命与它们所代表的杂染分离，并进而与杂染所引生的苦分离。

戒是在与他人共情的基础上设立的，比如，戒杀生是因为，他人也与我一样，想要活命，而不想要死亡，倾向喜欢快乐，而排斥痛苦：

> 这里，圣弟子像这样深虑："我是要活命、不要死者；要乐、排斥苦者；由于我是要活命、不要死者；要乐、排斥苦者，如果有人夺我性命，那不是我所爱的、合意的，这样的话，如果我夺他人性命，他人是要活命、不要死者；要乐、排斥苦者，对他人来说，那也是不爱、不合意的。凡我不爱、不合意之法，别人也不爱、不合意；凡我不爱、不合意之法，我怎能施加于别人呢！"他像这样省察后，自己是离杀生者，且以杀生的戒绝劝导别人，以杀生的戒称赞，这样，这是身行仪的三方面被清净。②

戒妄语、戒偷盗与戒邪淫，也是同样的道理。正因如此，持戒坚持自我利益与他人利益的一致，与普遍法则的一致，可以使人在内外达成一种基本的和谐。

也正是在此意义上，持守戒德从终极来说都有着正面的效益与果报，那就是可以通向最高的目标——解脱：

> ［阿难：］"世尊啊，善巧的戒德，有什么果报与福佑？"

---

① 参见《中部》61。
② 《相应部》55：7。

[佛陀:]"阿难,是无悔。"

"那么,无悔有什么果报与福佑?"

"阿难,是悦。"

"那么,悦有什么果报与福佑?"

"阿难,是喜。"

"那么,喜有什么果报与福佑?"

"阿难,是轻安。"

"那么,轻安有什么果报与福佑?"

"阿难,是乐。"

"那么,乐有什么果报与福佑?"

"阿难,是入定。"

"那么,入定有什么果报与福佑?"

"阿难,是如实知见。"

"那么,如实知见有什么果报与福佑?"

"阿难,是舍弃与出离。"

"那么,舍弃与出离有什么果报与福佑?"

"阿难,是解脱知见。"[1]

这是因为,戒"借着使我们的行为与自己的真正利益、与他人的利益、与普遍法则相一致",达成我们自身的和谐,违背戒的行为"导致以自责、不安、悔恨为特征的一种自我分裂状态",而对戒的持守则"弥合该分裂,把我们内在的诸根汇聚成平衡、集中的统一状态"。[2] 内心的这种统一、和谐与安宁,可以转化为喜乐,可以让心保持清明,有助于定力的顺利增长,有益于维持禅定所要求达到的心一境性,最终也就有利于修行者达到如实知见,知道抉择舍离,并最终获得解脱知见。就此而言,持戒"可以理解为解脱道上的实际起步与高等定慧成就的必要

---

[1] 《增支部》10:1,译文采自以下文章:[美]约翰·布列特著,良积译《戒德:佛陀的次第说法3》,https://mp.weixin.qq.com/s/vj0f2iUcgG9JyFGFML5BaQ,2021年6月9日。

[2] [美]菩提尊者:《"戒德"的基本意义》,https://mp.weixin.qq.com/s/rtSo8pgtkX6NkPILDuq7dg,2021年6月9日。

基础"①。

第六支正精进是指努力离恶向善，精进修道，包括四正勤：

> 比丘们！有这四正勤，哪四个呢？比丘们！这里，比丘为了未生起的恶不善法之不生起而生欲、努力、生起活力、尽心、勤奋；为了已生起的恶不善法之舍断而生欲、努力、生起活力、尽心、勤奋；为了未生起的善法之生起而生欲、努力、生起活力、尽心、勤奋；为了已生起的善法之存续、不消失、增加、扩大、修习圆满而生欲、努力、生起活力、尽心、勤奋，比丘们！这些是四正勤。②

也即努力避免尚未生起的不善法生起，努力降伏已经生起的不善法，努力促使尚未生起的善法生起，努力使已经生起的善法维持并增长直至圆满。正精进支持着八正道的其他所有各支，强调的是一种热情的、用心的、勤奋的、富有活力的、善巧的努力。它代表了一种强烈的、鼓足干劲的进取心，竭尽全力地为趋近解脱的目标而进行一点一滴的努力。佛陀这样鼓励修习精进的僧人们：

> 比丘们！犹如恒河是倾向东的、斜向东的、坡斜向东的。同样的，比丘们！修习四正勤、多修习四正勤的比丘是倾向涅槃的、斜向涅槃的、坡斜向涅槃的。③

不唯如此，正精进也表示一种善巧的也即包含智慧技巧的努力。佛陀常把修道者比作能工巧匠——乐手、木匠、外科医生、杂技家、厨师，在技艺的具体实践中，要根据需要而善加调整。经上记说，当有一位名叫"受那"的弟子对修道目标感到气馁、准备打退堂鼓时，佛陀前去与他对话：

---

① ［美］菩提尊者：《"戒德"的利益》，https：//mp.weixin.qq.com/s/NIm1OvbsWwSvyg3Lc-bHHw，2021年6月9日。
② 《相应部》49：1—12。
③ 《相应部》49：1—12。

"受那！你怎么想：你以前在家时，熟练弹奏琵琶琴吗？"

"是的，大德！"

"受那！你怎么想：当你的琵琶琴弦过紧时，你的琵琶琴调好音，能弹奏了吗？"

"不，大德！"

"受那！你怎么想：当你的琵琶琴弦过松时，你的琵琶琴调好音，能弹奏了吗？"

"不，大德！"

"受那！你怎么想：当你的琵琶琴弦不过紧、不过松，弦与弦的均衡建立时，你的琵琶琴调好音，能弹奏了吗？"

"是的，大德！"

"同样的，受那！过于发动活力，则导向掉举；松弛的活力，则导向懈怠。

受那！因此，在这里，请你确立（止的活力）（活力的平衡）、通达诸根的平衡，并且请在那里取相。"①

这里的关键词是"平衡"。太过用力以至于紧张，太过松弛以至于懈怠，都不利于修道顺利开展，张弛有度才是最合适的。这需要修道者用心琢磨，随时根据自身体会来作微妙的调整，正如为国王烹饪咖喱的厨师：

比丘们！犹如贤智、能干、善巧的厨师以种种咖喱呈给国王或国王的大臣：酸的、苦的、辣的、甜的、碱的、无碱的、咸的、不咸的。比丘们！那贤智、能干、善巧的厨师把握自己主人［偏好］的相："我的主人今天喜好这种咖喱，他吃了这种，或者，他拿很多这种，或者，他称赞这种；我的主人今天喜好酸的咖喱，他吃了酸的咖喱，或者，他拿很多酸的咖喱，或者，他称赞酸的咖喱；我的主人今天喜好苦的咖喱……我的主人今天喜好辣的咖喱……我的主人今天喜好甜的咖喱……我的主人今天喜好碱的咖喱……我的主人今天喜好不碱的咖喱……我的主人今天喜好咸的咖喱……我的主人

---

① 《增支部》6：55。

今天喜好不咸的咖哩，他吃了不咸的咖哩，或者，他拿很多不咸的咖哩，或者，他称赞不咸的咖哩。"比丘们！那贤智、能干、善巧的厨师就得到衣服，得到工资，得到犒赏，那是什么原因呢？比丘们！因为那样贤智、能干、善巧的厨师把握自己主人［偏好］的相。同样的，比丘们！这里，某一类贤智、能干、善巧的比丘住于在身上随观身、热心、正知、有念，能调伏对于世间的贪婪、忧，当他住于在身上随观身时，心入定，随杂染被舍断，他把握那个相；住于在受上随观受……住于在心上随观心……住于在法上随观法，热心、正知、有念，能调伏对于世间的贪婪、忧，当他住于在法上随观法时，心入定，随杂染被舍断，他把握那个相。比丘们！那贤智、能干、善巧的比丘当生就得到乐的住处，得到念与正知，那是什么原因呢？比丘们！因为那样贤智、能干、善巧的比丘把握自己心的相。①

为了达到灭苦和解脱的目标而作最大程度的努力，但又尽可能恰当和善巧，这是正精进的要义。

第七支是正念：

而，比丘们！什么是正念？比丘们！这里，比丘住于在身上随观身、热心、正知、有念，能调伏对于世间的贪婪、忧；住于在受上随观受，热心、正知、有念，能调伏对于世间的贪婪、忧；住于在心上随观心，热心、正知、有念，能调伏对于世间的贪婪、忧；住于在法上随观法，热心、正知、有念，能调伏对于世间的贪婪、忧，比丘们！这被称为正念。②

"念"的巴利文 sati，在英文中被译为 mindfulness，凸显其"时常记挂"的意思，而在《阿含经》中，佛陀把 sati 定义为记忆的能力，并以"四念住"阐明该功能在禅修中的作用：

---

① 《相应部》47∶8。
② 《相应部》45∶8。

何为念根？有此情形，一位圣弟子有念、高度精细，即便长久之前所作、长久之前所言亦能记忆、回忆。

他连续在身内专注身——精勤、警觉、念住，平息对世界的贪与忧。他连续在受内专注受……专注心……专注心理素质（法）——精勤、警觉、念住，平息对世界的贪与忧。①

正念中具备三个基本素质：念住、警觉和精勤。念住，也译为"具念"或"有念"，表示对我们当下发生的身心现象的觉知与留意，但它不是面面俱到的觉知，而是有其焦点的，也就是说，当我们在对自己当下的实际行动作密切的观察时，是始终贯穿着对苦与苦灭的关注的。这就与第二个素质"警觉"联系在一起。警觉（sampajañña），也译为"正知"，出于对苦与苦灭的关注，对自己在身、语、意三方面的业时刻保持警醒。这就犹如一个城的"智慧守门人"，"阻止陌生人，而使熟人进入"。② 也被比作在荆棘林中动作时的那种小心提念：

比丘们！比丘怎样的行与住被领悟，当这样行与住时，贪婪、忧之恶不善法将不流入？比丘们！犹如男子进入许多荆棘的森林，他的前面是荆棘，后面也是荆棘；左边是荆棘，右边也是荆棘；上面是荆棘，下面也是荆棘，他会具念地前进，会具念地后退："不要荆棘刺我。"同样的，比丘们！凡在世间中的可爱样子、合意样子，都被称为："圣者之律中的荆棘"。像这样知道后，应该知道自制与不自制。③

此外还有第三个素质：精勤（ātappa）。"精勤意味著用心于所做之

---

① 经文出自《相应部》48：10，译文转引自［美］坦尼沙罗《定义"念住"》，https：//mp.weixin.qq.com/s/JjVnZQwswEx4kG4k-0zzVA，2021年6月15。本书关于正念的阐述参考了该文作者坦尼沙罗精到的论说。

② 《相应部》35：245。

③ 《相应部》35：244。

事，尽己所能善巧而为。"① 与正精进所提示的一样，这里的善巧也意味着，"当事物出现不平衡时，你能够判断缺乏什么，培育必须补充的因素"，比如，"假如你感到冲动易怒，试着带入一点温和与知足"，"你懒惰时，就要激发对于非善巧与自满的危险感"。② 《阿含经》中提示要"依止远离、依止离贪、依止灭、舍弃的圆熟"来修习正念③，这其中的"圆熟"一词就包含了对一种得法而熟练的技巧的强调。

在正念的具体修习上，佛陀教导了"四念处"。"念处"，巴利文 satipaṭṭhāna，英文多译作 foundation of mindfulness，美国佛教学者坦尼沙罗尊者则译作 frame of reference（参照框架），即以特定框架锁定目标连续观察的意思。④ 在四个念处上练习正念或念住，可称为"四念住"。四念住包括身念住、受念住、心念住和法念住，分别是指专注于在身上观身、在受上观受、在心上观心、在法上观法。

就身念住而言，修行者可以念住呼吸，在呼吸时了知呼吸的长短；也可以如实地了知身体当下所处的姿势，对身体的每一个动作都保持觉知；也可以对身体作不净观，思维身体的毛发、骨骼、肌肉、内脏、体液等具体构成；还可以观察身体的地、水、火、风这四大构成元素；最后还有九种坟场观，将自己的身体与在坟场中所见的尸体腐烂和分解的状况相比照，使自己正视前者难免与后者同样的下场。

受念住则是专注于在受上观受，也即在感到乐受、苦受、不可不乐受时都分别如实地了知，把握到种种受的集起与消散，但不执取之。

心念住是专注于在心上观心，觉察心当下的状态，佛陀将心的状态归结为八对十六种：心有贪，心无贪；心有嗔，心无嗔；心有疑，心无疑；心有乱，心无乱；心广大，心狭小；有上心，无上心；心得安稳，心不安稳；心得解脱，心不解脱。对心的这每一种状况都留心观察，但

---

① ［美］坦尼沙罗：《定义"念住"》，https：//mp.weixin.qq.com/s/JjVnZQwswEx4kG4k-0zzVA，2021年6月15日。

② ［美］坦尼沙罗：《定义"念住"》，https：//mp.weixin.qq.com/s/JjVnZQwswEx4kG4k-0zzVA，2021年6月15日。

③ 参见《相应部》46：54，《相应部》48：71—82。

④ 参见［泰］阿姜李《念住呼吸与禅定开示·禅那》，http：//www.mengou.net/ncrw/dm-dl/17117.html，2021年6月21日。

不执取之。

　　法念住是专注于在法上观法。这些法包括五盖（也即贪欲、嗔恨、昏沉与睡眠、掉举与追悔、怀疑）、五蕴（也即色、受、想、行、识）、十二处（也即眼根、耳根、鼻根、舌根、身根等六内处与色尘、声尘、香尘、味尘、触尘等外六处）、七觉支（包括念觉支、择法觉支、精进觉支、喜觉支、轻安觉支、定觉支和舍觉支）、四圣谛等。留意观察五盖、五蕴、十二处上的生起与消散现象而不执取之，了知七觉支存在或不存在于自己内心，了知它们如何在内心生起，了知如何培育及圆满已经生起的这些觉支，在当下的身心状态中实际观察苦，观察苦的原因、苦的灭除以及导致苦灭除的方法。

　　综观四念住，都是专注于对自身当下诸多身心现象的密切观察和觉知，培育正知正念，使心保持清醒与不执取，并适时作出妥当的应对和处置，以努力使心摆脱对五蕴的贪执与忧恼。

　　第八支是正定。这是八支圣道的最后一支，被认为是"凝聚心的一切善巧潜能的方式"①，也是得到前面所有七支支持的核心一支：

> 比丘们！什么是有近因、有资粮的圣正定呢？即：正见、正思、正语、正业、正命、正精进、正念，比丘们！凡被这七支准备的心一境性，比丘们！这被称为"有近因"、"有资粮"的圣正定。②

《阿含经》中多以四禅来描述正定的进展。

> 而，比丘们！什么是正定？比丘们！这里，比丘从离欲、离不善法后，进入后住于有寻、有伺，离而生喜、乐的初禅；以寻与伺的平息，自信，一心，进入后住于无寻、无伺，定而生喜、乐的第二禅；以喜的褪去与住于平静，有念、正知，以身体感受乐，进入后住于这圣弟子宣说："他是平静、具念、住于乐者"的第三禅；以

---

① ［泰］阿姜李：《念住呼吸与禅定开示·引言》，https://mp.weixin.qq.com/s/o_az-vpgtIxE1YoKT6E3miQ，2021年6月21日。

② 《相应部》45∶28。

乐的舍断与苦的舍断，及以之前喜悦与忧的灭没，进入后住于不苦不乐，由平静而正念遍净的第四禅，比丘们！这被称为正定。①

正定建立在正念的基础上，从具体来说，"四念住"就是修学禅定、进入禅那（jhāna，意谓"全神贯注、聚焦于单一对象或所缘"②）的方式。这里我们将主要根据泰国林居传统的禅修实践和思想，试着对四禅分别稍作解释。

首先是初禅。初禅有五禅支。第一禅支为"寻"（vitakka），意为"寻想"，是指有特定意向的思虑。在准备进入禅那时，需要通过一定的意向导引，使心"离欲、离不善法"，把心带到一个境界。这可以有很多不同的"寻想"，都是可以根据需要来选择使用的。首先最基本的是之前在"正思"中说到过的离欲寻、无恶意寻和不加害寻等"善寻"，当然，还有与之相伴随的对欲寻、恶意寻和加害寻等"不善寻"的克服和舍断。③ 另外在过程中，可以针对心的具体状况来"作意"特定的"相"（主题）。比如，修行者有时可能会产生无聊感、挫折感，感到丧失了斗志，有时身心焦躁，还有些时候发现心境受到外界的骚扰。遇到这样的情形，佛陀建议：这个时候比丘的心，应该要执取某些能够激励内心的主题，比如忆念佛陀的功德，忆念佛法的内容，忆念僧伽中令人鼓舞的榜样人物等。透过这些忆念，有可能使修行者受到激励，得以信心饱满。

> 这里，比丘住于在身上随观身，热心、正知、有念，能调伏对于世间的贪婪、忧，当他住于在身上随观身时，生起身所缘的或身上的热恼，或心的退缩，或向外地扰乱心，阿难！那样，比丘的心应该被另安置于某些能激起信心的相。④

再比如，当心里生起与贪、嗔、痴有关的不好念头（恶寻）时，就

---

① 《相应部》45：8。
② ［泰］阿姜李：《念住呼吸与禅定开示·禅那》，https：//mp.weixin.qq.com/s/GgHcy-ScPd6G1nkj5T9OBCA，2021年6月26日。
③ 参见《中部》19。
④ 《相应部》47：10。

要专门想一些与善有关的主题来对治，就仿佛石匠采取以细楔子顶出粗楔子的办法一样：

> 比丘们！这里，当比丘由于作意某个相而生起与欲、嗔、痴有关的恶不善寻时，比丘们！因为那样，比丘因那个相而应该作意其它有关善的相。当因那个相而作意其它有关善的相时，那些与欲、嗔、痴有关的恶不善寻被舍断、灭没，以它们的舍断而内心住立、安静下来、成为统一、入定。比丘们！犹如熟练的石匠或石匠的徒弟会以细楔子顶出、引出、退出粗楔子。同样的，比丘们！当比丘由于作意某个相而生起与欲、嗔、痴有关的恶不善寻时，比丘们！因为那样，比丘因那个相而应该作意其它有关善的相。当因那个相而作意其它有关善的相时，那些与欲、嗔、痴有关的恶不善寻被舍断、灭没，以它们的舍断而内心住立、安静下来、成为统一、入定。①

"寻"就是以这样的方式把心引向该努力的方向。

第二禅支为"伺"（vicāra），有考察、评估之意。经过"寻"的引导，心稳定下来，开始专注在特定的禅修业处（主题）上，这时"伺"要对心的动态进行考察并作出评估。比如在呼吸禅定中，根据阿姜李尊者的说法，伺就是"运用自己的观察力与评估力，学会纠正、调整、安抚呼吸，使它稳定、平衡、恰到好处"，"比方说，慢呼吸不舒适，就调快一点。长呼吸不舒适，就改成短呼吸。呼吸太柔弱，令你昏沉或者散乱，就加重、加强呼吸"，如此等等。②

从身行、语行、心行的划分来说，寻与伺被归为语行，因为它们像是内心的言语，不出声地指挥着修行者的禅修动作，按照经上的话说，"寻思后、伺察后在前，迸出言语在后，因此，寻与伺是语行"③。在初禅

---

① 《中部》20。
② ［泰］阿姜李：《念住呼吸与禅定开示·观察与评估》，https://mp.weixin.qq.com/s/cBxj9rutCVMsvuBll1Uifg，2021年6月21日。
③ 《中部》44。

中，这两支代表诉诸内心语言和思维的刻意努力。①

经过寻和伺的努力，禅修者的心越来越清明、平静，贪爱、嗔恚、昏沉、掉举、疑五盖会减弱并且消失，这被称为"离"，也就是心远离五盖的状态。由此带来第三禅支"喜"（pīti）和第四禅支"乐"（sukha）。阿姜李尊者解释说，"身与心有满足清新之感"，是为喜，"身心俱得休息时，即有宁静自在之感"，是为乐。②

心逐渐达到"一心""一境性"（ekaggatārammaṇa，也译为"一所缘性"），这是初禅的第五禅支。"一境性"首先表示心开始安静下来，寂止下来，能够稳定地专注于禅修目标，而不再不由自主地追逐其他任意所缘（目标）。这是心"入定"的标准"性状"，如《阿含经》上说："凡心一境性者，这是定。"③ 心达到了一种统一状态，它能够统摄自身。故而菩提比丘长老在英文中以"心的统一"（unification of mind）来翻译"心一境性"。心有力地贯注于禅修目标而与之高度相融，乃至合一。这是心的深层活力被激发的表现。心稳固而不动摇的专注，也给修行者带来了深度的安宁感。就如以下经文所描述，此时即便外在暴力加之于身，修行者也能够堪忍而不会被惹恼：

> 我的活力已被发动而不退，念已现起而不忘失，身已宁静而无激情，心已入定而一境，现在，宁愿让拳触、土块触、棍棒触、刀触来到身体上，因为，这正是佛陀的教导被执行。④

以呼吸禅定为例，用阿姜李尊者的话说，这时"随着喜与乐的增强，呼吸愈加精细"，修行者"得以放下寻想与评估（前期的开路因素）——完

---

① 对"寻"与"伺"的含义，佛教界有不同的观点，我们在这里主要采纳了阿姜李、坦尼沙罗、朱倍贤等人的看法。朱倍贤有一篇文章对这两个词作了专题讨论，值得参考，文章参见朱倍贤《初禅中的"寻"与"伺"》（上），http：//whatthebuddhataught.cn/Words/2015_Zen/88.html，2021年6月21日；《初禅中的"寻"与"伺"》（下），http：//whatthebuddhataught.cn/Words/2015_Zen/92.html，2021年6月21日。

② ［泰］阿姜李：《念住呼吸与禅定开示·方法二》，https：//mp.weixin.qq.com/s/vNx-uesJBsrTO2rB6F5juFQ，2021年6月21日。

③ 《中部》44。

④ 《中部》28。

全只依赖单一禅支即一所缘性——进入第二禅那"。①

以下关于第二、三、四禅，都摘引阿姜李尊者的描述，来作一呈现。二禅的状况是这样的：

> 既入二禅，喜、乐愈强，这是由于两者只依赖单一的因，即一所缘性，从此由它照料以下工作：专注呼吸令它越来越精细，保持平稳寂止，身心两者随之都有清新自在之感。心较先前更加稳定、专注。②

接着：

> 随着继续专注，喜与乐越来越强，并开始扩张、收缩。继续专注呼吸，把心移向更深，到达一个更精细的层次，借此避离喜与乐的动态，于是入第三禅那。③

在第三禅那，有两要素：乐与一所缘性。

> 身安静、不动、独立。无痛感升起干扰它。心独立、寂止。呼吸"气"精细、畅流、宽广。有一团光亮，白如棉绒，弥漫全身，止息身心的一切不适感。继续只管专意照料这团宽广、精细的呼吸"气"。心有自由：无过去、未来的杂念干扰它。心独自凸显而立。四属性——地水火风——在全身相互和谐。几乎可以说，它们在全身各处是纯净的，因为呼吸"气"有力量掌控与照料其它属性，维持其协调合作。一所缘性为因，念住与之结合。呼吸"气"遍满全身。念遍满全身。

---

① [泰] 阿姜李：《念住呼吸与禅定开示·禅那》，https://mp.weixin.qq.com/s/GgHcy-ScPd6G1nkj5T90BCA，2021年6月26日。

② [泰] 阿姜李：《念住呼吸与禅定开示·禅那》，https://mp.weixin.qq.com/s/GgHcy-ScPd6G1nkj5T90BCA，2021年6月26日。

③ [泰] 阿姜李：《念住呼吸与禅定开示·禅那》，https://mp.weixin.qq.com/s/GgHcy-ScPd6G1nkj5T90BCA，2021年6月26日。

继续朝内专注：心明亮有力，身体轻。诸乐受静止。身感稳定、均衡，觉知中无空档遗缺，令你得以放开乐感。乐之诸相趋向静止，缘自于四元素的平衡、不动。一所缘性作为因，有力量更深沉地朝下专注，把你带入第四禅那。①

第四禅那有两要素：舍（upekkha）与一所缘性或念住。

第四禅那的舍与一所缘性，高度专注有力：坚实、稳固、确定。气元素绝对寂止，无波动、逆流或间隙。心处于中性、寂止，无一切过去将来之想。构成当下的呼吸"气"处于静止态，如风平浪静之海天。你能够遥知远处的景观与声响，因为呼吸"气"平坦无波，其作用如电影屏幕，凡所投射，尽得清晰回映。

知见在心中升起：你觉知，但维持中性、寂止。心中性、寂止；气中性、寂止；过去、现在、将来全部中性、寂止。这是定住于无扰、寂止之气的真正的一所缘性。身内的各处之气相互贯通，你得以透过每个毛孔呼吸。你不必经由鼻孔呼吸，因为出入息与身内其它的气层次形成了统一的整体。气能的一切层次均衡、遍满。四元素都有同样的特性。心完全寂止。

定力强大，光熠煜，
此为了知大念处。
心放光华，
如日之光。
云雾不蔽，
光照大地。

心朝四面八方放射光明。由于念的贯注，气明亮，心全然明亮。

---

① ［泰］阿姜李：《念住呼吸与禅定开示·禅那》，https://mp.weixin.qq.com/s/GgHcy-ScPd6G1nkj5T90BCA，2021年6月26日。

定力强大，光熠煜……指心有力量、有主权。四念处全部汇聚为一处，不存在"那是身、那是受、那是心、那是法'心理素质'"的分别感。无其为四者之感。故称大念处：四者无分别。

心有定力之故，
专注、集中、真实。

念住与警觉汇集为一：一乘道［ekāyana - magga］之意即在于此——四元素之间、四念处之间相互协调，四合为一，引生高度的能量与警醒，它们就是驱尽一切迷蒙黑暗的内在净化之火［tapas］。

随着你进一步高度专注心的光明，功能将因放开一切攀缘而升起。心独立，如登达顶峰者，有资格环顾四方。心的居住处——也就是支撑着心的凸显与自由的气——处于提升状态，使心得以明见一切法的造作——即元素、蕴、处——的位置。正如带着照相机上飞机的人，可以俯拍下方几乎一切事物，同样地，一位达到此阶段即世间解境界者，可以如实地知见世界、知见法。[①]

佛陀本人非常重视修习禅定，不仅自己日常经常修习禅定，也一再鼓励与催促弟子们修习禅定：

比丘们！有这些树下、这些空屋，比丘们！你们要修禅！不要放逸，不要以后变得后悔，这是我们对你们的教诫。[②]

这是因为，定实际上是前面七支圣道的汇集：

四念住是定的前兆；四正勤是定的资助；就这些法的练习、修

---

① ［泰］阿姜李：《念住呼吸与禅定开示·禅那》，https://mp.weixin.qq.com/s/GgHcy-ScPd6G1nkj5T90BCA，2021年6月26日。

② 《相应部》43：12。

习、多修习，在这里，这是定的修习。①

也因为，正是在定中，才能够真正从经验上直接地如实了知苦与苦灭：

> 比丘们！你们要修习定。比丘们！得定的比丘如实了知，如实了知什么呢？色的集起与灭没，受的集起与灭没，想的集起与灭没，行的集起与灭没，识的集起与灭没。②

禅修主题（业处）有多种，佛陀教导了五十多种，包括不净观、随死念、慈心解脱、悲心解脱、喜悦心解脱、平静心解脱、无常想、无常苦想等，其中入出息念（又称"安那般那念"，也就是呼吸禅定）是最受推荐的，被认为有"大果""大效益"③，佛陀本人就常常连续三个月独自修习呼吸禅定。④

八支圣道可归为戒、定、慧三学：正语、正业、正命属戒，正精进、正念、正定属定，正见、正思属慧。⑤ 在戒的方面，佛陀继承并超越了印度传统的"不害"精神，主张不仅要努力戒除恶与不善，而且要极力增长善法，比如倡导修习慈念就是一个明显的例子。经中明确肯定修慈念在修行上的积极效果："若人无限修慈念，见生依灭有结少。"⑥ 并赞叹说："譬如一切星光不彼月光十六分之一值，惟月光卓绝且为照渡。如是，诸比丘！一切之有依福业，不彼慈心解脱十六分之一值。惟彼慈心解脱光辉卓绝，且为照渡。"⑦ 在禅修中也有意识地融入"四无量心"，修行者郑重地在自己心中唤起对众生的无量慈悲心："为诸众生除无利益，是名大慈；欲与众生无量利乐，是名大悲；于诸众生心生欢喜，是名大喜；无所拥护，名为大舍；若不见我、法相、己身，见一切法平等

---

① 《中部》44。
② 《相应部》22：5。
③ 参见《相应部》54：1—20。
④ 参见《相应部》54：11—12。
⑤ 《中部》44："正语、正业、正命这些法被戒蕴包含；正精进、正念、正定这些法被定蕴包含；正见、正志这些法被慧蕴包含。"
⑥ 《如是语经》27。
⑦ 《如是语经》27。

无二，是名大舍；自舍己乐，施与他人，是名大舍。"①

在定的方面，佛教同样既吸收了印度教传统丰富的禅定（瑜伽）修习经验，又给予了批判，其中最关键的一点就是，佛陀并不像印度教那样在禅定经验中寻求所谓"真我"，反而要求省思这种经验本身属世的性质：无常、苦、无我，并予以超越。故而佛陀以"正定"来标示他所主张的禅定方式。可以说，佛陀并不将禅定经验视为终极经验，对他而言，涅槃并不是等同于最高的禅定经验。这早在他觉悟前决定离开他跟随学习修习禅定的两位老师时就已明确：不管多么高妙的入定境界，由于依然依赖于人为的架构和造作，如果没有得到解脱的话，就只是暂时得到清静，出定后，贪、嗔、痴、忧悲恼苦等烦恼仍会侵入禅修者的心里，故而单单禅定本身绝不是通往涅槃的究竟之道。而当他在菩提树下觉悟时，他更是清晰地确认了这一点，他非常明了地说道：

无论沙门婆罗门，如依生有语离脱，我云此等梵行者，皆由生有未脱离。

无论沙门婆罗门，如依非有语出离，我云此等梵行者，皆由生有未出离。②

也就是说，他认为，只要仍停留在存有或非存有模式的经验上，那就还不是真正的解脱。在教导臻达涅槃彼岸的途径时，佛陀仍然把禅定的修习列入其中，并且是非常重要的一支，但它是作为有待超越的手段，而不是最终的目的。

在慧的方向，首先从内容来说，佛陀并非教导弟子追求某种形而上形式的所谓"终极洞见"，反而极力撇开对那些形而上学问题的求索，认为它们"不具利益，不是梵行的基础，不导向厌、离贪、灭、寂静、证智、正觉、涅槃"，对待它们的恰当方式就是搁置、拒绝、不予记说。③

---

① 《大般涅槃经》第15卷。
② 《自说经》10。
③ 《中部》63。

佛陀自述"从以前到现在,我只安立苦以及苦之灭"①。慧的全部焦点就在"苦以及苦之灭",也即四圣谛的内容。关于这一点,佛陀的一个著名譬喻"掌中叶"尤其令人印象深刻:

> 有一次世尊住在憍赏弥申恕林中。
>
> 那时,世尊以手取少量的申恕树叶,然后召唤比丘们:
>
> "比丘们!你们怎么想:我的手所取少量的申恕树叶,与那些在申恕林上的'树叶',哪个较多?"
>
> "大德!世尊以手所取少量的申恕树叶少,而那些在申恕林上的'树叶'较多。"
>
> "同样的,比丘们!这经我证知而不对你们说的多,比丘们!为什么不为我所说呢?比丘们!因为这不具利益,不是梵行的基础,不导向厌、离贪、灭、寂静、证智、正觉、涅槃,因此它不为我所说。
>
> 而,比丘们!什么是为我所说的呢?比丘们!'这是苦'是为我所说的,'这是苦集'是为我所说的,'这是苦灭'是为我所说的,'这是导向苦灭道迹'是为我所说的。
>
> 比丘们!为什么为我所说呢?比丘们!因为这具利益,这是梵行的基础,这导向厌、离贪、灭、寂静、证智、正觉、涅槃,因此它为我所说。
>
> 比丘们!因此,在这里,'这是苦'应该作努力……'这是导向苦灭道迹'应该作努力。"②

对这个譬喻,后世佛教多偏离佛陀借此譬喻所要表达的重点,而倾向去"发掘"为佛陀所"证知"却不为他所说的东西,并为佛陀贴上"智慧无边"乃至"无所不知"的标签。这其实非常遗憾地会错了佛陀的本意,他的本意显然是强调四圣谛是唯一值得讲说的,因为它导向解脱和涅槃。

而四圣谛本身不是纯理论,它的全部功能在于一种实践导向,也就

---

① 《相应部》22:86。

② 《相应部》56:31。

是把修行者导向离苦，导向解脱。所以，相应地，就其开展方式来说，"慧"不在于概念性的理论印证，而在于对实际动作的导向。"智慧/般若"（paññā）一词的原始意涵是辨别和拣择。在佛陀关于慧的修习也即慧观的教导中，所强调的也正是那种清楚地进行辨析、判别和灵活、善巧地进行拣择的能力。大到最基本的抉择：在清楚地了解到五蕴的集起、灭没、乐味、过患和出离后，才决定摆脱对五蕴的贪执而出离①；小到对每一个起心动念的处理：例如，对心中的欲寻、恶意寻、加害寻等恶寻，和离欲寻、无恶意寻、不加害寻等善寻，要"多随寻思、多随伺察"，但是，如果长时间地寻和伺令身体疲倦，进而使心受到干扰，无法安住，那就要停下来，让心休息。②

佛陀非常清醒而务实地把智慧安立在唯一的实务上：解脱。他认为这也是区别他的教说与外道理论的关键。他屡屡强调，修行者应以离苦、解脱为唯一目标，对理论本身也要采取不执取的态度。只有在理论上也完全放弃执取，才有可能真正证得涅槃：

> 比丘们！当比丘无明已被舍断，明已生；以无明的褪去，明的生起，他既不执取欲取，也不执取见取，也不执取戒禁取、也不执取"真"我论取，不执取则不战栗，无战栗者就自己证涅槃，他了知："出生已尽，梵行已完成，应该作的已作，不再有这样'轮回'的状态了。"③

他反对就理论本身进行争竞性的争辩，认为这是无益的，如果有什么谈论和讨论，那也应当是把四圣谛作为唯一的话题：

> 比丘们！你们不应该诤论："你不了知这法、律，我了知这法、律；你了知这法、律什么！你是邪行者，我是正行者；我的是一致的，你的是不一致的；应该先说的而后说，应该后说的而先说；你

---

① 参见《相应部》22：26—28。
② 参见《中部》19。
③ 《中部》11。

所常时间熟练的是颠倒的；你的理论已被论破，去救［你的］理论；你已被折伏，请你拆解，如果你能。"什么原因呢？比丘们！［因为］这些谈论不具利益，无关梵行的基础，不导向厌、离贪、灭、寂静、证智、正觉、涅槃。

而，比丘们！当你们谈论时，应该谈论"这是苦"；当你们谈论时，应该谈论"这是苦集"；当你们谈论时，应该谈论"这是苦灭"；当你们谈论时，应该谈论"这是导向苦灭道迹"……应该作努力。①

当有一位比丘困惑于"色、受、想、行、识均是无常、无我，那么谁是我的真我"这个问题时，阿难向他转述了佛陀对迦旃延氏比丘的教导：

这世间多数为攀住、执取、黏着所束缚，但对攀住、执取、心的依处、执持、烦恼潜在趋势不攀取、不执取，不固持"我的真我"的人，对"所生起的只是苦的生起；所灭去的只是苦的灭去。""一事"，不困惑、不怀疑，不依于他人而智慧在这里生成，迦旃延！这个情形是正见。②

也就是说，对所有执取包括对"见"的执取都要敏于辨识而放下，不纠缠于概念，而只专注于当下经验里苦的生起和苦的灭去。无论心里升起什么样的念头，都要果决地把心带回对苦的辨析和苦的灭除上，就像舍利弗提醒另一位比丘：

阿那律学友！凡你这么想："我以清净、超越人的天眼检视千世界。"者，这是关于你的慢；凡你这么想："我的活力已被发动而不退，念已现起而不忘失，身已宁静而无激情，心已入定而一境。"者，这是关于你的掉举；凡你这么想："然而，我的心没以不执取而从诸烦恼解脱。"者，这是关于你的后悔，尊者阿那律舍断这三法、

---

① 《相应部》56∶9。
② 《相应部》22∶90。

不作意这三法后，请将心集中于不死界，那就好了！①

从本质上说，戒、定、慧都仍然属于"造作"（故又称"戒蕴、定蕴、慧蕴"），不过是"善巧"的造作，是为了通向解脱而施设的"道路"。戒、定、慧又被称为"三增上学"，三者之间一般被认为是有次第的，如印顺导师所说"依戒起定，依定发慧，依慧得解脱"。②佛经中也记佛对郁低迦说："当先净其初业，然后修习梵行。……当先净其戒，直其见，具足三业，然后修四念处。"③但是八正道又以正见（也即慧）为首，慧被认为"不但是末后的目标，也是开始的根基，遍于一切支中"④，正如在五根中，慧渗透于其他每一根："成就慧根者，能修信根（精进、念、定也如此）……"⑤

从最终来说，戒、定、慧都是工具和手段。佛经中舍利弗与满慈子的一段对话清楚地显示，佛陀的这两位优秀弟子都非常明白，他们是为了"无执取般涅槃"而修梵行，戒、定、慧（经中的说法是戒清静、心清静、见清静），就像是一辆辆接力车，是为了最后到达"无执取般涅槃"这个目的地：

> 同样的，学友！戒清净是为了达成心清净；心清净是为了达成见清净；见清净是为了达成度疑清净；度疑清净是为了达成道非道智见清净；道非道智见清净是为了达成道迹智见清净；道迹智见清净是为了达成智见清净；智见清净是为了达成无执取般涅槃，学友！为了无执取般涅槃而跟随世尊修梵行。⑥

当一个佛弟子成功修道到最后，他将获得这样完全的解脱：

---

① 《增支部》3：131。
② 释印顺：《佛法概论》，中华书局2010年版，第222页。
③ 《杂阿含》第624经。
④ 释印顺：《佛法概论》，第222页。
⑤ 《杂阿含》第656经。
⑥ 《中部》24。

在那里，所有受之类、想之类、行之类、识之类，他看那些法作无常的、苦的、病的、肿瘤的、箭的、祸的、疾病的、另一边的、败坏的、空的、无我的，他使心从那些法脱离；他使心从那些法脱离后，心集中于不死界："这是寂静的，这是胜妙的，即：一切行的止、一切依着的断念、渴爱的灭尽、离贪、灭、涅槃。"当他在那里住立时，到达诸烦恼的灭尽。①

第三节　此岸—彼岸的关联：寂灭模式

在此岸—彼岸的关联方式上，与印度教的内证模式不同，佛陀完全取道另一模式，我们可称之为寂灭模式。《杂阿含》卷一开篇就记佛陀教导诸比丘："当观色无常，如是观者，则为正观。正观者，则生厌离；厌离者，喜贪尽；喜贪尽者，说心解脱。如是观受、想、行、识无常，如是观者，则为正观。正观者，则生厌离；厌离者，喜贪尽；喜贪尽者，说心解脱。如是，比丘，心解脱者，若欲自证，则能自证：我生已尽，梵行已立，所作已作，自知不受后有。如观无常，苦、空、非我亦复如是。"这遵循这样一个程序：正观——厌离——喜贪尽——解脱。观察五蕴（包括色、受、想、行、识）的无常（苦、空、非我），从而能够对它们产生厌离的心理，不再执着，由此除灭了贪欲，"喜贪尽"，这样就能够达到解脱。

佛教根本教义四圣谛就分析了苦的原因在于渴爱和无明，也就是因无知而贪着于五蕴，所以，要脱离苦、灭除苦，就要让这种渴爱和无明止息，这两者止息，自然就不会再产生苦，从而也就从苦解脱了。

《杂阿含》首卷即有多篇，都记佛陀反复教导比丘们从正确观察和思维五蕴无常、苦、非我、非我所下手，来拔除对五蕴的欲贪、爱喜，从而达到断苦，超越对生、老、病、死的恐怖，最终得以达到心的解脱。②

这与印度教向内寻求与内在绝对真我合一的内证模式是截然不同的。在此岸—彼岸之关联模式上，佛陀与传统印度教有一决裂，佛陀本人也

---

① 《增支部》9：36。
② 例如参见《杂阿含》第2、4、8、10、11经。

在其证道历程中自述过这一决裂发生的前因后果。当他出家去往森林里求道时，他曾以那里的阿罗逻仙人为师，学习以印度教传统的胜王瑜伽直接证悟神我（阿特曼）的方法。据称佛陀当时确实很快掌握了方法并且达到了"无所有处定"，但是他对此经验的究竟性抱持怀疑，因为他清楚"无所有处定"是通过自己的瑜伽经验创造出来的，而不可能是无限制、无造作因而是绝对的神我境界。同时他觉得这种所谓的最高意识状态也不能满足他的追求，因为当他出定后，仍然受制于热恼、贪欲和渴爱，他并没有通过这个经验而得到永恒的转化，也没有得到持久的安宁。当他转投另一更高明的瑜伽师郁陀伽仙人，向后者学习证得"非想非非想处定"后，情况也没有任何改变。瑜伽修行只能让修持者暂时逃避烦恼，而无法达到究竟的解脱。他最后又尝试了极端的苦行，但也还是没能成功。瑜伽和苦行都没有用，没有帮他彻底解脱欲望的束缚和折磨。而私我非常顽固，几乎不可能完全消灭，追寻那崇高的神我，也可能反而助长了原本想要消除的我执。在失望之下，他思想着是否"会有其他觉的道路"，决定尝试独自去开辟道路。①

佛陀回想起自己年少时有一次坐在阎浮树下不经意间获得的禅定经验，回味那时由于"离欲、离不善法"而得以"进入后住于有寻、有伺，离而生喜、乐的初禅"，他开始认真琢磨其中的奥妙，并相信："这就是觉的道路。"② 他首先确认，无须害怕"那欲之外、不善法之外的乐"③，苦行主义所假设的"乐不能经由乐证得，乐能经由苦证得"④ 这一原则并不正确。他于是恢复了正常的饮食，在调养了身体之后重新修禅定，并再次进入年少时所曾获得的那种初禅经验，而且超越之，进入一层更比一层胜妙的第二、三禅，乃至进入超越所有苦与乐的、喜与忧的、深度平静的第四禅。至此，佛陀认定自己"心从欲的烦恼解脱，心从有的烦恼解脱，心从无明的烦恼解脱"⑤，已经彻底出离轮回之苦而解脱了。

后来他自述在菩提树下的成道："我既具有生法，因睹生法之无益，

---

① 参看《中部》26，36，85，100。
② 《中部》36。
③ 《中部》36。
④ 《中部》26。
⑤ 《中部》85。

我所求者，厥为无生，脱乐欲之缠缚，入无上之寂灭，遂得无生无缚无上之寂灭……"以及灭老、灭病、灭死、灭苦、灭一切有漏法，"忽然正见升起，大彻大悟：吾已解脱，此乃最后生期，更无重生"。① 在此我们也可以看到，佛陀对自己的成道所悟的描述是侧重于"灭"的方面，并直接以"寂灭"称呼此境界。可以想见，佛陀本人极其重视此"寂灭"法，并视之为自己的新鲜发现（尽管他相信这与"古仙人道"一致）。他证悟后即怀疑自己所悟的真理不是世间人所能领会的：

> 我听到这样：
>
> 有一次，世尊住在优楼频螺，尼连禅河边牧羊人的榕树下，初现正觉。
>
> 那时，当世尊独处、独坐时，心中生起了这样的深思：
>
> "被我证得的这个法是甚深的、难见的、难随觉的、寂静的、胜妙的、超越推论的、微妙的、被贤智者所体验的。然而，这世代在阿赖耶中欢乐，在阿赖耶中得欢乐，在阿赖耶中得喜悦；又，对在阿赖耶中欢乐，在阿赖耶中得欢乐，在阿赖耶中得喜悦的世代来说，此处是难见的，即：特定条件性、缘起；此处也是难见的，即：一切行的止，一切依着的断念，渴爱的灭尽、离贪、灭、涅槃。如果我教导法，如果对方不了解我，那对我是疲劳，那对我是伤害。"
>
> 于是，这以前未曾听闻，不可思议的偈颂出现在世尊心中：
>
> "被我困难证得的，现在没有被知道的必要，
> 此法不易被贪与嗔征服者完全正觉。
> 逆流而行的、微妙的，甚深的、难见的、微细的〔法〕，
> 被贪所染者、被大黑暗覆盖者看不见。"②

为何难以为世人所领悟？一者，一般世人"乐于在阿赖耶中得欢乐"③，

---

① 巴利文中阿含 I, 167ff, 转引自〔英〕渥德尔《印度佛教史》，王世安译，商务印书馆 2000 年版，第51—52页。
② 《相应部》6：1。
③ 释印顺：《印度佛教思想史》，中华书局2010年版，第25页。

"阿赖耶"有"执着处"的意思，也有"窟、宅、家"的意思，也就是说，世人倾向于认同和执着某个依止之处，而不易接受缘起论讲事物依条件而产生和消散的道理；二者，寂灭法是反向而行、"逆流而行"的方式，不合一般世人的行为习惯。

然而佛陀终究还是决心向世人宣说他所悟得的崭新教理和教法，也就是缘起论和寂灭法。寂灭法是立基于缘起论的。缘起论摒弃了以单一终极原因来解释世间事物的理论取向，不论这种原因被称为神意、命运还是其他别的。佛陀以缘起论对苦的原因展开的探讨完全撇开了当时社会中流行的神意说和宿命论。相应地，他也反对印度传统向来流行的以祭祀或苦行来灭除苦的做法。

对于苦的原因，他的立论是，苦是"缘所生的"，而且是"缘"着个体的身、语、意这几个方面的"触"而生起的。这个立论的特别超胜之处在于，它不是"苦是自己所作"，"苦是其他所作"，"苦是非自己非其他所作，自然生的"这几种观点之外的、与它们相平行和争竞的一个立论，而是指出了可以被这些主张所共同承认的一个明显的事实：

> 学友！乐、苦是缘所生的为世尊所说。缘什么呢？缘触。……
>
> 阿难！在那里，凡那些论说业的沙门、婆罗门安立乐、苦是自己所作的者，那也是缘触……凡那些论说业的沙门、婆罗门安立乐、苦是非自己非其他所作的；自然生的者，那也是缘触。
>
> 阿难！在那里，凡那些论说业的沙门、婆罗门安立乐、苦是自己所作的者，"他们将从触以外感受。"这是不可能的……凡那些论说业的沙门、婆罗门安立乐、苦是非自己非其他所作的；自然生的者，"他们将从触以外感受。"这是不可能的。
>
> 阿难！当有身体时，因身思生起自身内的乐、苦；阿难！当有语言时，因语思生起自身内的乐、苦；阿难！当有意时，因意思生起自身内的乐、苦，并且以无明为缘。
>
> 阿难！他因自己而造作身行，以此为缘生起自身内的乐、苦，或者，阿难！他因他人而造作身行，以此为缘生起自身内的乐、苦，或者，阿难！他正知地造作身行，以此为缘生起自身内的乐、苦，或者，阿难！他不正知地造作身行，以此为缘生起自身内的乐、苦。

> 阿难！他因自己而造作语行，以此为缘生起自身内的乐、苦，或者，阿难！他因他人而造作语行，以此为缘生起自身内的乐、苦，或者，阿难！他正知地造作语行，以此为缘生起自身内的乐、苦，或者，阿难！他不正知地造作语行，以此为缘生起自身内的乐、苦。
>
> 阿难！他因自己而造作意行，以此为缘生起自身内的乐、苦，或者，阿难！他因他人而造作意行，以此为缘生起自身内的乐、苦，或者，阿难！他正知地造作意行，以此为缘生起自身内的乐、苦，或者，阿难！他不正知地造作意行，以此为缘生起自身内的乐、苦。①

也就是说，苦无论被认为是因什么而起，有一点可以确定的是，它一定是通过个体自身的身、语、意而发生，而为个体所感受到。我们在此可以说，佛陀事实上把对苦的考量划定了一个他认为有效的范围，那就是个体的直接经验的范围。超出这个范围，去追问苦外在的或先在的"来源"，或追问背后的主体，在他看来都不是适当的或有效的问题。而苦在经验范围缘生的过程中，佛陀已用十二缘起也即十二个缘生的环节②予以说明。缘起的各支，识、触、受、渴爱、取、生、老死、有、行，等等，都不存在其主体是谁的问题，而只需要知道该支因缘的前后环节就够了。③

并且这些关于生命主体是谁的问题，都可以作为多余的、无意义的问题，从根本上被切断，不再滋生出来。苦的问题只需要集中在经验的范围内来解决，而且解决的办法很简洁：

> 阿难！但就以无明的无余褪去与灭，则以此为缘生起自身内乐、苦的身体不存在；以此为缘生起自身内乐、苦的言语不存在；以此为缘生起自身内乐、苦的意不存在；以此为缘生起自身内乐、苦的

---

① 《相应部》12：25。
② 有时也不一定用十二支，《阿含经》中也有用五支（如《杂阿含》第285经）或九支（如《杂阿含》第218、294经）的，可见缘起的说明不必是绝对的，可以灵活处理。
③ 例如参见《相应部》12：12，12：35。

田不存在；以此为缘生起自身内乐、苦的地不存在；以此为缘生起自身内乐、苦的处不存在；以此为缘生起自身内乐、苦的事件不存在。①

也就是说，只要苦所赖以生起的身、语、意这些处所、"田地"不存在，苦自然也就无处可依了。那么，怎样可以让这些处所、田地不存在呢？当然不是如断灭论所主张的，强行让它们消失。缘起论将找到更善巧的办法，因为它发现，苦的缘生过程虽然复杂，却总是依循一定模式的，而且这个模式是稳定不变的，这就是它的"真实性、无误性、无例外性、特定条件性"②，比如：以无明为缘，有生必有老死，有渴爱必有执取，等等。再者，缘起的各支都是缘所生法，"是无常的、有为的、缘所生的，是灭尽法、消散法、褪去法、灭法"③，都是依赖一定的因缘性条件而产生的，也必定随这些条件的消散而泯灭。而其中最关键的一支，正如前所说，是无明：

  以无明为缘而有行；以行为缘而有识……这样是这整个苦蕴的集。
  但就以那无明的无余褪去与灭而行灭；以行灭而有识灭……这样是这整个苦蕴的灭。④

这样，运用缘起论就可以有苦的寂灭法：无明灭而苦灭。只要作为其中的关键参数的无明"无余褪去"，整个缘起系统也即苦的集起就会停止运作，苦也就止息了。也正如已经在前面提到的，事实上，不仅无明这一支的止息能令苦止息，缘起中其他的任何一支由摆脱无明的支配而止息，也都能够达到令苦止息的结果。

怎样摆脱无明的支配？就是以明来替换无明，也即学会根据四圣谛

---

① 《相应部》12：25。
② 《相应部》12：20。
③ 《相应部》12：20。
④ 《相应部》12：46。

来观察、看待和处置修行者可能面对的一切事情。而这意味着如佛陀所说的，"我只安立苦和苦灭"，也就是只从解决苦的角度出发，来重新归置所面对的一切，把一切归置到四谛的框架里面，并仅仅针对这四项而努力：

> 在这里，"这是苦"应该作努力，"这是苦集"应该作努力，"这是苦灭"应该作努力，"这是导向苦灭道迹"应该作努力。①

更简洁的，则可以这样说：

> 所生起的只是苦的生起；所灭去的只是苦的灭去。②

首先是对苦保持敏感、清醒和警觉，时刻作出判别："这是苦"，或者，"当前生起的是苦"，而不是由着心随顺各种贪欲和执着的牵引，不由自主地去追逐种种境界（六境）。值得指出的是，这里对"苦"的判别已超出一般的"苦受"的概念，而涵盖了所有受：

> 比丘们！有这三受。哪三个呢？乐受、苦受、不苦不乐受。比丘们！这些是三受。
> 凡乐或苦，连同不苦不乐，
> 自身内的与外部的，凡有任何受，
> 知道："这是苦的、虚妄法、败坏的。"后，
> 经一再接触，看见其衰灭，这样，在那里离染。③

有一处经文甚至直接把"六内处"说成是"苦"：

> 而，比丘们！什么是苦圣谛呢？应该回答："六内处。"即：眼

---

① 见《相应部》56 多处。
② 《相应部》22∶15。
③ 《相应部》36∶2。

处……意处，比丘们！这被称为苦圣谛。①

这是因为：

> 六内处是一边，六外处是第二边，识在中间，渴爱是裁缝师，因为渴爱缝纫那个个有的生出处。②

也就是说，凡是在六感官（六内处）上产生的经验之流，都要警惕，因为其中遍透着渴爱，而渴爱就是造苦的。

在作出"这是苦"的判别之后，就要集中于灭苦：先是认定苦的原因在于渴爱（而不是归于其他任何外在或内在的原因），接着认定渴爱止灭则苦止灭的道理，最后致力于渴爱的舍断。

对于渴爱，可以通过发展"非我想""无常想""苦想""过患想""舍断想""离贪想""灭想"③ 等来达到离缚和寂灭，比如在五蕴色、受、想、行、识上作"非我想"：

> 比丘们！因此，在这里，凡任何色，不论过去、未来、现在，或内、或外，或粗、或细，或下劣、或胜妙，或远、或近，所有色应该以正确之慧被这样如实看作："这不是我的，我不是这个，这不是我的真我。"
>
> 凡任何受，不论过去、未来、现在，或内、或外……或远、或近，所有受应该以正确之慧被这样如实看作："这不是我的，我不是这个，这不是我的真我。"凡任何想……凡任何行，不论过去、未来、现在，或内、或外……或远、或近，所有行应该以正确之慧被这样如实看作："这不是我的，我不是这个，这不是我的真我。"凡任何识，不论过去、未来、现在，或内、或外，或粗、或细，或下劣、或胜妙，或远、或近，所有识应该以正确之慧被这样如实看作：

---

① 《相应部》56∶14。
② 《增支部》6∶61。
③ 参见《相应部》55∶3，《增支部》10∶60。

"这不是我的，我不是这个，这不是我的真我。"①

比如作"无常想"：

> 如果他感受乐受，他了知："它是无常的。"他了知："它是不被固执的。"他了知："它是不被欢喜的。"
>
> 如果他感受苦受，他了知："它是无常的。"他了知："它是不被固执的。"他了知："它是不被欢喜的。"
>
> 如果他感受不苦不乐受，他了知："它是无常的。"他了知："它是不被固执的。"他了知："它是不被欢喜的。"
>
> 如果他感受乐受，他离系缚地感受它；如果他感受苦受，他离系缚地感受它；如果他感受不苦不乐受，他离系缚地感受它。②

应该指出，在实际的修行中，渴爱的舍断不是一步到位，而是循序渐进的，也讲究一定的策略和技巧。比如先以善的意向克服较为粗鄙的欲望，再舍断更精微的欲望。像对于"想要解脱/涅槃"这样向善的意志性欲求，也需要善巧处置。一方面，在修道的初期阶段，这样的欲求是值得鼓励的，是可以得到善巧的利用的，也就是"以渴爱舍断渴爱"，就像阿难尊者劝导一位受困扰的比丘尼时所说的：

> "这个身体经由渴爱生成，依渴爱，渴爱能被舍断。"当它被像这样说时，这是缘于什么而说呢？姊妹！这里，比丘听闻："名叫某某的比丘，确实以诸烦恼的灭尽，以证智自作证后，在当生中进入后住于无烦恼的心解脱、慧解脱。"他这么想："什么时候我也将以诸烦恼的灭尽，以证智自作证后，在当生中进入后住于无烦恼的心解脱、慧解脱！"过些时候，他依渴爱舍断渴爱。③

---

① 《相应部》22∶59。
② 《相应部》36∶7。
③ 《增支部》4∶159。

另一方面，到了更高的成熟阶段，最终连最殊胜的执取也能够被舍断：

> "阿难！当比丘执取时，他确实执取最殊胜的执取，阿难！因为这最殊胜的执取即：非想非非想处。
>
> 阿难！这里，比丘这么行：'那不会是，那不会是我的；那必将不是，那必将不是我的，凡存在的；凡已存在的，我舍断它。'这样，他得到平静。他不欢喜、不欢迎、不持续固持那个平静。当他不欢喜、不欢迎、不持续固持那个平静时，识是不依止那个的、不执取那个的，阿难！无执取的比丘般涅槃。"①

在修道的更高阶段，禅修所产生的更精致微妙的想、受、行，也被舍断而灭：

> 诸行的次第灭也被我所讲述：入初禅者，言语被灭了；入第二禅者，寻与伺被灭了；入第三禅者，喜被灭了；入第四禅者，入息出息被灭了；入虚空无边处者，色想被灭了；入识无边处者，虚空无边处想被灭了；入无所有处者，识无边处想被灭了；入非想非非想处者，无所有处想被灭了；入想受灭者，想与受被灭了；烦恼已尽的比丘，贪被灭了，嗔被灭了，痴被灭了。②

在渴爱的舍断技巧上，四念处是佛陀极为推崇的方法，而我们认为也特别能从中窥见佛教的此岸—彼岸关联模式之特色，所以可以在此作为范例来分析。在佛典中，佛陀称说四念处是可以直达涅槃目标的道路：

> 为了众生的清净、为了愁与悲的超越、为了苦与忧的灭没、为了方法的获得、为了涅槃的作证，这是无岔路之道。③

---

① 《中部》106。
② 《相应部》36：11。
③ 《长部》22。

四念处的具体方法，我们虽然在前文已有介绍，为方便论说起见，在此再次援引经文：

> 比丘住于在身上随观身，热心、正知、有念，能调伏对于世间的贪婪、忧；住于在受上随观受，热心、正知、有念，能调伏对于世间的贪婪、忧；住于在心上随观心，热心、正知、有念，能调伏对于世间的贪婪、忧；住于在法上随观法，热心、正知、有念，能调伏对于世间的贪婪、忧。①

我们可以看到，这一方法的关键字眼是"随观"。随观（anupassanā），意思是随着事件的发生，作观想或连续察看。随观什么呢？另一处经文指出了具体的方向：

> 什么是四念住的修习呢？比丘们！这里，比丘住于在身上随观集法，住于在身上随观消散法，在身上随观集与消散法，热心、正知、有念，能调伏对于世间的贪婪、忧；住于在受上随观集法……住于在心上随观集法……住于在法上随观集法，在法上随观消散法，在法上随观集与消散法，热心、正知、有念，能调伏对于世间的贪婪、忧。比丘们！这被称为四念住的修习。②

也就是专注于观察集法和消散法，故而也简称"随观生灭"或"随观消散"。这样做，可以有两个作用：一是在心中以随观替换了杂染。这是因为当前每一个瞬间的心只能为一样事情所占据，心一旦起了随观，杂染自然褪去。经中有描述随观做到非常稳固的程度时的表现：

> 当比丘的心这样完全解脱时，即使能被眼识知的强大色来到眼的领域，也不能占据他的心，他仍保有不杂染的心，稳固、泰然，

---

① 《长部》22。
② 《相应部》47：40。

而随观消散。①

第二个作用是，令修行者对五蕴产生厌离，继而"厌者离染"。这是由于当修行者随观到五蕴的无常生灭时，他/她意识到那不是自己所能倚靠、获得幸福喜乐的安稳处，所以不再对之抱持幻想，眷恋感消失，这就是一种厌离感。厌离感使得修行者在心理上自动地摆脱了对五蕴的执取之念，这也就是所谓"厌者离染"。

> 如果当在眼根上住于随观生灭时，他在眼根上厌……比丘！如果当在舌根上住于随观生灭时，他在舌根上厌……比丘！如果当在意根上住于随观生灭时，他在意根上厌……厌者离染……②

这种厌和离的能力是通过有次第的修炼达到的③：一开始是成为持戒者，通过持守基本戒律达成初步的自制，然后是成为"守护根门"者，也就是"当六根面对境界时，对合意的'可念'境界不起欲念，对不合意的'不可念'境界，不起不高兴的'嗔恚'"④，及时地舍离贪欲和嗔恚，从而也使得原来可能伴随着贪嗔而进一步生起的恶不善法没有生起的机会，接着就能够修习"四念住"，随观身、受、心、法，并逐渐做到纯熟的程度，每当在六根处生起合意的或不合意的经验，都能迅速地作出反应：

> 我已生起合意的，已生起不合意的，已生起合意与不合意的，那是有为的、粗的、缘所生的。这是寂静的；这是胜妙的，即：平静。⑤

由此也能够令这一切经验即刻归于寂灭而使心处于平静状态：

---

① 《增支部》9：26。
② 《相应部》35：154。
③ 参见《中部》107，125。
④ 庄春江：《学佛的基本认识》，http://www.fjdh.cn/wumin/2013/10/172755301717.html，2021年2月16日。
⑤ 《中部》152。

犹如有眼的男子张眼后能闭眼，或闭眼后能张眼。同样的，阿难！对那任何已生起合意的，已生起不合意的，已生起合意与不合意的像这么快，这么迅速，这么容易地被灭了，而确立平静，阿难！①

这里要特别注意这种寂灭方式与禁欲主义方式的区别。在上面所引这段经文中，佛陀就谈到了这两者的不同。他曾故意询问一位来访的外道弟子，他们的老师怎么教导"修习根"（也就是感官上的修炼），对方回答说，他们老师的教导是"不以眼见色，不以耳听声"。佛陀回应道，那等于说盲人和聋人都是在"修习根"了。接着他就讲述了他自己所教导的"修习根"的方法。两相比较，可以看出两者之间最大的不同在于，禁欲主义主要依赖于意志的强力作用，强行令感官跟感官对象隔绝，而佛教的寂灭方式则有赖于智慧的运用，并且遵循自然的寂灭之道。佛陀在谈到自己觉悟到寂灭法时，他说，那时"我的眼生起，智生起，慧生起，明生起，光生起"②。正是由于洞见到诸法在缘起中的生灭原理，"此生故彼生，此灭故彼灭"，苦的寂灭可以是非常轻省而合于自然之道的，"凡任何集法都是灭法"③，要令苦灭，只要任其灭去就可以，大有坐看云卷云舒的轻松闲适之感。当然这是需要有前定功夫的，包括持守戒律，如前文所提及的。这是不宜轻描淡写、一笔带过的，不然就极易陷入一些走偏走歪的倾向。

从其核心"技能"来说，四念住实际上就是用正知正念贯穿当前的身心经验，使包括五蕴在内的一切经验之流都能够迅速地自然归于寂灭，从而也使其不再成为造苦的条件。心不再造作新业，而旧业的影响经过智慧的一再贯穿也趋于终结。

修习四念住到纯熟地步，就达到"定具足"，心更趋于明锐、坚定和稳固。如果说，四念住中的心像"电光"，能够迅捷地如实了知"这是苦""这是苦集""这是苦灭""这是导向苦灭道迹"，那么此时心已像

---

① 《中部》152。
② 《相应部》47∶31。
③ 《相应部》56∶11。

"金刚"一样，能够破除一切烦恼，安住于"无烦恼的心解脱、慧解脱"。①

这样，通过以智慧彻底击穿和去除了执取之后，"五取蕴"逐渐回复为"五蕴"。脱去了执取之后，六根处就单纯地限于其本身的活动过程，不为任何情绪所扰而处于平静状态，正如经文所描述：

> 他以眼见色后，既不快乐也不难过而住于平静，具念、正知；以耳听声音后……以鼻闻气味后……以舌尝味道后……以身触所触后……以意识法后，既不快乐也不难过而住于平静，具念、正知。②

这样，由于智慧贯通，灭除了贪、嗔、痴，涅槃已经是直接可见的了：

> 当经验贪的无残余灭尽、嗔的无残余灭尽、痴的无残余灭尽时，婆罗门！这样，涅槃是直接可见的、实时的、请你来见的、能引导的、智者应该自己经验的。③

当修行者"以身触达后而住"④，也即其身心体验完全稳定于无执取而烦恼灭尽的状态，他就得到了苦的结束，证得了涅槃：

> 心在色上……在受上……在想上……在行上……在识上离染，以不执取而从诸烦恼解脱了，以解脱而稳固；以稳固而满足；以满足而不战栗，无战栗者就自己证涅槃，他了知："出生已尽，梵行已完成，应该作的已作，不再有这样'轮回'的状态了。"⑤

> 这是寂静的，这是胜妙的，即：一切行的止，一切依着的断念，

---

① 《增支部》4：195。
② 《增支部》4：195。
③ 《增支部》3：56。
④ 《相应部》48：53。
⑤ 《相应部》22：46。

渴爱的灭尽、离贪、灭、涅槃。①

当面临生命终结时，他也能平静以对：

> 当他感受身体终了的感受时，他了知："我感受身体终了的感受"；当他感受生命终了的感受时，他了知："我感受生命终了的感受"，他了知："以身体的崩解，随后生命耗尽，就在这里，一切被感受的、不被欢喜的都将成为清凉。"②

总而言之，寂灭法是专注于寂灭原理的运作，而非寂灭意志的操作。也就是说，寂灭可谓遵循一整个原理的一套科学运作，是基于对诸法的实质（非我、无常）的认识而进行对应的处置，而并非像"想要它寂灭"这样的意志的施行：

> "又，圣尼！怎样入想受灭呢？"
> "毘舍佉学友！入想受灭的比丘不这么想：'我将入想受灭。'或'我入想受灭'。或'我已入想受灭'。而是如之前心所修习的那样，导引到那样的情况。"③

正因为苦所赖以缘生的诸法都是因缘所生，都是非我的、无常的，所以只要不将它们误以为和执着为我、常，就可以让它们自然归于寂灭。在这里无须对抗，类似以"真我"压制或驱赶"假我"，而只要如实觉知诸法实相：无常、苦、空、非我，这样就从心理上放弃了对它们的执着，而一旦放弃了执着，渴爱也就无从生起，解脱也随之而来。

佛陀所教导的寂灭并非以强力意志操作的寂灭，这一点实际上佛陀当年就曾经特意澄清过，但遗憾的是仍然常常为人所误解，甚至被佛教内部的很多修行者误会。寂灭并非等同于灰身灭智的做法，这种做法在

---

① 《增支部》3：32。
② 《增支部》4：195。
③ 《中部》44。

佛陀那里就已经很明确地不被认同。佛陀曾谈到"七种人",认为这些人虽然勉力舍断了"所有存在、所有已存在的"而暂时获得平静,但他们的"烦恼潜在趋势未被完全舍断",因而并没能进入真正的涅槃。真正的涅槃只有经由完全的"不执取"才能获得。①

可以肯定的是,佛教的寂灭模式虽名为"寂灭",但绝非意味着生命的完全寂灭,反而带来了生命清静的展现和健康的绽放,使修行者由之前的贪者、嗔者、痴者,转变成了没有饥渴感却充满平静和快乐的经验者:

> 他这么了知:"我以前是贪者,那是不善的,现在不存在了,像这样,这是善的;我以前是嗔者……我以前是痴者,那是不善的,现在不存在了,像这样,这是善的。"他当生是无饥渴者、已达涅槃者、已平静者、自己是梵已生者、住于乐的经验者。②

贪、嗔、痴替换为清静、怜悯和光明:

> 舍断恶意与嗔怒后,住于无嗔害心、对一切活的生物怜愍,使心从恶意与嗔怒中清净。舍断惛沈睡眠后,住于离惛沈睡眠、有光明想、具念、正知,使心从惛沈睡眠中清净。舍断掉举后悔后,住于不掉举、自身内心寂静,使心从掉举后悔中清净。舍断疑惑后,住于脱离疑惑、在善法上无疑,使心从疑惑中清净。③

甚至对众生和世界生发出广大、无量的慈悲心:

> 愿所有众生皆得安乐,不论强大弱小、地位高低、渺小伟大、可不可见、距离远近、已生未生,皆完全自在安稳。愿众生互不欺骗或鄙视,不因嗔恨而伤害;愿我们珍爱一切,犹如母亲护着孩子;

---

① 参见《增支部》7:55。
② 《增支部》3:67。
③ 《中部》38。

愿我们的慈心遍及十方世界，对整个世界充满无限的善意，断除憎恨和敌意。①

佛陀所设的一个譬喻也暗示了修行者在令烦恼渐趋寂灭之后一步步所获得的生命净化与更新，过程仿佛金匠采取清洗、熔解等手段，除去金石中的种种杂质，获得柔韧、纯净的黄金，以适合锻造成王冠、耳环等各种精美华丽的成品。②

又一处经文说，当弟子们实践佛陀所宣说的道而达到完美的证智时，他们的生命仿佛得到了更新，脱去旧生命，而获得了新生命，犹如芦苇与芦苇壳、剑与剑鞘、蛇与蛇蜕的分离：

> 再者，巫大夷！道迹被我为弟子们宣说，当依之行道时，我的弟子们从这个身体创造另一个有色、意所生的、有所有肢体与小肢、不缺诸根之身体，巫大夷！犹如男子如果从芦苇拉出鞘，他这么想："这是芦苇，这是鞘；芦苇是一，鞘是另一个，鞘被从芦苇拉出。"或者，巫大夷！犹如男子如果从剑鞘拉出剑，他这么想："这是剑，这是剑鞘；剑是一，剑鞘是另一个，剑被从剑鞘拉出。"或者，巫大夷！犹如男子如果从蛇蜕拉起蛇，他这么想："这是蛇，这是蛇蜕；蛇是一，蛇蜕是另一个，蛇被从蛇蜕拉起。"同样的……在这里，我许多弟子住于已到达最终完美的证智。③

佛教的寂灭模式确实异乎其他宗教，虽然否定式途径在别的宗教里也不乏有呼应，但是作为此岸—彼岸的终极关联，此模式可谓佛教之独创。在轮回的、遍透着苦的现世生存里，怎样才有可能彻底跃出，进入另一种全然不同的、不为苦所沾染而且不再落入轮回的生存？我们知道，在印度教那里，这是以"真我"的存在来保证、以"真我"的凸显来达

---

① 元亨寺版《小部·经集·慈经一》，转引自［英］凯伦·阿姆斯特朗《佛陀》，刘婧、贤祥译，上海三联书店2014年版，第159页。
② 参见《增支部》3：102。
③ 《中部》77。

到的。但是，佛陀曾以自身的经验，尝受到"真我论"给人造成的苦，所以他犀利地指出，无论持守何种形式的真我论，结果都会因为这种理论上的持守而陷入种种感受，都难免"进入渴爱的战栗与动摇"，而这不过是在人生之苦上又添一笔。① 这就是渴爱的无所不在和它的悖论性困境：人几乎没有一个行动，包括灭苦的行动，不是出于渴爱，而渴爱总是无法得到真正的满足的，反而增加了苦。那么，如何才有可能避免陷入这样的悖论？唯有设法出离这一怪圈。这就是佛陀的"离"的思维的出发点。那么，怎样的"离"的方式不是出自会造苦的渴爱，却是舍断渴爱而止息苦的呢？佛陀发现，那是通过一种生起明的"看"：

> 比丘看已生成的为已生成的，看已生成的为已生成的后，是为了已生成的厌、离贪、灭的行者。
> ……
> 凡看已生成的为已生成的后，对已生成的之超越，
> 他们在如实上被解脱：以有之渴爱的遍尽。
> 他确实是已生成的之遍知者，他是在种种有上离渴爱者，
> 已生成的不存在的比丘，不落入再有。②

只是简单地把已生成的看成已生成的，"不试图从它们中创造出一个世界或一个自我，也不试图摧毁它们"③，然而奇妙的是，"在情境发生时看到这种情境，这样的能力，引致任何一种渴爱和执取的寂静"④。其中的原理是，一方面，这样"看"时，使修行者看到了事物的缘起性，而不再仅仅从渴爱和执取的眼光来看事物，由此以明替换了无明，并因此阻断了由无明而造作的后继行为；另一方面，它将不善巧的作意转化为了善巧的作意，从为贪所驱动，转为以贪的离、厌和灭为目标。

由这样的"看"而引发的"离"是彻底的，因为它超越了一般的理

---

① 《长部》1。
② 《如是语经》49。
③ Thanissaro Bhikkhu：*The Shape of Suffering*, p. 58.
④ Thanissaro Bhikkhu：*The Shape of Suffering*, p. 58.

论观点的静态"安立",打破了那种闭环式的理论自守,相反,它出于对苦的敏感和离苦的决心而始终坚持回落到行动和实践上的自我超越,坚持"更上出离":

> 凡任何已存在的、已被造作的、所思的、缘所生的,则是无常的;凡为无常的,则是苦的,凡为苦的,则以正确之慧这样善见此:"这不是我的,我不是这个,这不是我的真我。"我如实了知它的更上出离。①

以及"增上安立":

> 我不认为这安立与我相等,从哪里而更好呢?而在这里,我有更好的增上安立。②

我们可以看到,在这种"离"里面,实际上包含了一种对于无限超越的更大信心,但它不是步印度教后尘,将这种可能的无限超越实体化为终极实体"梵"或阿特曼,并尝试与之认同。它也不同于犹太教那样的信心模式,将这种无限超越的可能性人格化为至上的神,并以信心仰望之,希冀得其引领。佛陀坚持,人的全部自救行动的重心应始终落在这一"离"上,而且是在个体当下的身心体验之流中去实践这种"离",也就是以"四念住"为典型的"身至念"。③ 他认为这是安全的、切近的,也是省力的做法,仿佛是在危险动荡的大海中筑起一个可供自己栖身的岛屿,又仿佛始终行走在祖辈相沿传承的熟悉而安全的故土上:

> 比丘们!你们要住于以自己为岛,以自己为归依,不以其他为归依;以法为岛,以法为归依,不以其他为归依。而,比丘们!比丘如何以自己为岛,以自己为归依,不以其他为归依;以法为岛,

---

① 《增支部》10:93。
② 《长部》29。
③ 参见《中部》119。

以法为归依，不以其他为归依呢？比丘们！这里，比丘住于在身上随观身，热心、正知、有念，能调伏对于世间的贪婪、忧；在受上随观受……在心上随观心……住于在法上随观法，热心、正知、有念，能调伏对于世间的贪婪、忧。比丘们！比丘这样住于以自己为岛，以自己为归依，不以其他为归依；以法为岛，以法为归依，不以其他为归依。

比丘们！你们要走在自己父亲与祖父境界的适当范围。比丘们！走在自己父亲与祖父境界的适当范围者，魔将不获得机会，魔将不获得对象。比丘们！因为善法之受持，这样，这福德增长。①

在《阿含经》中，他以一则鹌鹑与鹰的寓言故事生动地讲明了其中的道理：

比丘们！从前，有一只鹰突然俯冲捉住鹌鹑鸟。

比丘们！那时，当鹌鹑鸟被鹰带走时，这么悲泣："我们不幸，我们福薄，我们走在不当行境、其它境界。如果现在我们能走在适当行境、自己父亲与祖父的境界，这鹰对我当然没有战斗的机会。"

"但，鹌鹑！什么是适当行境、自己父亲与祖父的境界呢？"

"即：耕犁过之有土块处。"

比丘们！那时，鹰在不傲慢自己的威力下；在不夸耀自己的威力下，放了鹌鹑鸟："鹌鹑！你走！到那里后，也将逃不过我。"

比丘们！那时，鹌鹑鸟到耕犁过之有土块处后，登上一大土块，然后站着说："现在对我来啊！鹰！现在对我来啊！鹰！"

比丘们！那时，那只鹰在不傲慢自己的威力下；在不夸耀自己的威力下，缩紧两翼，突然俯冲鹌鹑鸟。

比丘们！当鹌鹑鸟知道："那只鹰已很接近。"时，就躲到那土块的中间内。

比丘们！那时，鹰的胸部就撞在那里。②

---

① 《长部》26。

② 《相应部》47：6。

然而耐人寻味又令人感慨的是，后来佛教的发展表明，这一模式的坚持实际上却并不容易，一如当初佛陀成道后的预感。可以说，后世佛教有很大部分回到了像印度教那般的内证模式。除了外在种种复杂因素，这可能与这一模式本身引起的困难也是不无关系的。

第四节　困难和挑战：寂灭法之难和无我问题的谜团

从我们现代人的眼光看，佛教也是有"唯心"和"避世"这两种毛病的，尽管其作为印度教传统的批判的承袭者，在这两点上因有所纠正而表现略轻，尤其在对彼岸的追求方式上有改变，不是一味向内求索而沉溺于"深层意识"世界，而是以观察、观照、觉知等诉诸一般感性和理性工具的方式为手段，即便是禅定，也是为了更加密集而稳定地随观当下身心状态，而不是寻找所谓神秘的"神我"。佛教当然也同样是不以世俗为要务，而单单追求解脱的[1]，这一点仍然是印度特色的出世精神，但是佛教重视僧伽团体的组织、管理和协作，有根据佛教的"和合"理念建设共同体的意思，这是印度教传统所没有的，值得肯定，不过也无须夸大，因为其理念仍是出世性的，直到现代"人间佛教"的出现，可能理念上才有了决定性的变化。我们在此对佛教在"唯心"和"避世"上的表现不再多赘述，而集中于对寂灭法之困难和无我问题的讨论。

首先是寂灭法之难。佛陀当初是因挫败于对内在自我的寻求而另辟蹊径，确立了寂灭模式的。在他，寂灭模式是极好用的，当他证得无上寂灭后，他曾这样自信地宣告：

> 出生已尽，梵行已完成，应该作的已作，不再有这样［轮回］的状态了。[2]

---

[1]《优陀那》8 经中记僧额嚜居尊者不为前妻和幼儿所动，专注于修道，为佛陀所称许，从此个例很能看出，对于当时的佛教来说，解脱是唯一要务，世俗义务不被考虑。

[2]《中部》85。

意谓他完全断除了与那种依欲望的造作而展开的生存之间的勾连,不再会在那种生存上积聚存有而滋生烦恼。

又如在回答"如来死后有无"的问题时,佛陀也明确说:他已经根除它(色蕴),使它变成好像棕榈树桩,已经断除它,使它不再能够在未来生起。①

当他证道后向首批弟子——五比丘第一次说法时,五比丘中的侨陈如也迅捷地体证了他的教法。然而,在他后来数量众多的弟子中(虽然如舍利弗、目犍连这样的优秀弟子除外),"寂灭"并不是那么容易证得的,部分弟子甚至误会意思,产生厌生心理,以自杀来了结。经文记载:

> 如是我闻。
> 一时。佛住金刚聚落跋求摩河侧萨罗梨林中。
> 尔时。世尊为诸比丘说不净观。赞叹不净观言。诸比丘修不净观。多修习者。得大果福利。
> 时。诸比丘修不净观已。极厌患身。或以刀自杀。或服毒药。或绳自绞投岩自杀。或令余比丘杀。②

看似非常清楚的"正观五蕴无常——生厌离——喜贪尽——心解脱"这样环环相扣的程序,实际上要在众多具体个体身上展开却不易,这是为何?后世佛教把它归因于每个人不同的根器或业力,因而主张对根器不同利钝的信徒分别授以不同的相应法门,以及强调所谓消除业障,需要积累修道资粮,培养出离心、菩提心等,以作为预备条件。到了净土宗、净土真宗,更是强调个人主观努力之外的因素,特别是对业力的限制更是强调到了极致,以至于甚至提出,修行不是依靠自力,而是完全依赖他力,也即阿弥陀佛的愿力。如亲鸾在《叹异抄》中说:"主张以此身开悟的人,难道能如释尊般,示现种种应化身,具足三十二相、八十随形好,说法利益众生吗?能做到如此,方可说在今生开悟。"而罪恶深重、烦恼炽盛的众生是无法靠自力而开悟的,唯有依靠不可思议的弥陀誓愿,

---

① 参见《中部》72。
② 《杂阿含》第809经。

依赖阿弥陀佛的救度。

可能恰恰因为寂灭法之难证，后世佛教发展了更多法门，甚至转而整个替换为其他模式，如净土宗、净土真宗之信心模式，一心信靠阿弥陀佛，依靠阿弥陀佛来拯救。更有转而更换为内证模式的，提出以体悟佛性、得见"本来面目"等来获得解脱，这则可能与佛教在无我问题上所遇的挑战密切相关。故而我们接下来尝试厘清原始佛典《阿含经》中的"无我"说，来对此作出分析。

如果我们仔细梳理《阿含经》中佛陀关于"无我"的论说，可以发现大致分为以下四种情况。

（1）"一切法是无我"大部分用作有助于解脱的"无我想"，但也有作为绝对主张被宣告的。

（2）就精神本体主张"我是存在的"或"我是不存在的"，这两者都属于"渴爱思潮"，一并被排斥。

（3）就"轮回主体"而言，尚未解脱者抱持着依于五蕴的身心经验而产生的主体感，但对此依然应从缘起而非实体来理解，对解脱者来说，这样的主体感则已被消解。

（4）"我""我的"作为假名使用，这在"俗数法"层面是被接受的。

首先，讲说最多的是"一切法是无我"。这里的"一切法"指的是"眼、色、耳、声、鼻、气味、舌、味道、身、所触、意、法"[①]，也即六种感知媒介及其对象构成的一切，总的来说就是身心经验所构成的整体。佛陀显然认为我们无法超出我们的经验范围去谈论那之外的任何事物，即便勉强尝试，也会被发现没有根据，而且只会带来烦恼：

> 而，比丘们！什么是一切？
>
> 眼、色、耳、声、鼻、气味、舌、味道、身、所触、意、法，比丘们！这被称为一切。
>
> 比丘们！凡如果这么说："拒绝这个一切后，我要安立另一个一切。"其言语根据一被询问就不可能回答，且更会遭到恼害，那是什

---

① 《相应部》35：23。

么原因呢？比丘们！那样，它不在"感官的"境域中。①

"一切法是无我"大部分是为有助于解脱而作的"无我想"和"随观无我"，而且会细分为"眼是无我的、色是无我的、耳是无我的、声音是无我的、鼻是无我的、气味是无我的、舌是无我的、味道是无我的、身是无我的、所触是无我的、意是无我的、法是无我的"②，或者在色蕴、受蕴、想蕴、行蕴、识蕴上分别"住于随观无我"③。

对于为什么说它们是无我的，经中也有分析和论证，都是针对"我"这一概念所暗含的"恒常不变"和"主宰"等意味与眼、色等本身的生灭变化、不能够主宰之间的不一致来说的：

如果说："眼是我。"那是不成立的。眼的生起与消散被了知，而如果其生起与消散被了知，就形成"我的真我生起、消失了。"因此，如果说："眼是我。"那是不成立的。这样，眼无我。④

阿其威色那！你怎么想：当你这么说："色是我的真我"时，你在那色上行使权利：我的色要是这样，我的色不要是这样了吗？⑤

而凡为无常的、苦的、变易法，你适合认为："这是我的，我是这个，这是我的真我。"吗？⑥

既然认识到这一切是无我的，就应该对它们"舍断欲"⑦，"使心从那些法脱离"⑧、"以超越一切苦"⑨。这也就是"无我想"在解脱上的效用和

---

① 《相应部》35：23。
② 《增支部》10：60。
③ 《增支部》7：96—622。
④ 《中部》148。
⑤ 《中部》35。
⑥ 参见《相应部》12：70，22：49，22：86—87等处，《中部》35，22。
⑦ 参见《相应部》22：68，22：143—145，35：174—176，35：183—185等处。
⑧ 《增支部》9：36。
⑨ 《增支部》4：49。

利益：可以帮助人轻易地灭除对"无我"的事物的贪欲和执着，可以挣脱爱结的束缚：

> 比丘！当知、见眼是无我的时，结走到根除。色……眼识……眼触……当知、见凡以这眼触为缘生起的或乐、或苦、或不苦不乐受也都是无我的时，结走到根除。
>
> 耳……鼻……舌……身……意……法……意识……意触……当知、见凡以这意触为缘生起的或乐、或苦、或不苦不乐受也都是无我的时，结走到根除。
>
> 比丘！当这么知、这么见时，结走到根除。①

经文中主张，由于具备六种效益，无我想可以无限制地被使用起来：

> 比丘们！当看见六种效益时，就足以让比丘在一切法上作无限制地现起无我想，哪六种呢？"我在一切世间中将成为不等同彼者、我的我作将被灭、我的我所作将被灭、我将具备不共智、我将成为原因与法生起原因的善见者。"比丘们！当看见这六种效益时，就足以让比丘在一切法上作无限制地现起无我想。②

"无我想者"由于根除了"我是之慢"，甚至当生就可以到达涅槃。③

除了作为"无我想"用以助益于解脱之外，"一切法是无我"在有些经文中也作为绝对的立论被宣告，最明显的是下面这个文本，把它与"一切行是无常的""一切行是苦"相提并论，以之为客观、绝对的结论：

> 比丘们！不论诸如来出现，或诸如来不出现，那个界住立、法安住性、法决定性：一切法是无我。如来现正觉此，现观此；现正觉、现观后，告知、教导、公告、建立、开显、解析、阐明，而说：

---

① 《相应部》35∶55。
② 《增支部》6∶104。
③ 《优陀那》30。

"一切法是无我。"①

相反地,"以无我为我"也即把非我的认为我的,则被称为"颠倒想""颠倒见"。②

但大多数时候,经文都不采取这种客观、绝对的口吻来立论,而主张对一切观点都采取不执取并进而出离和超越的态度:

> 那是有为的、粗的,但,有行的灭,像这样,知道:"有这个。"后,如来成为那个的出离之看见者而超越那个。③

这就跟第二种情况相关联:就精神本体争论"我是存在的""我是不存在的"等等,都属于"渴爱思潮",都是一种需要克服的"见取":

> 比丘们!有这关于自身内的十八种渴爱思潮、关于自身外的十八种渴爱思潮。
>
> 什么是关于自身内的十八种渴爱的思潮呢?
>
> 比丘们!有"我存在"[的观念],则有"我是这样的"、有"我正是这样的"、有"我是其它的"、有"我是不存在的"、有"我是存在的"、有"我可能存在"、有"我可能是这样的"、有"我可能正是这样的"、有"我可能是其它的"、有"愿我存在"、有"愿我是这样的"、有"愿我正是这样的"、有"愿我是其它的"、有"我将存在"、有"我将是这样的"、有"我将正是这样的"、有"我将是其它的"[之观念],这些是关于自身内的十八种渴爱的思潮。
>
> 而,比丘们!什么是关于自身外的十八种渴爱思潮呢?
>
> 比丘们!有"我以此而存在"[的观念],则有"我以此而是这样的"、有"我以此而正是这样的"、有"我以此而是其它的"、有"我以此而是不存在的"、有"我以此而是存在的"、有"我以此而

---

① 《增支部》3:137。
② 参见《增支部》4:49。
③ 《中部》102。

可能存在"、有"我以此而可能是这样的"、有"我以此而可能正是这样的"、有"我以此而可能是其它的"、有"愿我以此而存在"、有"愿我以此而是这样的"、有"愿我以此而正是这样的"、有"愿我以此而是其它的"、有"我将以此而存在"、有"我将以此而是这样的"、有"我将以此而正是这样的"、有"我将以此而是其它的"［之观念］，这些是关于自身外的十八种渴爱思潮。

　　像这样，有关于自身内的十八种渴爱思潮、关于自身外的十八种渴爱思潮，比丘们！这些被称为三十六种渴爱思潮。

　　像这样，过去的三十六种渴爱思潮、未来的三十六种渴爱思潮、现在的三十六种渴爱思潮，这样有百八种渴爱思潮。

　　比丘们！这是那诱惑的、流动的、广布的、执着的渴爱，这世间皆被它所覆盖、包围，成为纠缠的线轴、打结的线球，为芦草与灯芯草团，不能超越苦界、恶趣、下界、轮回。①

这与佛陀对于十四无记的立场和态度一起，可以看到佛陀对于所有执取包括观念的执取的完全放弃，这种放弃不是代表不可知论、虚无主义或不置可否，而是一种在实践上的"更上出离"和"更好的增上安立"，一如前文已经论及的。

　　第三种情况与所谓轮回主体有关。《阿含经》中记载佛陀多次记说已过世的弟子某某往生某处、某某往生某处。② 这似乎明确表明，佛陀认为存在着某种轮回主体的相续，这个轮回主体不会随着死亡的到来和身体的消解而消失，而是再生为另一个生命。只是这个主体的相续犹如火的燃烧依赖燃料一般，它以渴爱为燃料。③ 对于这样的轮回主体，佛陀一般随顺世俗，直接以那个众生的名字来称呼。

　　但确切来说，佛陀其实并不认为有一个始终同一不变的主体存在，他依然是坚持以缘起来解释生命的连续性的：以渴爱为缘而有取，以取为缘而有有，以有为缘而有生……就此而言，火的比喻很能说明其中的

---

① 《增支部》4：199。
② 参见《长部》18。
③ 参见《相应部》12：53。

微妙道理，《弥兰陀王问经》中就以一盏整夜燃烧的灯火来比喻生命的前后相续、既一又异：

> "大王！如有人燃灯，它会整夜燃烧吗？""是的，大德！它会整夜燃烧。""大王！是否凡初夜时的火焰是那个中夜时火焰吗？""不，大德！""凡中夜时火焰是那个初夜时火焰？""不，大德！""大王！是否那个初夜时的灯火是一个，中夜时的灯火是另一个，后夜时的灯火是又另一个吗？""不，大德！就依止那个成为整夜的灯火。""同样的，大王！法之相续它连结，一个生起，另一个被灭，如无前无后般它连结，因为那样，不是那个，也不是另一个，前识对后识走到摄取（结缚）。"①

然而可能令人惊异的是，《阿含经》中有时甚至弃舍缘起论的"绝对真理性"，采取另一种更激进的观点来解释生命中的生灭变化，指出说，"生时无有来处，灭时无有去处"，从究竟而言，生灭并非是依于因果的：

> 眼生时，无有来处；灭时，无有去处，如是，眼不实而生，生已尽灭，有业报而无作者，此阴灭已，异阴相续，除俗数法；耳、鼻、舌、身、意亦如是说，除俗数法。
> 俗数法者，谓：此有故，彼有；此起故，彼起。如：无明缘行，行缘识……广说乃至纯大苦聚集起。
> 又复，此无故，彼无；此灭故，彼灭，无明灭故行灭，行灭故识灭……如是广说……乃至纯大苦聚灭。②

在此，甚至缘起论都成了一种"俗数法"，也即按照世俗对特定词语、概念的约定来使用的一套说辞，施设、安立一些特定的概念来解说事理，但这层事理其实仅限于世俗认知的层面，并非具有绝对性。

---

① 《弥兰陀王问经·时间品》：http：//agama.buddhason.org/Mi/Misearch1.php? str = 灯 &path = Mi11.htm（08/31/2021 17：15：13 更新）。

② 《杂阿含》第 335 经，这一说法亦见于《增一阿含》37：7，51：8。

上面观点中可能更令人不安和不解的是其中带出的"有业报而无作者"这一说法，因为这等于从根本上推翻了确定为业报负责的主体的可能性，尽管在缘起论中其实也没有"作者"的概念，但在那里还没有这样明晰的论说。事实上，当时在佛陀的弟子当中就有人提出这样的疑问：既然色、受、想、行、识都是无我的，那等于业是无我所作，这样的话，又会有一个什么样的我在承受这种业呢？

当时，某位比丘的心中生起了这样的深思：

"先生！像这样，色是无我的；受……想……行……识是无我的，怎样的我将被无我所作的业触及呢？"①

但佛陀的反应是：产生这样的疑问，其实已是进入无明、为渴爱所支配的表现，所以他总是把这样的发问者拉离这种思维方式，使之转换到厌离模式：

那时，世尊以其心知那位比丘心中的深思后，召唤比丘们：

"又，比丘们！这是可能的：这里，某一类无用的男子，无智、进入了无明、被渴爱所支配的心，可能会认为他能胜过老师的教导：'先生！像这样，色是无我的；受是无我的；想是无我的；行是无我的；识是无我的，怎样的我将被无我所作的业触及呢？'

比丘们！你们在法上到处被我调伏，比丘们！你们怎么想：色是常的，或是无常的呢？"

"无常的，大德！"

"而凡无常的，是苦的，或是乐的呢？"

"苦的，大德！"

"而凡无常的、苦的、变易法，适合这么认为：'这是我的，我是这个，这是我的真我'吗？"

"不，大德！"

"比丘们！你们怎么想：受……想……行……识是常的，或是无

---

① 《相应部》22：82，《中部》109。

常的呢？"

"无常的，大德！"

"而凡无常的，是苦的，或是乐的呢？"

"苦的，大德！"

"而凡无常的、苦的、变易法，适合这么认为：'这是我的，我是这个，这是我的真我'吗？"

"不，大德！"

"比丘们！因此，在这里，凡任何色，不论过去、未来、现在，或内、或外、或粗、或细、或下劣、或胜妙、或远、或近，所有色应该以正确之慧这样如实见：'这不是我的，我不是这个，这不是我的真我。'凡任何受……凡任何想……凡任何行……凡任何识，不论过去、未来、现在，或内、或外、或粗、或细、或下劣、或胜妙、或远、或近，所有识应该以正确之慧这样如实见：'这不是我的，我不是这个，这不是我的真我。'比丘们！当这么看时，有听闻的圣弟子在色上厌，在受上厌，在想上厌，在行上厌，在识上厌；厌者离染，经由离贪而解脱，当解脱时，有'[这是]解脱'之智，他了知：'出生已尽，梵行已完成，应该作的已作，不再有这样[轮回]的状态了。'"①

就某种绝对意义而言，确实"有业报而无作者"，但是如果试图依照包含"身见"的世俗逻辑，对这一论断作错误的延伸而试图去追寻某种主体，那是不妥的，因为这造成了两个不同层面的逻辑的混乱和错位。

所以应该分开两个逻辑层面来说。对于解脱的人，没有轮回可言，所以也无法谈论轮回主体：

对渴爱之灭尽而解脱的比丘来说，没有轮回的安立。②

---

① 《中部》109。

② 《相应部》44：6。

对于尚未解脱的众生来说,他们却是"依业流转"①,是各自"业的继承者"②。

第四种情况是,佛陀在与弟子以及外道进行日常对话时,往往保持克制,借"俗数法"与他们交谈,也明确认可这种方式的使用,就算完全解脱的阿罗汉,照样可以依习语说"我""我的",而不必忌讳称"我":

> "凡比丘是阿罗汉,已做完、烦恼已尽、持有最后身者,
> 他也会说:'我说'吗?他也会说:'他们对我说'吗?"
> "凡比丘是阿罗汉,已做完、烦恼已尽、持有最后身者,
> 他也会说:'我说',他也会说:'他们对我说',
> 善知世间上的通称后,他会只以习用语的程度说。"
> "凡比丘是阿罗汉,已做完、烦恼已尽、持有最后身者,
> 那比丘走近慢后,他也会说:'我说'吗?他也会说:'他们对我说'吗?"
> "对已舍断慢者没有系缚,一切慢的系缚都被破坏,
> 善慧者他已超越了思量,他也会说:'我说',他也会说:'他们对我说',
> 善知世间上的名称后,他会只以习用语的程度说。"③

总结起来说,佛陀在无我问题上的论说显示出复杂性,可以区分多个话语逻辑层面:他透漏过绝对的本体层面的深不可测,也容纳世俗认知层面的"我"的概念的使用,但他常推荐的是依"一切法是无我"之智来达到对五蕴的厌离而获得解脱。正如儒家圣人主张"执其两端,用其中于民"(《礼记·中庸》),佛陀也是采取中道而行之:

> 迦旃延!这世间多数依于两者:实有的观念与虚无的观念。

---

① 《中部》77。
② 《中部》57。
③ 《相应部》1:25,另参见《杂阿含》第581、582经。

迦旃延！以正确之慧如实见世间集者，对世间不存虚无的观念；以正确之慧如实见世间灭者，对世间不存实有的观念。

迦旃延！这世间多数为攀住、执取、黏着所束缚，但对攀住、执取、心的依处、执持、烦恼潜在趋势不攀取、不执取，不固持"我的真我"的人，对"所生起的只是苦的生起；所灭去的只是苦的灭去。"[一事]，不困惑、不怀疑，不依于他人而智慧在这里生成，迦旃延！这个情形是正见。

迦旃延！"一切实有"，这是第一种极端。

"一切虚无"，这是第二种极端。

迦旃延！不往这两个极端后，如来以中间说法："以无明为缘而有行；以行为缘而有识……这样是这整个苦蕴的集。

但就以那无明的无余褪去与灭而行灭……这样是这整个苦蕴的灭。"①

然而这种复杂性确实不易被把握和被误解，这也是为什么从佛陀时代起直到当代佛教，"我"的追问从来没有停止过的原因：到底有没有"我"？哪一个是我的真我？如果五蕴都是无我，又该在哪里安置我的"我"？……应该说，在很多信徒那里，这不只是一种形而上学追问，而是与实践上的此岸—彼岸的关联方式有关，也显示了初期佛教特色的此岸—彼岸关联模式在具体实践中的一个看似悖谬和困难的点："一切法是无我"似乎使得"我"找不到一个安身处，一个立足点。佛陀当时也注意到有些人在面对他关于寂灭法的教导时会为"我的失去"而恐惧和战栗；

他听闻如来或如来弟子教导为了一切见处、依处、缠、执持、烦恼潜在趋势之根绝，为了一切行的止，为了一切依着的断念，为了渴爱的灭尽，为了离贪，为了灭，为了涅槃的法，他这么想："我将断灭，我将消失，我将不存在了。"他悲伤、疲累、悲泣、捶胸号

---

① 《相应部》22：90。

哭，来到迷乱，比丘们！这样有对内部不存在的战栗。①

为此，除了屡屡指出寂灭并非断灭，却是除去障碍、舍断无明、卸下负担，是为了"长久的利益与安乐"，如此等等之外，佛陀也强调信心的安立。信根被确立为五根（信、活力、念、定、慧）之一，在修行中发挥重要作用。而所谓信根，就是对佛陀所达到的觉悟的信心：

> 什么是信根？比丘们！这里，圣弟子是有信者，他信如来的觉："像这样，那位世尊是阿罗汉、遍正觉者、明与行具足者、善逝、世间知者、应该被调御人的无上调御者、人天之师、佛陀、世尊。"比丘们！这被称为信根。②

也鼓励对圣者们的信，以已经过上解脱生活的圣者们为榜样：

> 知道色的无常状态、变易、褪去、灭，以正确之慧这么如实看："以前的色与现在所有的色，它们都是无常、苦、变易法。"后，对无上解脱现起热望："什么时候我'也'要进入后住于那圣者们现在所进入后住于之处。"③

在《阿含经》里面我们就已经可以看到皈依佛、法、僧的明确提法。④ 这些都可以被看作初期佛教的寂灭模式之外的一个补充：以信心为辅助。

类似地，我们也可以尝试从初期佛教中发掘出一种潜藏更深的真我论，并意识到这有可能转换为内证模式，以作为替代或补足寂灭模式的解决方案。为使人更易接受运用寂灭法后的愿景，在《阿含经》中佛陀也多次或明示或暗示此愿景的胜妙：

---

① 《中部》22。
② 《相应部》48：10。
③ 《中部》137。
④ 参见《增支部》9：20。

杂染的法将被舍断，能清净的法将增长，以证智自作证后，将在当生中进入后住于圆满慧的扩展状态，将是喜悦、喜、宁静、念、正知的住处。①

也有这样的作比：正如孩子的成长，从一开始仰卧在床，懵懂无知地玩自己的大小便，到稍长，懂得玩儿童玩具，到更成熟，知道享受更微妙的五欲，每一个成长阶段的游戏总是比先前的游戏"更优胜、更胜妙"，等到孩子长大成人，听闻正法后出家成为比丘，逐步地离欲，灭除烦恼，那之后的住处也是比先前的"更优胜、更胜妙"②。在这里，我们不难联想到《妙法莲华经》里著名的譬喻。

实际上，以上两个方向也正是后世佛教的多元发展所积极拥抱的。然而佛教经两千余年的发展之后，当许多人发现，后世佛教的样态与重新发现的原始佛教显得如此大相径庭，甚至背道而驰，于是一场大分裂的危机又遽然而生。在这里，除了记起前文所述的原初佛教内在的复杂性，我们也不妨再来听一听当初佛陀对他的弟子们的一番意味深长的教导：

"比丘们！我将教导你们为了越度而非为了握持的筏譬喻，你们要听！你们要好好作意！我要说了。"

"是的，大德！"那些比丘回答世尊。

世尊这么说：

"比丘们！犹如男子走在旅途，如果他看见大河，此岸是令人担心的、令人恐怖的，彼岸是安稳的、无怖畏的，但没有渡船或越过的桥从此岸走到彼岸，他这么想：'这大河的此岸是令人担心的、令人恐怖的，彼岸是安稳的、无怖畏的，但没有渡船或越过的桥从此岸走到彼岸，让我收集草、薪木、枝条、树叶后，绑成筏，然后依着那个筏，以手脚努力着，能平安地越到彼岸。'比丘们！那时，那位男子收集草、薪木、枝条、树叶后，绑成筏，然后依着那个筏，

---

① 《长部》9。
② 《增支部》10：99。

以手脚努力着,能平安地越到彼岸。已越过、到彼岸的那位男子这么想:'这筏对我多所助益,我依着这个筏,以手脚努力着,平安地越到彼岸,让我举这个筏在头上或扛在肩上,往想去的地方出发。'比丘们!你们怎么想:那位男子这样做是否对那个筏作了应该作的呢?"

"不,大德!"

"比丘们!那位男子怎样做会是对那个筏作了应该作的呢?比丘们!这里,已越过、到彼岸的那位男子这么想:'这筏对我多所助益,我依着这个筏,以手脚努力着,平安地越到彼岸,让我舍弃这个筏在陆地或漂浮在水中,往想去的地方出发。'比丘们!那位男子这样做会是对那个筏作了应该作的。同样的,比丘们!被我教导的筏譬喻法是为了越度而非为了握持,比丘们!你们要了知所教导的筏譬喻法,你们应该舍断法,何况非法!"①

---

① 《中部》22。

第 六 章

还能抵达什么样的彼岸

——展现了犹太教、基督教、印度教和佛教这四大宗教传统的彼岸愿景、抵达彼岸的方式、此岸—彼岸关联模式以及它们各自的难题与挑战之后,我们要就"还能抵达什么样的彼岸"这一问题进行一个跨文化宗教学的总反思。

第一节 还能有什么样的彼岸愿景?

首先我们要问:还能有什么样的彼岸愿景?我们已经看到,在诸宗教传统中,它们各自的彼岸愿景根深蒂固,影响深远,绵延至今,但毋庸置疑的是,这些愿景也受到了严峻而深刻的挑战,如果这些挑战不能得到很好的回应,那么,那些彼岸愿景也将在人们心中渐渐暗淡,直至悄然隐去。而这可能不亚于文化生态上的灭绝事件,所带来的结果可能至少与自然生态中的灭绝事件一样严重……故而,在新的彼岸愿景未能产生之前,我们仍须珍视诸传统所提供的愿景,并尝试对其所面对的挑战作出尽力的应对。为此,我们将(1)对诸宗教的彼岸愿景进行比较和对照,捡拾出其中一些共同受重视的点;(2)审视传统的彼岸愿景所面对的一些共同挑战,一一予以分析和评估。

在彼岸愿景上,犹太—基督教似乎明显异于印度教和佛教,粗略比较,可罗列的差异点有三个。

1. 犹太—基督教之彼岸一般置于线性时间的未来终点或末世,而印度教和佛教之彼岸则不在时间中而声称具有非时间性或超时间性。

2. 犹太—基督教之彼岸基本上展示为一个空间性的或准空间性的所

在，以"地"（应许之地）或"国"（天国）命名，印度教和佛教之彼岸则基本上是精神性的，多以精神上的改变来称呼，谓之解脱、涅槃。

3. 犹太—基督教之彼岸主要属于共同体，属于全体犹太民的应许之地、弥赛亚时代，或属于全部基督徒的天国、新天新地，为相应的共同体所共同追求、共同安享；而印度教和佛教之彼岸则主要归于个体，解脱、涅槃作为个体所求的一己归宿，具有显著的个体性。

然而，当我们细察每一宗教传统内部，则可以饶有趣味地发现，表面之差异下面其实还有相似的呼应，因而诸宗教是可以由此出发而各自深挖，分享彼此共同重视的价值的。

从第一点差异来说，犹太—基督教之彼岸虽被置于未来或末世，但此未来或末世却与现在有某种质的差异：在犹太教中，它是由上帝保证的，或具体说是由上帝所派遣的弥赛亚来开启的，因而具有某种非凡性；在基督教中，基督才是真正终点和起点的代表，将由基督来终结旧世界，开启新天新地。因而在某种意义上说，它们与印度教、佛教坚持彼岸之非时间性或超时间性其实在某种意义上具有一致性。正如当代基督教神学家莫尔特曼解释《启示录》中"不再有时日"一语时所说：

> 历史和受造圆满终结成荣耀的国度，在此国度中上帝"内住"于他的受造。如果上帝亲自出现在他的创造中，那么他的永恒便出现于时间中，他的全在便出现于创造的空间中。因此，时间中的受造将变成永恒的受造，而空间中的受造将变成全在的受造。如果永活的上帝借着他实际的临在而"永远吞灭了死亡"（赛25：8），那么时间的"短暂性本身也将成为过去"（《第四以斯拉书》7：31）。因此，"不再有时日了"，它被取消了，被实现了，被崭新创造的永恒性改变了。①

而从印度教、佛教内部的发展来说，印度教也期待最终（尽管可能是在极其漫长的无量亿劫之后）所有众生都解除了摩耶的迷幻而达到解脱，

---

① ［德］于尔根·莫尔特曼：《来临中的上帝》，曾念粤译，上海三联书店2006年版，第263页。饶有意味的是，莫尔特曼作为目前颇受基督教正统推崇和高举的神学家，其在神学上的建树正是多着眼于这种内在性的挖掘和诠释。

而佛教传统也有未来佛弥勒下生而实现人间净土的终极愿景。①

从共同受重视（尽管程度不同）的点来说，彼岸愿景既是世界和人在经历了精神上的一种彻底转变而实现的，在"性状"上拥有某种超凡性，也是被期待在未来"现实地"成就的、与尘世世界相衔接的愿景。

从第二个差异点来看，犹太—基督教虽强调作为应许之地或天国的彼岸之空间性特点，它们另一方面也蕴含了得救或永生的观念，这方面同样含有精神性转变的意味。就如《圣经·诗篇》中这一动人的祈求所表明的："神啊，求祢鉴察我，知道我的心思，试炼我，知道我的意念，看在我里面有什么恶行没有，引导我走永生的道路。"②

从印度教和佛教方面说，它们其实同样也有对像"灵性星宿"、佛国、净土等这样的美好处所、"空间"的向往。例如《博伽梵歌》中至尊博伽梵如此说：

> 那个未现形而绝对可靠的无上居所，是终极的归宿，一旦到达，永不折返，那便是我的最高居所。③

并一再声称："到达了我的居所，永不用再投生。"④ 也就是彻底摆脱了轮回，获得了永恒的解脱，与至尊神博伽梵同住在灵性纯粹的至高居所。

在佛教传统的净土信仰中，《阿弥陀经》如此描述净土的胜妙、美好：

> 从是西方过十万亿佛土，有世界名曰极乐。……其国众生无有众苦，但受诸乐，故名极乐。又舍利弗！极乐国土，七重栏楯、七重罗网、七重行树，皆是四宝周匝围绕，是故彼国名曰极乐。

---

① 早在《阿含经》中就提到弥勒净土："未来久远，当有人民，寿八万岁。人寿八万岁时，此阎浮洲极大富乐，多有人民，村邑相近，如鸡一飞。诸比丘！（人寿八万岁时，女年五百，乃当出嫁。诸比丘，人寿八万岁时，唯有如是病，谓寒、热、大小便、欲饮食、老、更无余患。）"（引自《中阿含经王相应品说本经》：载《大正新修大藏经》第1册，No.26《中阿含经》，60卷，东晋瞿昙僧伽提婆译，第13卷）

② 《诗篇》139：23—24。

③ 《博伽梵歌》Ⅷ，21。

④ 《博伽梵歌》Ⅷ，16。

又舍利弗！极乐国土有七宝池，八功德水充满其中，池底纯以金沙布地。四边阶道，金、银、琉璃、颇梨合成。上有楼阁，亦以金、银、琉璃、颇梨、车𤦲、赤珠、马瑙而严饰之。池中莲花，大如车轮，青色青光，黄色黄光，赤色赤光，白色白光，微妙香洁。舍利弗！极乐国土成就如是功德庄严。

又舍利弗！彼佛国土，常作天乐，黄金为地，昼夜六时天雨曼陀罗华。其国众生，常以清旦，各以衣裓盛众妙华，供养他方十万亿佛；即以食时，还到本国，饭食经行。舍利弗！极乐国土成就如是功德庄严。

复次舍利弗！彼国常有种种奇妙杂色之鸟——白鹄、孔雀、鹦鹉、舍利、迦陵频伽、共命之鸟。是诸众鸟，昼夜六时出和雅音，其音演畅五根、五力、七菩提分、八圣道分如是等法。其土众生闻是音已，皆悉念佛、念法、念僧。……是诸众鸟皆是阿弥陀佛欲令法音宣流变化所作。舍利弗！彼佛国土，微风吹动，诸宝行树及宝罗网出微妙音，譬如百千种乐同时俱作，闻是音者皆自然生念佛、念法、念僧之心。舍利弗！其佛国土成就如是功德庄严。

舍利弗！于汝意云何？彼佛何故号阿弥陀？舍利弗！彼佛光明无量，照十方国无所障碍，是故号为阿弥陀。又舍利弗！彼佛寿命及其人民，无量无边阿僧祇劫，故名阿弥陀。舍利弗！阿弥陀佛成佛已来，于今十劫。又舍利弗！彼佛有无量无边声闻弟子，皆阿罗汉，非是算数之所能知；诸菩萨，亦复如是。舍利弗！彼佛国土，成就如是功德庄严。[1]

这是一个处处显示出清静、庄严、和谐之美的世界，并且自然之美好与人文之美善相融相济，共相映衬，十分动人，可以看到，其中不少"要

---

[1] 《大正新修大藏经》第12册，No.366，《佛说阿弥陀经》（1卷），姚秦鸠摩罗什译，第1卷。

素"与《圣经·启示录》对新天新地的描述①有呼应。

从共同受重视这一点来说，诸传统都认为彼岸与根本性的精神转变相称，也要求彼岸展现为一个非凡的处所，某种神圣的空间，是人类所乐居的最美好的自然家园和精神家园。

而第三点差异也一样。犹太—基督教之属于共同体的彼岸，反过来对个体也提出了灵性要求，要个体配得上这样的彼岸。这样的要求有时竟然也达到了极高的高度，在犹太教中，我们在亚伯拉罕献以撒的故事②中就可以窥得端倪。《圣经》记叙，在亚伯拉罕得到上帝耶和华所赐的儿子以撒之后，耶和华却考验亚伯拉罕，要亚伯拉罕把他心爱的儿子同时也代表上帝所应许的一切（后裔和国度）的以撒献给神。在与上帝至为密切的个人关系中，亚伯拉罕自愿撇开了他一向所求的后裔和国度，单独面对上帝，坚定而平静地甘愿献出以撒，显示了至为赤诚的、个人性的信仰，最终得到上帝的称许。③

另一方面，印度教、佛教解脱了的个体则也有寻求灵性同游、组建灵性共同体的愿望，终极的愿景就是净土、佛国或曰灵性国度。当然，对于这种愿景，在印度教、佛教这两个传统中是有一定的内部分歧的。在强调人格性的终极实在概念的印度教教派中，这样的愿景具有终极性，在强调终极实在在究竟层面的非人格性的印度教教派中，这样的愿景则并非终极的，而只是途中的，与梵无差别地融为一体，或归入梵，才是终极愿景。而在佛教传统中，即便在净土信仰中，这样的愿景也被默认为是非究竟的，完全的解脱或涅槃才是究极愿景。不过，如果从印度教、佛教所认同的解脱其实质是回归世界最终的一体性来说，即便有人格性和非人格性之争，个人性要求与共同体要求之间最终是协调的。

所以，从共同受重视这一点来说，诸宗教的彼岸愿景都是既对个人灵性提出了极高的要求，也要求它应是共同体（民族的、人类的乃至宇宙的共同体）之一体性的体现，并且这两方面最终是协调的、相辅相成的。

以上比较、对照以及共同点的拾抬，不是仅仅作为理论上的分析，

---

① 参见《启示录》21、22。
② 参见《创世记》22：1—19。
③ 有关解读参见［丹麦］基尔克果《恐惧与战栗》，赵翔译，华夏出版社2014年版。

而是为了确认诸传统所共同分享和认同的价值,也是为了寻找人类可能的新彼岸愿景的价值支撑。不过在开始新的寻找之前,我们先来审视一下传统的彼岸愿景所面对的共同挑战。

由于时代的迁移变换,诸传统的彼岸愿景现今都已受到严峻挑战,我们在早先已对犹太教、基督教、印度教、佛教各自所受挑战作过分析,现在结合它们所受的共同的时代挑战作一简略讨论。重要的时代挑战有:科学的挑战、世俗化的挑战、后现代思潮的挑战、宗教多元论的挑战。这些挑战基本上是相互关联在一起的,但又都从各自方向对诸宗教传统的彼岸愿景造成冲击。

首先是科学的挑战。科学从认知及认知方式的角度对诸传统的彼岸愿景的真实性提出质疑:这些彼岸愿景是否能在认知上得到某种证明或验证?比如,按照犹太教所相信的,上帝所派遣的弥赛亚将来到人间建立起弥赛亚王国。科学根据其所认可的经验验证和理性推理这两种最基本的认知方式,会拆卸犹太教的这一彼岸信念的各个基本构成部分:上帝(无法证明上帝的存在)、弥赛亚(无法确证据信的某个个人的弥赛亚身份)、弥赛亚王国(与弥赛亚一样无法查验,更何况,如果按字面理解,其中包含了在科学看来明显不合理也不具现实性的内容,比如人类的超常寿命,以及像"狮子吃草""豺狼与羔羊同居"这样看起来不合乎科学认知的物种习性和物种间关系)。

科学的这种基于认知批判对宗教的怀疑和批评,实际上已在哲学上表现为一种实证主义思维。逻辑实证主义甚至把所有宗教命题都视为无意义的命题,因为这种形而上学命题根本通不过作为合法命题的"资格认证"。针对这样一种批评,有些学者提出,应从认知以外的角度重新认识宗教命题所表达的宗教信念,认为宗教命题的有效性不是表现在认知上,而是在价值表达和意义构造上[1],或者在伦理功能上[2]。

然而宗教本身可能并不甘心放弃知识的领域和真理宣称的权力。就

---

[1] 参见 John Herman Randall, *The Role of Knowledge in Western Religion*, Lanham, Md. University Press of America, 1986。

[2] 参见 R. B. Braithwaite, *An Empiricist's View of the Nature of Religious Belief*, In B. Mitchell (ed.), *The Philosophy of Religion*, Oxford: Oxford University Press, 1955, pp. 72–91。

彼岸愿景而言，这样的愿景除了表达价值，也需要与人们的认知相协调，说到底，"善"（价值）不能割舍与"真"（认知）的关联而独存——反之亦然。

在诸宗教中，原始佛教由于拒绝形而上学或坚持对形而上学保持沉默，而表现独特，这使得其阙如正面表述的彼岸愿景似乎更经受得住科学的认知挑战。原始佛教之所以在形而上学问题上保持沉默，不肯正面描述其彼岸愿景，有一个原因是出于对形而上学问题的特殊性质和人以五蕴为范围的认知边界的认识，这是它的清醒和智慧之处。但我们同时可以看到，后世佛教并没有一直坚持"拒绝形而上学"，反而迎来教内各派热情的形而上学创造。或许如今也一样，逻辑实证主义从它的角度表明了形而上学的构建是无意义的，但这并不能抑止人们对形而上学的需求。

是否有一种可能，我们可以协调科学与宗教、认知与价值、真与善在我们整体生命中的共存，使之联合，而不是割裂？那样的话，我们的彼岸愿景将是不仅令我们在情感上神往的，也是让我们在智性上悦服的。[1] 这也许是属于我们这个时代的"凯罗斯"[2] 事件。

世俗化的挑战同样是一个不容小觑的深刻挑战。作为一个宗教社会学论题，世俗化被界定为"这样一个过程，通过这种过程，社会和文化的一部分摆脱了宗教制度和宗教象征的控制"[3]。从内在的在意识领域来说，它则被认为"意味着现代西方社会造成了这么一批数目不断增加的个人，他们看待世界和自己的生活时，根本不需要宗教解释的帮助"[4]。当然，抗拒世俗化论说而反向坚持当代世界的去世俗化趋势[5]的也大有人

---

[1] 作为一个尝试性的范例，可参看 Raimon Panikkar, *The Rhythm of Being*: *the Gifford Lectures*, Maryknoll, N. Y.: Orbis Books。

[2] 希腊文 Kairos 一词的音译，表示一种特别的时间观念，其含义近于汉语中的"时机"。

[3] ［美］彼得·贝格尔：《神圣的帷幕：宗教社会学理论之要素》，高师宁译，上海人民出版社 1991 年版，第 128 页。

[4] ［美］彼得·贝格尔：《神圣的帷幕：宗教社会学理论之要素》，高师宁译，上海人民出版社 1991 年版，第 120 页。

[5] 参见 ［美］斯达克、芬克《信仰的法则——解释宗教之人的方面》，杨凤岗译，中国人民大学出版社 2004 年版；Peter L. Berger (ed.), *The Desecularization of the World*, *Resurgent Religion and World Politics*, *Grand Rapids*, Michigan: Ethics and Public Policy Center and Win. B. Eerdmans Publishing Co., 1999; Woodhead, Linda and Heelas, Paul (eds.), *Religion in Modern Times*: *An Interpretive Anthology*, Oxford/Malden, Mass.: Blackwell Publishers, 2000。

在，并且其势头在近年一定程度上盖过了前者。然而不管怎样，欧洲的世俗化是明显的，并且在一种全球化的精英文化中，世俗化力量拥有巨大的影响力，这也是毋庸讳言的事实。

我们认为，从精神生活和价值取向来看，世俗化的动力源在于告别以往传统对世俗性的鄙弃和压制，转而热情拥抱世俗性，积极肯定世俗性的价值。世俗的，意味着"现世的"，与肉身生命在凡间也即时间性世界的生存有关的一切。而诸传统宗教，除了犹太教比较重视世俗生活之外，其他多鄙视世俗，认为宗教是超越时间、超越时间性世界的，宗教所追求的是灵魂层面的事情，肉身的、物质的层面的事情，则被认为最终是无价值的、无意义的，应该采取远离和漠不关心的态度，最低程度应是克制的、有所保留的。

比如，在《圣经》中，耶稣表扬专心听道的玛利亚"已经选择那上好的福分"，而对忙于杂务的马大不予认可，"你为许多的事，思虑烦扰。但是不可少的只有一件"。① 在另一处，耶稣声称"该撒的物当归给该撒，神的物当归给神"②。这些都可以看出基督教传统对于世俗性贬抑的和保留的态度。在基督教中，到了新教改革，才以一种创造性的、悖谬式的方式把世俗性重新纳入神圣追求的框架之中，并赋予它一定的价值：教徒在今世的世俗行动虽然不能与救赎挂钩，也即并非获得救赎的途径，但它可以是践履"荣耀神"这一天职的手段。③ 这给予了世俗性新的合法性，使其脱去了负面性的标签，从此世俗性可以正大光明地得到拥抱。故而新教改革也被认为对基督教世俗化趋势负有造端之功。不过应该注意到，新教对世俗性的这一赋权仍然是有保留的、有限制的，世俗性是附属于宗教的，而不是具有独立的合法性和价值。因而也可以判断，就目前而言，基督教在应对世俗化挑战上需要走出更远。

佛教和印度教这两大传统在当代发展中也有应对世俗化的卓越努力，在前者如人间佛教运动，在后者有新吠檀多的现代印度教转型运动。

---

① 《路加福音》10∶42。
② 《马太福音》22∶21。
③ 参见［德］马克斯·韦伯《新教伦理与资本主义精神》，林南译，译林出版社 2020 年版。

但就诸宗教总体而言，世俗主义对于世俗性之"神圣性"的那种完全肯定和全心全意的拥抱，对于它们来说在实践层面和理论层面都仍是有待消化的和相当难以消化的。就彼岸愿景来说，完全肯定世俗性的神圣性，就意味着不需要一个传统意义上的彼岸，而这也就意味着传统的彼岸愿景的隐遁和消失。对于现今宗教来说这可能意味着一个难以承受的"损失"，乃至根基性的"破坏"。就此而言，诸宗教与世俗主义之间仍然有一条很长的对话之路要走。① 对此，我们认为也许像儒家这样的力量能够成为从中斡旋的第三方。②

后现代思潮的挑战也对传统宗教及其彼岸愿景悬起了一把达摩克利斯之剑。后现代哲学承袭和延伸自康德以降的对传统认识论的批判，对传统本体论的实在论根基发起猛烈的攻击。而传统宗教的彼岸愿景几乎都是立基于一种关于彼岸的实在论图式，都是以上帝或梵等的终极实在性为支撑：唯有上帝存在，上帝所开启或保证的天国或救赎才是可能的；唯有梵真实存在，与梵一如才是可以真实臻达的胜境。原始佛教可能是唯一免受冲击的，因为它不构建形而上学（尽管它的形而上学沉默也多被解读出对终极存在的信心③）。

后现代思潮经由一度时髦化的普及，逐渐全面滥觞于世界文化的诸多领域，而今已经沉淀到底层话语，渗透到普通人的思维模式。在此情况下，诸宗教即便不向后现代的非实在论投诚（投诚之后就成了"后现代宗教"④），至少也亟须对它们遭到撕扯的实在观作出修补，甚或完全的更新。而彼岸愿景也将由此相应改换面目。

诸宗教所受的挑战，不仅来自外部，也来自内部，来自它们彼此之间的关系。这就是宗教多元论给予诸宗教的挑战。多个宗教都有对绝对真理的宣称（claim for absolute truth），也即每一个宗教都自称是真理，这

---

① 参见 Raimon Panikkar, *El Mundanal Silencio*, Madrid: Martinez Roca, 1999。
② 参见包括张祥龙在内的中国当代儒学学者的努力，例如张祥龙《复见天地心：儒家再临的蕴意与道路》，东方出版社 2014 年版。
③ 参见 Raimon Panikkar, *The Silence of God: The Answer of the Buddha*, Maryknoll: Orbis Books, 1989。
④ 参见［美］大卫·雷·格进而芬《后现代宗教》，孙慕天译，中国城市出版社 2003 年版。

反过来倒逼每一个宗教对彼此之间的关系作出回答。这是现代世界的全球化语境给诸宗教带来的新难题,因为在此新语境下,诸宗教再也不能相互忽视彼此的存在。这就是雷蒙·潘尼卡所称的多元论困境:"孤立和隔离已不再可能,而且任何一种统一都不令人信服。"①

就彼岸愿景来说,此时可能浮现在诸传统面前的问题是:如果我们已经很大程度上共同分担和分享同一个此岸,我们能共享同一个彼岸愿景吗?诚然,每一个伟大传统的彼岸愿景都容纳了包括异教徒、异乡人在内的全人类,比如犹太人承担了做全人类祭司的使命,要把全人类都带到上帝面前,而基督徒也想要把福音传遍地极,与全人类分享天国的福祉,另外印度教徒和佛教徒虽然传教热情不及基督徒,但同样乐意与每一个愿意开放的众生分享解脱法门,同登解脱胜境。然而,从很大程度来说,这样的分享愿望往往是单方面的一厢情愿,事实的结果也常常是不仅不被对方接受,反而招致抵触、反感甚或敌意。

总之,从以上四方面的挑战来看,诸宗教的彼岸愿景所受的冲击是相当大的,它们引致的危机也将是前所未有地严峻和深刻的。然而如俗语所说,危机也能成为转机,诸宗教传统如能意识到彼此共同面对的困境,也深深倚赖彼此共享的价值,或许共同创造彼岸新愿景就将成为这一代新地球人的"凯罗斯"事件。

第二节 如何抵达可能的彼岸愿景?

承接以上对"还能有什么样的彼岸愿景"这一问题的探讨,我们还将继续就另一个问题,也即"如何抵达可能的彼岸愿景",来对此岸—彼岸的关联模式展开讨论:也就是说,如果有一个可能的彼岸愿景,我们将如何抵达?我们将先对诸宗教的模式进行比较性的考评,然后尝试作一个可能既具批判性也具建设性的反思。

从抵达彼岸的具体方式来说,由于诸宗教都是在各自系统内展开具体而微的内容,没有可直接供比较的点,因而我们予以略过了,径直进

---

① 思竹:《巴别塔的倒塌:雷蒙·潘尼卡论多元论问题的挑战》,《浙江学刊》2003年第4期。

入此岸—彼岸关联模式的比较上。在我们看来，这是最可资比较也最耐探究的点。之所以这样，是因为，彼岸之为彼岸，是在于它完全异于并超越于此岸，这说明彼岸与此岸在质上是截然不同的，但这同时也带来一个千古难题：如何能够从此岸逾越到一个截然不同的彼岸上去？如何才能够保证此岸—彼岸的关联的成功？这里正是考究这些不同关联模式之有效性和得失成败的地方。

犹太教的信心模式倚靠大能的神，由无所不能的上帝来保证彼岸之可达性：耶和华神带领犹太人到达应许之地，上帝派遣救世主弥赛亚拯救犹太人脱离困境，最终进入全然美好的弥赛亚时代。首先这在逻辑上是没有漏洞的，正因上帝以其全能"盖过"了逻辑难题，也就是不同质的此岸与彼岸在逻辑上怎么能够实现关联的问题。然而如今逻辑上的无破绽抵不过现实的挫败，就犹太教而言，一个令其沮丧的现实是：耶和华神的隐匿和沉默。由于奥斯维辛集中营里的痛苦祈祷得不到上帝的回应，这位神的真实存在遭到了很多犹太人的怀疑，乃至弃绝。随着神遭到怀疑和否弃，传统的彼岸愿景也分崩离析，最终的结果是：没有上帝，也没有应许之地。在这里我们看到，犹太教离无神论可以很远，也可以很近，近到仅一步之遥。犹太人马克思早就批判和抛弃了救世主观念，坚持"从来就没有救世主"，"要创造人类的幸福，全靠我们自己"[1]，因此创立了共产主义理念。这是把对神的信心转移到了对人自己的信心。人虽然不如神全能，却是可以不断努力和抗争的。当然，对当今正统犹太教而言，人仍然是更受质疑的，故而它宁愿坚持等待神的应答，甚至宣称要比神更有耐心，比如埃利·威塞尔（Elie Wiesel）在《反抗绝望》一文中甚至写道："在与上帝的无尽的契约中，我们向他证明我们比他更有耐心，也更加富有同情。换句话说，我们也没有对他丧失信心。因为这是做犹太人的根本：永不放弃——永不向绝望低头。"[2] 这话是千真万确的，要是放弃对神的信念，那就将是信心模式的根本性溃败，再也无法做传统意义上的犹太人了。只是，这种等待和忍耐还能坚持多久？若

---

[1] 引自《国际歌》歌词。

[2] [美] 埃利·威塞尔：《反抗绝望》，载《一个犹太人在今天》，陈东飚译，作家出版社1998年版。

得不到真正有力的支持，剩下的恐怕只是意气，也就是唯意志的声嘶力竭。但是，除了隐匿的上帝，犹太教还能到哪里去寻求支持呢？

基督徒不必等待性情无常的上帝，因为他们相信有上帝圣子耶稣基督已道成肉身，下到世间拯救世人。基督教以耶稣基督为中保和桥梁，连通了此岸与彼岸，可以让人倚靠着他顺利逾越到彼岸。相比于犹太教，即便同样也会面临上帝的隐匿和沉默，但由于耶稣基督据信曾在历史上真实活过，并已为世人的拯救献出具有救赎功能的宝血（象征受难的意义），因而基督教是更能够找到依靠的。所以在基督教这里，对基督的真实性和重要性，再怎么强调都不为过。由此也不难理解，试图对耶稣的"神性"去神话化，尝试将耶稣重新解释为人而非神，这势必遭到基督教正统顽强而猛烈的反对和抵制。因为那将在根本上挑战和撼动基督教的中保模式。但是，一如我们之前已经看到的，在传统上，中保模式需要大团周边理论的支持，包括对耶稣的人性和神性以及神人二性关系的解释，包括耶稣的救赎在实现机制和原理上的解释，等等。传统解释中包含很多神话性的叙事，在现代很容易招致怀疑，可信性和说服力难以维系。就此而言，基督教回应挑战的最好方式似乎是专注于如何"优化"解释，使其更能够为现代人所认同和接受，当然，前提仍然是不能更改和动摇其中保模式。而这，难度相当之大，非一役之功所能成就。就如雷蒙·潘尼卡早在20世纪60年代就看到的，旧皮囊装不了新葡萄酒。[①]要提供新葡萄酒，皮囊也需要更换成全新的。而提供"新皮囊"这一动作太大了，不是能够一步到位的。因而暂时还是僵局，解局者恐怕只有时间本身。但我们可以在基督教内看到一些预备性的动作，比如与其他宗教的真诚对话，比如以比较神学（Comparative Theology）[②]和经文辩读（Textual Reasoning）[③]运动为名向其他宗教传统学习，等等。

相比犹太教、基督教寻找外在的依靠（上帝），印度教的内证模式

[①] 参见［西］雷蒙·潘尼卡《印度教中未知的基督》，王志成、思竹译，四川人民出版社2003年版，第10—22页。

[②] 参见［美］弗朗西斯·克鲁尼《比较神学：跨越边界的深度学习》，聂建松译，宗教文化出版社2014年版。

[③] 参见经文辩读运动奠基人彼得·奥克斯发表的一篇文章，［美］彼得·奥克斯《"经文辩读"：从实践到理论》，《中国人民大学学报》2012年第5期。

找到了内在的道路：从此岸到彼岸，全赖内在自我的醒悟和转变。当然，这事实上转移到了自我的分离和逾越上：先是区分假我和真我，然后弃绝假我，认同真我。这也得到了一整套观念的支持：假我是由物质性的原质构成的，真我才是纯粹的精神；假我是如何附托在真我上，给人造成错觉，使人迷惑，以假为真；怎样才能复归真我，等等。印度教提供了多种多样的具体方式，帮助实现突破假我的迷幻，回归真我，包括诉诸智性、情感、心灵、行动等多维度手段，不过最终都与自我的认识相关。就自轴心时代之后人类对自我精神世界的发现和重视而言，内证模式非常合乎人的自我认知和自力要求：我只有真正认识和转变了自己，才能让自己过上"好的"生活，才能让自己获得安宁和幸福。也正因如此，其他宗教，像犹太教、基督教，乃至后世佛教，都有向内证模式转换的倾向。但是内证模式也有其特有的难题和悖论：一个迷幻中的我如何有可能认识了自己而转身变为醒悟的我？这一表述可能不太贴合印度教对于假我和真我的区分，一个更确切但也更暴露悖谬的表述可能是这样的：在由假我向真我的逾越中，到底由谁来实现这一逾越？如果说是假我，那显然是行不通的；如果说是真我，那又何须逾越？其实说到底，这仍然回到了此岸与彼岸之间的关联如何可能实现的问题上。

佛教的寂灭模式正是基于对上述难题与悖论的深刻认识，因为佛陀本人痛彻体验过内证模式在逻辑上（是的，仅说是"逻辑上"，因为内证模式在实践上的成功可能恰恰是超越逻辑的）的悖谬之处：他即便在最高的入定境界都无法与那个纯粹的阿特曼相遇，因为所遇的皆是"造作"，无论其有多精微。所以佛陀确实另辟蹊径，舍弃内证模式，而发明了寂灭模式。在寂灭模式中，并非遵循从假我逾越到真我、从此岸通达到彼岸的道路，而是基于五蕴或此岸性生存的寂灭原理的运作，也就是正确认识到"假有"的实相，从欲望上离弃对它的执着，从而自动实现解脱。这里面没有逻辑所依循的路，只有生存自身所遵循的逻辑。这也是对一直缠绕在此岸—彼岸关联上的难题的一个决定性的和创造性的突破。颇有意味的是，由于形而上学的"终结"和主体之死等后现代哲学主题的热议，佛陀的"寂灭智慧"在现代得到了惊讶的重新发现和欣赏。① 当然，佛教的寂灭模式也并非"完美"，"有我"与"无我"的纠缠从一开始就搅扰着这一模式的顺利运作，佛陀也总是一再被追问有关轮回主体和涅槃主体的问题。在佛教的实际发展中，寂灭模式在实践上也总是得到了内证模式乃至信心模式的补充和辅助。

检讨了上述若干此岸—彼岸关联模式各自的逻辑依据、有效性及得失成败之后，我们或许可以作一些初步的评论和反思。

第一，这些模式对此岸与彼岸之间的关联有各自的解决方式，而这种种方式也具有各自的一套自洽的支持系统，这些方式和系统彼此独立，不是相互兼容的。因而它们应在其各自系统整体内部得到理解，如此，也可以避免由外部强加的理解或错位的做法所导致的问题。

比如基督教试图按自己的方式解释或解决犹太人的拯救，就属于一种错位的做法。犹太人是依照信心模式，从耶和华那里得到最终得救和享受永生的应许的；基督教则遵循中保模式，信靠耶稣基督获得拯救和永生。现在基督教要是把它的中保模式外推到犹太人那里，非得更改犹太人得救的条件，要让犹太人也通过耶稣基督这个据信唯一的通道来获得救恩，这自然会引致两个不相兼容的系统之间的混乱和冲突，也会造成两个宗教之间更深的相互误解，甚至相互憎恶和敌视。就此而言，天主教方面公开承认犹太人有特许的救恩通道是谦卑而明智的，当然，这表明天主教官方无意之中也认可了一种信心模式，那是更加意味深长的，只是可能尚未被当事者本身意识到。

第二，在当前，几乎每一个模式都面临着危机，但也蕴含着转机的希望。

犹太教的信心模式对作为"历史之主"的上帝的信心已从根本上动摇、崩塌，人们不再寄希望于上帝随时干预人世，操控历史。犹太人开始尝试寻找"不以面目示人的上帝"、更具"烟火气"的上帝，例如改革派犹太教思想家赫尔曼·科恩和利奥·拜克，以及现代正统派拉比萨姆

---

① 现代宗教学界和基督教神学界出现了大批解释佛陀之沉默的著作，除了之前已经引介过的雷蒙·潘尼卡的《佛陀的沉默》一书，另参见［美］詹姆斯·L. 弗雷德里克《佛教徒与基督徒》，王志成、宋文博译，宗教文化出版社2008年版；William Johnston, *The Still Point*, San Francisco: Harper & Row, 1970; Hans Waldenfels, *Absolute Nothingness: Foundations of a Buddhist – Christian Dialogue*, trans. by J. W. Heisig, Mahwah, NJ: Paulist Press, 1980, 等等。

森·拉斐尔·希尔施,注目于道德意义上的上帝,马丁·布伯和埃马纽埃尔·勒维纳斯则主张从与上帝的关系中跟活生生的上帝相遇,卡普兰看到的则是仰赖犹太教文明的发展来进行自我表达的上帝,索洛韦伊奇克重视的是通过完美的、先天的法律制度实现其无上启示的上帝,鲁本斯坦、库什纳甚至从一言不发、无所作为的上帝转向了自己内心世界的精神性,等等。[①]

到哪里寻求终极性的信心,这是犹太教努力寻求解答的问题,甚至应该也是摆在当代人类全体面前的一个迫切的生存论问题。不再天真地仰赖一位无所不能的"解围之神"干预人间,救我等于水火之间,而是把寻求的目光转向人自身具生存论意味的内在深层所在,这或许是我们可以同时在犹太教内外看到的一个可能趋向。

基督教的中保模式以耶稣基督为唯一中保,如之前所讨论到的,面临诸多挑战,主要有两方面。一是对于其神学理论和解释本身,尤其是耶稣基督作为兼具神人二性的中保这一角色的解释,传统的实体论方式的解释难免倾向把耶稣基督变成神、人之外的第三类"存在者",这在神、人二分的二元论神学之外更增加了理论解释上的困难。就此而言,基督教是否可以释下实体论负担,为其中保模式寻求实体论之外的另一种可能解释呢?

二是宗教多元论的挑战,这一挑战主要在于质疑基督教对于中保模式的垄断。如果基督教方面能够放下对于这种垄断地位的执念,其中的僵局或可缓解。天主教官方接受神学家卡尔·拉纳的"匿名基督徒"理论[②],倾向于对其他宗教采取兼容论态度,就是在这一点上开始松弛了。雷蒙·潘尼卡甚至大胆探索了印度教中"形式相似的等价物":自在天作为印度教中对应的"中保"。[③] 潘尼卡在之后有更加"跨宗教"的理论尝试,在"宇宙—神—人共融的直觉"中将基督对应于人的维度,但这一

---

① 参见 [英] 诺曼·所罗门《犹太人与犹太教》,王广州译,第115—118页。
② 参见 Karl Rahner, *Foundations of Christian Faith*, New York: The Crossroad Publishing Company, 1982.
③ 参见 [西] 雷蒙·潘尼卡《印度教中未知的基督》,王志成、思竹译,四川人民出版社2003年版。

实在观表述不再是实体论的了,由此也回应了前面的挑战。①

凡此种种,可以让我们看到,基督教本身之内的活跃动态显示着可能的转机。

在印度教和佛教传统之内,也同样可以看到显示可能转机的迹象:有着根深蒂固的避世倾向的这两个传统,在现代世俗主义的冲击和挑战下,开始尝试积极肯定世俗性的价值,并反过来在很大程度上重塑了这两个传统本身的形象。前者的新吠檀多哲学的发展,后者的人间佛教运动,都是非常亮眼的创造性动作。

第三,这些不同模式尽管相互独立,但是应该仍然可以给彼此带去启发,所以相互之间可以对话,并借助对话来达到更深的自我发现、自我理解,乃至实现自我突破。

比如,从佛陀的沉默,犹太教是否有可能获得启发,从而让自己对神不息的痛苦盼望得到某种安顿?

再比如,基督教中是否也可以发现除了中保模式之外的模式:信心模式(耶稣最初关于信心的教导就令人印象深刻,而前文所提及的前不久天主教对犹太人特殊救恩的承认也暗含了其对此种模式的认可)、内证模式(圣灵神学多有往此方向发展的迹象),乃至寂灭模式(教内悠久的否定神学传统中或者就可寻觅到此模式的踪影)?

佛教传统中多模式的多元共存早已是一个明显的事实,但对于究竟谁是合乎"佛之所教"的"根本教义"这个问题,代表不同模式的诸派之间聚讼不已,乃至相互贬抑和攻击,此时如果佛教内各派能够更多与其他宗教交流、对话,是否能从诸宗教的多元共存反观诸己,对教内相异模式产生更多尊重和理解呢?

第四,从理论上说,关联模式需要是逻辑自洽的,也就是能够在逻辑上自圆其说,从逻辑上说明保证此岸与彼岸成功关联的条件,但在实践上,不管哪个关联模式,其得以成功的条件支持往往都是"超逻辑"的。这或许向我们暗示,诸宗教的关联模式在某种意义上无须太过执着于逻辑性,而可以尝试瞩目于超逻辑的实操层面:也就是更直白地、更

---

① 参见〔印度〕雷蒙·潘尼卡《宇宙—神—人共融的经验:正在涌现的宗教意识》,思竹译,宗教文化出版社2005年版。

切实地寻求能令我们实现我们所期许的终极价值的途径,而这,在某种意义上也将使得诸宗教超越自身,甚至或许能够与世俗主义在某个点上真正相遇。

第五,所有这些模式似乎都在等待着某种成长与突破,而且似乎是与世界一起的成长和突破,我们应该与世界一道做一些预备工作,也就是更谦卑地、无止境地相互学习和相互帮助。已经有不少迹象表明,每一个传统都开启了同时向内部传统和向外部资源学习的新一轮旅程,犹太教—基督教—伊斯兰教的经文辩读运动、基督教的比较神学、中国的"国学热"和比较经学[1],等等,都是明显的例子。

彼岸仍在彼岸,属于我们这个时代和这个世界共同所有的彼岸新愿景仍有待显明,从此岸到彼岸的道路也仍有待更新。这将是诸宗教——甚至人文主义传统也一起——共同担负的时代任务,也是我们的跨文化宗教学试图指向的目标。愿共勉之!

---

[1] 参见游斌主编、宗教文化出版社出版的《比较经学》丛书各辑。

参考文献

一 中文文献

1. 著作

［奥］西奥多·赫茨尔：《犹太国》，肖宪译，商务印书馆1993年版。

［丹麦］基尔克果：《恐惧与战栗》，赵翔译，华夏出版社2014年版。

［德］伽达默尔：《真理与方法》，洪汉鼎译，上海译文出版社1999年版。

［德］胡塞尔：《欧洲科学的危机与超越论的现象学》，王炳文译，商务印书馆2001年版。

［德］胡塞尔等：《面对实事本身：现象学经典文选》，倪梁康编，倪梁康等译，东方出版社2000年版。

［德］卡尔·拉纳：《圣言的倾听者》，朱雁冰译，上海三联书店1994年版。

［德］卡尔·雅斯贝斯：《历史的起源与目标》，魏楚雄、俞新天译，华夏出版社1989年版。

［德］克劳斯·黑尔德：《生活世界与大自然——一种交互文化现象学的基础》，载孙周兴编：《世界现象学》，倪梁康等译，上海三联书店2003年版。

［德］鲁道夫·奥托：《论"神圣"》，成穷、周邦宪译，四川人民出版社1995年版。

［德］马丁·布伯：《我与你》，陈维钢译，商务印书馆2015年版。

［德］马克斯·韦伯：《新教伦理与资本主义精神》，林南译，译林出版社2020年版。

［德］莫尔特曼：《三一与上帝国》，周伟驰译，道风书社2007年版。

［德］莫尔特曼：《神学思想的经验》，曾念粤译，道风书社2004年版。

[德] 尼采：《快乐的科学》，黄明嘉译，漓江出版社2000年版。

[德] 于尔根·莫尔特曼：《来临中的上帝》，曾念粤译，上海三联书店2006年版。

[法] 卡特琳娜·夏利尔：《现代性与犹太思想家》，刘文瑾编译，上海人民出版社2017年版。

[加] 莎蒂亚·B. 德鲁里：《列奥·施特劳斯与美国右派》，刘华等译，华东师范大学出版社2006年版。

[美] 埃利·威塞尔：《反抗绝望》，载埃利·威塞尔《一个犹太人在今天》，陈东飚译，作家出版社1998年版。

[美] 保罗·蒂里希：《蒂里希选集》（上、下），何光沪选编，上海三联书店1999年版。

[美] 大卫·雷·格里芬：《后现代宗教》，孙慕天译，中国城市出版社2003年版。

[美] 弗朗西斯·克鲁尼：《比较神学：跨越边界的深度学习》，聂建松译，宗教文化出版社2014年版。

[美] 胡斯托·L. 冈萨雷斯：《基督教史》（上下卷），赵城艺译，上海三联书店2016年版。

[美] 金白莉·帕顿等：《巫术的踪影：后现代时期的比较宗教研究》，戴远方等译，中国人民大学出版社2005年版。

[美] 列奥·施特劳斯：《犹太哲人与启蒙——施特劳斯讲演与论文集》卷一，张缨译，华夏出版社2012年版。

[美] 罗纳德·M. 德沃金：《没有上帝的宗教》，於兴中译，中国民主法制出版社2015年版。

[美] 撒母耳·S. 科亨：《犹太教——一种生活之道》，徐新、张力伟等译，四川人民出版社2009年版。

[美] 斯达克、芬克：《信仰的法则——解释宗教之人的方面》，杨凤岗译，中国人民大学出版社2004年版。

[美] 休斯顿·史密斯：《人的宗教》，刘安云译，海南出版社2012年版。

[美] 亚伯拉罕·海舍尔：《觅人的上帝》，郭鹏、吴正选译，山东大学出版社2003年版。

[美] 亚伯拉罕·柯恩：《大众塔木德》，盖逊译，山东大学出版社2004

年版。

[美] 詹姆斯·L. 弗雷德里克：《佛教徒与基督徒》，王志成、宋文博译，宗教文化出版社 2008 年版。

[日] 唯圆房：《叹异抄》，毛丹青译注，文津出版社 1994 年版。

[日] 西谷启治：《宗教是什么》，陈一标、吴翠华译注，台北：联经出版公司 2011 年版。

[以色列] 阿摩司·奥兹：《爱与黑暗的故事》，钟志清译，译林出版社 2014 年版。

[印] A. C. 巴克提维丹塔·斯瓦米·帕布帕德释著：《博伽梵歌原意》，李建霖、杨培敏等中译，宗教文化出版社 2014 年版。

[印] 甘地：《自传——我体验真理的故事》，杜危、吴耀宗译，商务印书馆 1959 年版。

[印度] 雷蒙·潘尼卡：《看不见的和谐——默观与责任文集》，王志成、思竹译，宗教文化出版社 2005 年版。

[西] 雷蒙·潘尼卡：《印度教中未知的基督》，王志成、思竹译，四川人民出版社 2003 年版。

[印度] 雷蒙·潘尼卡：《宇宙—神—人共融的经验：正在涌现的宗教意识》，思竹译，宗教文化出版社 2005 年版。

[西] 雷蒙·潘尼卡：《智慧的居所》，王志成、思竹译，江苏人民出版社 2000 年版。

[西] 雷蒙·潘尼卡：《宗教内对话》，王志成、思竹译，宗教文化出版社 2001 年版。

[印] 乔荼波陀：《圣教论》，巫白慧译，商务印书馆 2011 年版。

[印度] 商羯罗：《示教千则》，孙晶译，商务印书馆 2012 年版。

[印] 商羯罗：《智慧瑜伽：商羯罗的〈自我知识〉》，[印] 斯瓦米·尼哈拉南达英译、王志成汉译并释论，四川人民出版社 2018 年版。

[印度] 室利·阿罗频多：《博伽梵歌论》，徐梵澄译，商务印书馆 2009 年版。

[印] 斯瓦米·帕拉瓦南达：《虔信瑜伽：〈拿拉达虔信经〉及其权威阐释》，王志成、富瑜译，四川人民出版社 2014 年版。

[英] 阿姆斯特朗：《神的历史》，蔡昌雄译，海南出版社 2013 年版。

［英］埃里克·J. 夏普：《比较宗教学史》，吕大吉、何光沪、徐大建译，上海人民出版社1988年版。

［英］戴维·福特：《基督教神学》，吴周放译，译林出版社2011年版。

［英］戴维·赫尔德等：《全球大变革》，杨雪冬等译，社会科学文献出版社2001年版。

［英］凯伦·阿姆斯特朗：《佛陀》，刘婧、贤祥译，上海三联书店2014年版。

［英］理查德·艾伦：《阿拉伯——以色列冲突的背景和前途》，艾玮生等译，商务印书馆1981年版。

［英］马克斯·缪勒：《宗教学导论》，陈观胜、李培荣译，上海人民出版社2010年版。

［英］塞西尔·罗斯：《简明犹太民族史》，黄福武译，山东大学出版社2004年版。

［英］诺曼·所罗门：《犹太人与犹太教》，王广州译，译林出版社2013年版。

［英］渥德尔：《印度佛教史》，王世安译，商务印书馆2000年版。

［英］约翰·汤姆林森：《全球化与文化》，郭英剑译，南京大学出版社2002年版。

［英］约翰·希克：《上帝道成肉身的隐喻》，王志成等译，江苏人民出版社2000年版。

［英］约翰·希克：《宗教之解释》，王志成译，四川人民出版社1998年版。

郭良鋆译：《经集》，中国社会科学出版社1998年版。

韩德编：《瑜伽之路》，王志成等译，浙江大学出版社2006年版。

何光沪：《百川归海：走向全球宗教哲学》，中国社会科学出版社2008年版。

乐戴云编：《跨文化对话35辑：跨文化研究方法论》，上海三联书店2016年版。

林鸿信：《莫尔特曼神学研究》，上海人民出版社2010年版。

吕徵：《印度佛学源流略讲》，上海人民出版社2018年版。

倪梁康：《缘起与实相——唯识现象学十二讲》，商务印书馆2019年版。

沈清松：《跨文化哲学论》，人民出版社2014年版。

释印顺：《成佛之道》，中华书局2010年版。

释印顺：《佛法概论》，中华书局2010年版。

释印顺：《印度佛教思想史》，中华书局2010年版。

思竹：《巴别塔之后：雷蒙·潘尼卡回应时代挑战》，宗教文化出版社2004年版。

孙晶：《印度吠檀多哲学史》上卷，中国社会科学出版社2013年版。

王俊：《作为道路的现象学》，中国社会科学出版社2021年版。

吴学国：《存在·自我·神性》，中国社会科学出版社2006年版。

徐梵澄译：《五十奥义书》，中国社会科学出版社2006年版。

游斌编：《诠释学与中西互释》（《比较经学》第2辑），宗教文化出版社2013年版。

游斌编：《儒耶对话与比较经学》（《比较经学》第6辑），宗教文化出版社2010年版。

张祥龙：《朝向事情本身：现象学导论七讲》，团结出版社2003年版。

张祥龙：《从现象学到孔夫子》，商务印书馆2011年版。

张祥龙：《复见天地心：儒家再临的蕴意与道路》，东方出版社2014年版。

张志刚：《猫头鹰与上帝的对话：基督教哲学问题举要》，东方出版社1993年版。

张志刚：《宗教学是什么》，北京大学出版社2002年版。

赵敦华：《基督教哲学1500年》，人民出版社2007年版。

卓新平：《当代西方天主教神学》，上海三联书店1998年版。

卓新平：《当代西方新教神学》，上海三联书店1998年版。

2. 论文

［美］彼得·奥克斯：《"经文辩读"：从实践到理论》，《中国人民大学学报》2012年第5期。

［印度］雷蒙·潘尼卡：《文化间哲学引论》，辛怡摘译，《浙江大学学报》（人文社会科学版）2004年第6期。

傅有德：《犹太教中的选民概念及其嬗变》，《文史哲》1995年第1期。

刘文瑾：《现代性与犹太人的反思》，《读书》2016年第6期。

思和、虩侗：《五蕴学说初探——五蕴界说及其三重结构管窥》，《中国佛学》2017 年第 1 期。

思竹：《巴别塔的倒塌：雷蒙·潘尼卡论多元论问题的挑战》，《浙江学刊》2003 年第 4 期。

思竹：《从比较哲学到对话哲学：寻求跨宗教对话的内在平台》，《浙江学刊》2006 年第 1 期。

思竹：《走向跨文化宗教学》，《复旦学报》（社会科学版）2013 年第 4 期。

王俊：《从生活世界到跨文化哲学》，《中国社会科学》2017 年第 10 期。

张文良：《日本佛教界对"根本佛教"的探求——以松本史朗的"缘起说"为中心》，《华东师范大学学报》（哲学社会科学版）2010 年第 2 期。

周燮藩：《犹太教的自我诠释——再论什么是犹太教》，《世界宗教研究》2001 年第 1 期。

二 外文文献

1. 著作

Alex Bein, English translation by M. Samuel, *Theodor Herzl – A Biography*, London Mcmivin: East and West Library, 1957.

Peter L. Berger (ed.), *The Desecularization of the World*, Resurgent Religion and World Politics, Grand Rapids, Michigan: Ethics and Public Policy Center and Win. B. Eerdmans Publishing Co., 1999.

B. C. Robertson, *Raja Pammohan Roy—The Father of Modern India*, Delhi: Oxford University Press, 1995.

D. Bharadwaj, *The Philosophy of Ramanuja*, New Delhi: Sir Shankar Lall Charitable Trust Society, 1958.

E. Gough, *The Philosophy of Upanishads and Ancient Indian Metaphysics*, London: Kegan Paul, Trench, Trübner & Co Ltd, 1891.

Ephraim Nimni Ed., *The Challenge of Post – Zionism: Alternatives to Israeli Fundamentalist Politics*, London and New York: Zed Books, 2003.

George Lindbeck, *The Church in a Postliberal Age*, Michigan: William

B. Eerdmans Publishing Company, 2002.

Heidegger, *Perspektiven zur Deutung seines Werkes*, Weinheim: Beltz Athenaeum, 1994.

Hans Küng, *Global Responsibility: In Search of a New World Ethics*, New York: Crossroad, 1991.

John Herman Randall, *The Role of Knowledge in Western Religion*, Lanham, Md. University Press of America, 1986.

John Hick, *God Has Many Names*, Philadelphia: The Westminster/John Knox Press, 1982.

John Hick, *An Interpretation of Religion: Human Responses to the Transcendent*, New Haven: Yale University Press, and Landon: Macmillan, 1989.

John Hick, *God and the Universe of Faiths*, Oxford: Oneworld Publications Ltd, 1993.

John Paul II, *Crossing the Threshold of Hope*, New York: Alfred A. Knopf, 1994.

Jurgen Moltmann, *The Spirit of Life*, Minneapolis: Fortress Press, 1992.

Karl Rahner, *Foundations of Christian Faith*, New York: The Crossroad Publishing Company, 1982.

Leonard Swidler ed., *Toward a Universal Theology of Religion*, Maryknoll: Orbis Books, 1987.

Lindsay Jones, *Encyclopedia of Religion: Vol. 10*, Michigan: Gale, 2005.

Micea Eliade, *Patterns in Comparative Religion*, trans. by Rosemary Sheed, New York and Cleveland: The World Publishing Company, 1963.

Micea Eliade, *The Sacred and the Profane: The Nature of Religion*, trans. by Willard R. Trask, New York: Harcourt Brace Jovanovich, 1959.

M. Wimmer, *Interkulturelle Philosophie: Eine Einfuhrung*, Wien: Wiener Universittsverla, 2004.

Owen F. Cummings, *Coming to Christ: A Study in Christian Eschatology*, Lanham, Md.: University Press of America, 1998.

Paul Knitter, *Introducing Theologies of Religions*, Maryknoll: Orbis Books, 2002.

Raimon Panikkar, *El Mundanal Silencio*, Madrid: Martinez Roca, 1999.

Raimon Panikkar, *The Silence of God: The Answer of the Buddha*, Maryknoll: Orbis Books, 1989.

Raimon Panikkar, *Myth, Faith, and Hermeneutics: Cross – Cultural Studies*, New York: Paulist Press, 1979.

Raimon Panikkar, *The Vedic Experience: Mantramanjari*, London: Darton, Longman and Todd, 1979.

Raimon Panikkar, *Blessed Simplicity: The Monk as Universal Archetype*, New York: The Seabury Press, 1982.

Raimon Panikkar, *The Rhythm of Being*, Maryknoll, New York: Orbis Books, 2009.

Robert Ernest Hume, *The Thirteen Principal Upanishads*, New York: Oxford University, 1921.

Subject Scholars ed., *Encyclopedia Judaica*, Vol. 5, New York: the Macmillan Company, 1971.

The Vedanta Sutras with the Commentary by Sankarakary Ⅰ, Ⅱ (*the Sacred Books of the East*, XXXIV, XXXⅧ), trans. by G. Thibaut, Oxford: Clarendon Press, 1890, 1896.

The Vedanta Sutras with the Commentary by Ramanuga, Oxford: Clarendon Press, 1904.

Woodhead, Linda and Heelas, Paul (eds.), *Religion in Modern Times: An Interpretive Anthology*, Oxford/Malden, Mass.: Blackwell Publishers, 2000.

W. C. Smith, *Towards a World Theology*, London: Macmillan, and Philadelphia: Westminster Press, 1982.

2. 论文

B. Braithwaite, "An Empiricist's View of the Nature of Religious Belief", In B. Mitchell (ed.), *The Philosophy of Religion*, Oxford: Oxford University Press, 1955.

Fabian Voelker, "Methodology and Mysticism: For an Integral Study of Religion", *Religions*, Vol. 13, No. 2, 2022.

Heink Kimmerle, "My Way to Intercultural Philosophy", *Recerca: Revista de Pensament i Anàlisi*, 2010, pp. 35 – 44.

Michael Sllen Gillespie, "Introduction", *Nihilism before Nietzsche*, Chicago: University of Chicago Press, 1995.

Raimon Panikkar, "Hermeneutics of Comparative Religion: Paradigms and Models", *Dharma*, Vol. V, No. 1, 1980.

Raimon Panikkar, "Religious Pluralism: The Metaphysical Challenge", *Religious Pluralism*, V, 1984.

Raimon Panikkar, "The Encounter of Religions: The Unavoidable Dialogue", *Jnanadeepa*, Vol. 3, No. 2, 2000.

Raimon Panikkar, "On Christian Identity", *Many Mansions*? ed. Catherine Cornille, Maryknoll: Orbis Books, 2002.

三 网络文献

Thanissaro Bhikkhu: *The Shape of Suffering - - A Study of Dependent Co-arising*, https://holybooks-lichtenbergpress.netdna-ssl.com/wp-content/uploads/Shape-of-Suffering.pdf, 2021年7月1日。

朱倍贤:《十二因缘》, https://www.douban.com/note/754786321/, 2021年6月2日。

[美] 约翰·布列特著, 良稹译:《戒德: 佛陀的次第说法3》, https://mp.weixin.qq.com/s/vj0f2iUcgG9JyFGFML5BaQ, 2021年6月9日。

[美] 菩提尊者:《"戒德"的基本意义》, https://mp.weixin.qq.com/s/rtSo8pgtkX6NkPILDuq7dg, 2021年6月9日。

[美] 菩提尊者:《"戒德"的利益》, https://mp.weixin.qq.com/s/NIm1OvbsWwSvyg3Lc-bHHw, 2021年6月9日。

[美] 坦尼沙罗:《定义"念住"》, https://mp.weixin.qq.com/s/JjVnZQwswEx4kG4k-0zzVA, 2021年6月15日。

[泰] 阿姜李:《念住呼吸与禅定开示·引言》, https://mp.weixin.qq.com/s/o_azvpgtIxE1YoKT6E3miQ, 2021年6月21日。

[泰] 阿姜李:《念住呼吸与禅定开示·禅那》, https://mp.weixin.qq.com/s/GgHcyScPd6G1nkj5T90BCA, 2021年6月26日。

[泰] 阿姜李:《念住呼吸与禅定开示·观察与评估》, https://mp.weixin.qq.com/s/cBxj9rutCVMsvuBll1Uifg, 2021年6月21日。

［泰］阿姜李:《念住呼吸与禅定开示·方法二》, https：//mp.weixin.qq.com/s/vNxuesJBsrTO2rB6F5juFQ, 2021年6月21日。

［泰］阿姜李:《念住呼吸与禅定开示·禅那》, https：//mp.weixin.qq.com/s/GgHcyScPd6G1nkj5T90BCA, 2021年6月26日。

朱倍贤:《初禅中的「寻」与「伺」(上)》, http：//whatthebuddhataught.cn/Words/2015_Zen/88.html, 2021年6月21日;《初禅中的「寻」与「伺」(下)》, http：//whatthebuddhataught.cn/Words/2015_Zen/92.html, 2021年6月21日。

庄春江:《学佛的基本认识》, http：//www.fjdh.cn/wumin/2013/10/172755301717.html, 2021年2月16日。

后　　记

题为《跨文化宗教学》的这本书仓促完成了，身为其作者，我心里感到还有许多未尽之意。这一方面是因为，如雷蒙·潘尼卡所说，我们只能描画一幅草图，而且草图本身就是我们所能拥有的全部实在（见《存在的节律》"导论"）。但对着"草图"，我们心里总是难免会升起一种不满足感和抱憾感。另一方面也是因为，作品是作者某一时所结的果实，有它的时令，也有它的相对自由。我在交稿之前都一直有些惴惴不安，有一直想去改动它甚而全部推倒重来的冲动，但也一再发现它已然独立，而且似乎拥有它自己的某种尊严，抵制着我对它施展大动作。最终，我一则从潘尼卡那里学到了一点幽默、轻松的心态，放松自己，不再因为达不到心目中的理想而绝望、畏惧、踯躅不前。二则意识到生命和思想进程有其节律，我提醒自己要尝试去尊重这种节律和时令的自由，并记得时时卸下过去的负担，专注于当下每一刻。

不过在此回顾一下此书的成书因缘，也不是完全不合时宜。

从当初进入宗教学的学术视野开始，如千千万万在我中华儒释道并存兼之当代马克思—人文主义的环境中长大的大多数同胞一样，我就倾向于以一种平等的眼光看待诸宗教传统，珍视这些人类优秀文明遗产中的宝藏，同时也心怀种种难解的困惑：它们为何如此不同？该怎样理解它们之间的差异？以及，宗教可以与人文主义相兼容吗？……幸运地，我最初接触的一批当代宗教学者就是雷蒙·潘尼卡、约翰·希克、保罗·尼特、唐·库比特等这样的人，他们对诸宗教持宽容开明的多元论态度而又致力于去深刻理解它们。在其中，我与雷蒙·潘尼卡结下难解之缘：他的作品和思想深深吸引我，我投入对他的作品的翻译和研究工作之中，至今已持续二十余年，而且余生肯定还将继续。从雷蒙·潘尼卡那里，我学得可以怎样基于生命的成长进入诸宗教进行学习和吸收，又尝试穿越这些宗教之间看似森然、实则可轻易为单纯的心灵所跨越的界限。潘尼卡不乏骄傲地自称兼具四种身份：基督徒、印度教徒、佛教徒和世俗主义者。不才如我，虽然不能做到像潘尼卡那样百分百地、完全充分地实现多重身份，我至少获得了一种信心，相信人类诸传统是可以相通的，并愿意就此投身于多元宗教、文化之间的交流和对话。对话首先在个人内心展开，也就是如潘尼卡所说的"内对话"。不同宗教传统在我内心会聚，轮番告白，又彼此问答，相互角力，我则努力倾听，又试着在它们之间调解、斡旋。随着我对一个中心主题越来越明朗的着意关切，这些宗教传统开始围绕着这个主题作一轮轮的"主题演讲"。

这个主题就是：彼岸。它代表了最早驱动我进入宗教学研究的一个生存论关切。"生死事大，无常迅速"，生死问题从来都是每一个逃不脱生死命运宰制的人类个体迟早要面对的生存论问题。死和死通常所标志的人生之虚空、虚无，几乎是人人都试图克服和超越的。在这上面，可以说诸宗教是人类为此所做努力的集大成者。诸宗教对生死问题的解答都有一个乐观的、肯定性的宣称，如果我们要找出一个可以让诸宗教共同指认的象征，我觉得可以说就是"彼岸"。彼岸是一个寓意性的象征，以一个水域的另一边来喻指我们所期盼的超越之境。诸宗教为到达这样的彼岸而铺路架桥，每一个都代代相承，绵绵不绝地连续为一个个悠久、丰富的传统。这凝聚了多少人类个体付出心血的努力！尽管，其间肯定不乏各种各样的偏离、夸张、滥用、误导，但正如马克思、恩格斯所肯定的，宗教当中人的努力是应该被看到的，宗教的历史是不能被全盘否定和永远忘记的，而且更重要的是，我们应接着去尝试探索更好的、更富有创造性的出路。[①]

从雷蒙·潘尼卡承继而来的跨文化敏感性，以及从自身的生存论关切出发的对"彼岸"这一主题的关注，一起构成了本书的最初"出身"。当机缘凑巧时，我以"跨文化宗教学的理论建构与主题研究"为题申报国家社科基金项目，幸而中标，获得资助。然而课题的研究甫一展开，我才意识到，要承担起"跨文化宗教学"的某种建构工作，我的准备还

---

① 马克思、恩格斯的相关话语引文参看本书"导论"部分。

是远远不够的。在项目展开的几年时间里，我同时承担着校内本科生课程"宗教学导论"的教学工作，我在课程讲授的过程中尝试着带领学生一起探究，诸宗教传统是如何描绘其"彼岸"并且找到去往彼岸的路径的。渐渐地，诸宗教的彼岸之路的显示越来越明晰，随之，我更是发现，路径的不同背后潜藏着一种更深刻的差异，那就是这些路径所遵循的模式是非常不一样的：犹太教遵循的是信心模式，基督教则转向中保模式，印度教采取的是内证模式，[原始]佛教则选择了寂灭模式。这些不同模式使得相应宗教各自形成一套自洽的、相对稳定而不肯轻易打破的话语系统，也标示着不同宗教所走路径的各自方向，这些话语系统之互不兼容，和不同方向之互不相通，由此也表现得非常明显。当然，每一个宗教，从其传统本身来看，都在其历时悠长的历史演化中也发展出一些补充性的、辅助性的模式，在有的宗教中甚至后来者居上，颠覆了其最初的原创模式的主导地位。佛教就是如此，佛陀最初所创的是寂灭模式，后世佛教则渐渐发展了内证模式和信心模式，并且后两者逐渐在大乘佛教中占据上风。佛教在我后来撰写的这本书中占了最大篇幅，原因就在于此。对我自己来说，这是一个令人惊讶的新鲜发现，也由此解除了我之前对于佛教的很多困惑。现在可以知道，是不同模式的错乱，使得我们对佛教的有些理解不易通达。比如，对著名的十二因缘，之前看到的解释，通常是"三世两重因果"版本的，也即本来清静的众生为无明所惑而陷入轮回，如何入胎，在胎中如何生出六根，出胎后又怎样有了触，有了爱与取，等等，将十二支因缘这样分别一一对应来解说。然而阅读原始佛典《阿含经》，可以看到这与当初佛陀的说法有很大出入。我依据此岸-彼岸关联模式的梳理，则可以明确，佛陀当初对于十二因缘的演说基于寂灭模式，后世发展的讲说则已转换为以内证模式为底层逻辑了。所以，十二因缘的名目虽然是同一个，在佛教内却有两套不同的话语系统，如果这两套话语混在一起，就自然会造成逻辑混乱而令人疑窦丛生了。

　　此岸—彼岸关联模式的梳理，使我对诸宗教之间的深刻差异更有了一种敏感性，同时也让我对依循跨文化方法探讨宗教学问题更有了信心。成书过程有些拖沓，很是缓慢，其间有阵阵犹疑不定和随后由更多检阅典籍文献、请教师友、潜心思索而实现的一些突破性的解悟。这样看来，此书与其说是研究成果的最后结项，不如说是一个探索性研究旅程的开启。我感到心里稍稍有些安定，觉得往后的旅程有了一个大致的路线图，然而以后一路将有怎样的具体风光，我心存期盼，但不作预期。

本书最后草草成就，带着很多不足，想必也难免有谬误。作者心存惭愧和抱憾，但仍有些敝帚自珍的意思，并且从心里感谢对此书的完成有所助缘的诸多师长、朋友、学生和家人：感谢你们的帮助和支持，感谢有你们相伴，感谢与你们的相遇！在此也感谢读者朋友的关注，愿得到你们的慷慨指教！

二〇二二年秋
草就于浙大紫金港西一教师休息室